"十三五" 江苏省高等学校重点教材

编号：2017-1-071

21世纪经济与管理精编教材

会计学系列

财务会计

（第二版）

Financial Accounting

(2nd edition)

朱和平◎等　编著

北京大学出版社

PEKING UNIVERSITY PRESS

图书在版编目(CIP)数据

财务会计/朱和平等编著.—2版.—北京:北京大学出版社,2019.5
(21世纪经济与管理精编教材·会计学系列)
ISBN 978-7-301-30441-9

Ⅰ.①财… Ⅱ.①朱… Ⅲ.①财务会计—高等学校—教材 Ⅳ.①F234.4

中国版本图书馆 CIP 数据核字(2019)第 074457 号

书　　　名	财务会计(第二版) CAIWU KUAIJI(DI-ER BAN)
著作责任者	朱和平　等　编著
责任编辑	黄炜婷
标准书号	ISBN 978-7-301-30441-9
出版发行	北京大学出版社
地　　　址	北京市海淀区成府路 205 号　100871
网　　　址	http://www.pup.cn
微信公众号	北京大学经管书苑（pupembook）
电子信箱	em@pup.cn　　QQ：552063295
电　　　话	邮购部 010-62752015　发行部 010-62750672　编辑部 010-62752926
印　刷　者	北京宏伟双华印刷有限公司
经　销　者	新华书店
	787 毫米×1092 毫米　16 开本　18.25 印张　379 千字 2019 年 5 月第 2 版　2019 年 5 月第 1 次印刷
定　　　价	42.00 元

未经许可，不得以任何方式复制或抄袭本书之部分或全部内容。
版权所有，侵权必究
举报电话: 010-62752024　电子信箱: fd@pup.pku.edu.cn
图书如有印装质量问题，请与出版部联系，电话: 010-62756370

第二版序言

我国经济已由过去的高速增长转向高质量和绿色可持续发展,要加快建设现代化的经济体系,就必须坚持质量第一、效率优先;我国经济体制改革以完善产权制度和要素市场化配置为重点,推动质量、效率、动力的变革。在今后一定时期,我国经济体制改革的主攻方向是深化供给侧结构性改革,加快完善社会主义市场经济体制,促进经济持续健康发展。

会计是国际商业语言,是现代市场经济体系信息披露的基础载体。在加入世界贸易组织以来,我国保持会计准则与国际财务报告准则持续趋同。近些年以来,国际经济环境发生了重大变化,国际会计准则不断地进行着动态调整和发展,为了适应我国国内经济社会的发展与国际财务报告准则的变革和调整,我国会计准则体系也做出了重大修订。2015 年 4 月,我们在北京大学出版社出版了《财务会计》,作为北京大学 21 世纪经济与管理类精编教材之一,通过全国新华书店及图书经销单位发行。本教材体系较为合理、内容适时、思路清晰和易读易懂,在教学使用单位反响良好。

随着国际经济环境的变化和我国改革开放的持续推进,财务会计的理论认识和实践在不断地深化,国际会计准则也处于不断的动态调整中。2014 年以来,国际会计准则理事会陆续颁布了《重要性在财务报表中的应用》《国际会计准则第 7 号——现金流量表》等的修订征求意见稿;发布了《国际财务报告准则第 5 号——持有待售的非流动资产和终止经营》《国际财务报告准则第 9 号——金融工具》《国际财务报告准则第 7 号——金融工具披露》《国际财务报告准则第 15 号——与客户之间的合同产生的收入》和《国际会计准则第 20 号——政府补助的会计和政府援助的披露》等修订稿;2018 年 3 月,国际会计准则理事会发布了全面修订后的《财务报告概念框架》。为了与国际会计准则持续趋同,适应中国改革开放不断深化的要求,我国企业会计准则和制度也在不断地发展。对应国内外经济社会环境的发展变化,继 2014 年发布新增或修订的八项企业会计准则之来,全国人民代表大会常务委员会修订了《中华人民共和国会计法》,财政部先后发布和修订了系列会计准则。例如,修改了基本准则、职工薪酬、长期股权投资、金融工具确认和计量、金融资产转移、金融工具列报、套期会计、政府补助、收入、财务报表列报、合并财务报表等多项会计准则;新发布了公允价值计量、合营安排、在其他主体中权益的披露、持有待售的非流动资产、处置组和终止经营等新会计准则;印发了《管理会计基本指引》和系列应用指引;印发了《政府会计制度》和系列政府会计准则;发布了会计准则解释第1—12号等。

与基础会计学不同,财务会计的内容与国内外经济和社会环境有着密切的相关性,需要根据国内外形势的变化和财务会计理论与实践的发展动态进行内容、形式上的更新及调整,以适应近年来国内外经济社会发展形势的要求。在跟踪国内外会计制度、税收制度与相关经济法规变化的现状和趋势的基础上,参考国内外同类教材的发展,根据我国本科培养目标的特点和教学要求,我们适时修改出版《财务会计》(第二版),以强化教材的生命力,发挥更大的社会效益。与国内外相关的教材相比较,本教材的特点在于:

1. 内容新颖和体系完整

顺应深化改革、改进治理、扩大开放、防范风险,促进国民经济市场化、法制化、规范化的需要,我国会计准则保持与国际财务报告准则的持续趋同。本教材以财务会计基本理论和框架为指引,以目前最新的国际财务报告准则和我国企业会计准则为指导,较为系统地介绍了财务会计的基本要素、基本原则和相关要素的计量及报告原则,力求以精简的形式呈现我国企业会计准则的系统性、通俗性和前瞻性,体现国际财务报告准则和我国企业会计准则发展的实时变革。

2. 通俗易懂和简明扼要

我国目前的企业会计准则借鉴了国际财务报告准则,由于语言和环境的差异,企业会计准则和很多财务会计术语与原理比较艰涩难懂。在消化及吸收国内外会计准则和教材精髓的基础上,在力求保持会计准则准确性的前提下,我们尽量以通俗易懂的表述来组织语言和文字。会计准则专业性强,涉及当前金融、会计等多领域的知识,对于众多从高中进入大学的本科学生来说,不易理解和掌握。我们在多年的教学和研究积累的基础上,根据我国本科学生的知识基础和特点,对教材体系进行合理组织,对内容进行精细化安排,争取在较为准确地体现会计术语国际化和规范性的前提下,以较为通俗的语言展开阐述。

3. 具有较为齐全的教学辅助资源

为了便于教师展开教学活动、利于学生学习和理解,我们精心制作了与本教材配套的各章PPT课件,还为每章的学习编排了相应的课后练习和参考答案;为了便于学生掌握和自我检测,我们为本教材编排了相关的阶段练习和自我检测训练题,还为学生和老师提供了可供借鉴的学习指导和学习计划。

第二版在内容上有所调整和更新,在组织形式上更加丰富。在正文和每章前以现实生活中的案例引导学生进入各章节的学习内容,并提出启发思考的问题;在正文中更新与增加了近几年有关的业务和交易的例题,引导学生学习;在每章后面更新与增加了思考题、练习题和参考文献,加强具时代性和启发性特点的教学比例,逐步建立与本教材配套的立体教学资源体系。各章节的具体内容安排如下:

第一章 绪论,包括会计概述、会计的基本假设、会计基础、职业道德、会计的基本要素与计量属性、会计信息质量要求和财务报告等,反映了国际会计准则近年来的发展变化、财务报告概念框架等的调整,介绍了我国经济社会环境的变化和会计准则的发展。

第二章 存货,包括存货性质和内容、存货的确认条件和初始计量、发出存货的计量和期末存货的计量。

第三章 固定资产和无形资产,包括固定资产的性质、确认条件、初始计量、后续计量、处置和减值;无形资产的确认条件与初始计量,内部研究与开发支出的确认与计量,无形资产的后续计量与处置等。

第四章 长期股权投资与合营安排,包括长期股权投资的概述、初始计量、后续计量、核算方法的转换及处置、合营安排。本章内容结合了近期国内外相关准则和解释公告的变化。

第五章 投资性房地产,包括投资性房地产的性质、确认与初始计量、后续计量、转换与处置。本章内容结合了近年来我国房地产市场和企业的情况,增加了相关的核算与案例分析。

第六章 资产减值,包括资产减值的内涵和外延、资产减值的迹象和测试、资产可收回金额的计量、资产减值损失的确认与计量、资产组的认定及减值处理,以及商誉的减值测试与处理等。

第七章 负债和职工薪酬,包括负债的性质和内容、流动负债、非流动负债、职工薪酬、或有事项等。本章内容反映了职工薪酬会计准则的最新发展和变化,包括短期薪酬、离职后福利、辞退福利、其他长期职工福利的确认和计量等,根据国内外相关准则和制度的变化进行修订。

第八章 金融工具,本章内容反映了《企业会计准则第22号——金融工具确认和计量》《企业会计准则第23号——金融资产转移》《企业会计准则第37号——金融工具列报》等国内外准则的修改和变化,改变了原来的金融资产的四种划分,将金融资产分为以摊余成本计量的金融资产、以公允价值计量且其变动计入其他综合收益的金融资产和以公允价值计量且其变动计入当期损益的金融资产等三类,采用预期损失法对金融工具的减值进行会计处理;结合近期国际会计准则和我国企业会计准则有关金融工具、金融资产转移、套期保值等相关准则的变化进行修订。

第九章 所有者权益,包括所有者权益概述、实收资本、资本公积、其他权益工具、其他综合收益、留存收益。本章内容根据国内外相关准则和制度的变化进行修改,增加相关的案例分析。

第十章 收入、费用和利润,包括收入的确认和计量、费用的性质及期间费用的处理、利润的构成和处理、营业外收支及得利或损失。本章内容根据国内外收入相关准则和制度的最新修改与变化进行撰写,增加近年来上市公司收入确认和计量的案例分析。

第十一章 财务报告包括财务报告的性质和内容、资产负债表、利润表、现金流量表、所有者权益变动表和附注,重点为现金流量表及编制、分部报告和关联方交易。本章内容根据近期国内外有关的准则和制度变化进行修订,增加了财务报告解读和分析的相关案例。

第十二章 会计政策、会计估计及其变更和差错更正,包括会计政策的性质、内容及其变更,会计估计的性质、内容及其变更,前期差错的性质、内容及其更正等。本章内容增加了会计政策、会计估计变更和差错更正的相关案例。

教材编写工作的具体分工为:朱和平编写第一章、第八章和第九章;肖仲云编写第十章、第十一章和第十二章;刘小娴编写第四章、第五章和第六章;董云江编写第二章、第三章和第七章;最后,由朱和平统稿。

在写作的过程中,编者吸收了近年来财政部颁布的系列企业会计准则及指南的条款和内容,参考了国内外众多的教材和参考文献,在此一并表示感谢。

编者
2018 年 10 月

目 录

第一章 绪 论 ………………………………………………………………………… 1
    第一节 会计概述 ………………………………………………………………… 2
    第二节 会计基本假设和会计基础 ……………………………………………… 7
    第三节 会计要素与计量属性 …………………………………………………… 9
    第四节 会计信息质量要求 ……………………………………………………… 14
    第五节 财务报告 ………………………………………………………………… 16

第二章 存 货 ………………………………………………………………………… 20
    第一节 存货的确认条件和初始计量 …………………………………………… 22
    第二节 存货的发出 ……………………………………………………………… 26
    第三节 存货的期末计价 ………………………………………………………… 29

第三章 固定资产和无形资产 ……………………………………………………… 34
    第一节 固定资产的确认条件和初始计量 ……………………………………… 35
    第二节 固定资产的后续计量与处置 …………………………………………… 42
    第三节 无形资产的确认和初始计量 …………………………………………… 49
    第四节 无形资产的后续计量与处置 …………………………………………… 55

第四章 长期股权投资与合营安排 ………………………………………………… 62
    第一节 长期股权投资的初始计量 ……………………………………………… 63
    第二节 长期股权投资的后续计量 ……………………………………………… 70
    第三节 长期股权投资核算方法的转换与处置 ………………………………… 77
    第四节 合营安排 ………………………………………………………………… 84

第五章 投资性房地产 ……………………………………………………………… 89
    第一节 投资性房地产的确认和计量 …………………………………………… 90
    第二节 投资性房地产的后续计量 ……………………………………………… 94
    第三节 投资性房地产的后续支出 ……………………………………………… 97
    第四节 投资性房地产的转换与处置 …………………………………………… 99

第六章 资产减值 ... 108
第一节 资产减值概述 ... 109
第二节 资产可收回金额的估计 ... 111
第三节 资产减值损失的确认与计量 ... 117
第四节 资产组的认定与减值处理 ... 118

第七章 负债和职工薪酬 ... 129
第一节 流动负债 ... 130
第二节 非流动负债 ... 141
第三节 职工薪酬 ... 145

第八章 金融工具 ... 157
第一节 金融工具概述 ... 159
第二节 金融工具的分类 ... 162
第三节 金融负债和权益工具的区分 ... 169
第四节 金融工具的计量 ... 177
第五节 金融工具的重分类和减值 ... 184

第九章 所有者权益 ... 195
第一节 所有者权益概述 ... 198
第二节 实收资本 ... 200
第三节 其他权益工具、资本公积和其他综合收益 ... 204
第四节 留存收益 ... 207

第十章 收入、费用和利润 ... 214
第一节 收　入 ... 215
第二节 费　用 ... 237
第三节 利　润 ... 238

第十一章 财务报告 ... 246
第一节 资产负债表和利润表 ... 248
第二节 现金流量表和所有者权益变动表 ... 251
第三节 财务报表附注 ... 261

第十二章 会计政策、会计估计及其变更和差错更正 ... 271
第一节 会计政策及其变更 ... 272
第二节 会计估计及其变更 ... 278
第三节 前期差错更正 ... 280

第一章 绪 论

【学习内容】

本章介绍会计在经济和社会发展中的重要作用,阐述会计信息的使用者,论述会计道德的重要性;介绍会计的基本假设和基础、财务会计的基本要素、财务会计信息质量要求、会计计量属性、财务会计报告等。

【学习要点】

本章的重点是会计的基本性质、会计道德和基础,以及财务会计的基本要素和财务会计信息的质量要求;本章的难点是会计要素的基本特征、会计计量属性和财务报告的内容。

【学习目标】

通过本章的学习,要求做到:
- 了解会计的性质和作用
- 认识财务会计的目标、会计信息的使用者
- 掌握会计的基本假设和基础
- 掌握会计道德、会计的基本要素
- 掌握财务会计信息的质量要求
- 掌握会计计量属性
- 了解财务报告的组成和内容

《企业会计准则——基本准则》
扫码参阅

引导案例

财务机器人来了，会计走向何方？

医师、律师和会计师是市场经济环境下三大重要的社会职业。会计是既古老又充满活力的理论和社会实践活动。据记载，我国在大约公元前22世纪末至公元前17世纪初的夏朝就已经有了会计活动，在西周时开设"司会"官职，主管王朝的财政经济收支的核算。1494年，意大利学者卢卡·帕乔利（Luca Pacioli）的著作《算术、几何、比及比例概要》问世，近代会计由此产生并得到快速发展。随后，数据处理技术经历了手工技术、珠算技术、计算机信息化以及当今的大数据、云计算、区块链等智能技术的发展和变化，会计从"冷兵器"时代进入信息智能化和自动化新阶段。今天，全球"四大"会计师事务所等机构和企业纷纷推出人工智能与财务机器人解决方案，多家人工智能公司推出了发票查验认证机器人、自动报税机器人和财务集成自动化处理等智能机器人；我国财政部取消了已经实行几十年的会计从业资格认定，曾经被视为稳定的会计职业成了"高危""高风险"工作。大数据、智能化、移动互联网、云计算等数字化浪潮势不可挡，据估计：未来80%以上的基础财税工作会被智能机器人替代，传统财务工作中大量的录入信息、合并数据和汇总统计等机械重复的操作性工作可以由财务机器人高效率地完成，财务会计人员应该正视科学技术和社会的快速变化，加快学习，适应环境的变化，尽快转变知识结构和职业角色，主动适应和驾驭智能机器人的运作。机器人的出现将把更多的财务会计人员从记账、算账的简单劳动中解放出来去从事决策性的财务管理和资本运作工作，未来需要的是懂法律、懂管理、懂业务、懂平台化管理的综合性人才。财务机器人的出现也促使高校会计学专业的培养模式和知识体系进行相应的变革与发展。

▶ **请思考：**

在当前科学技术高度智能化和现代化的今天，社会经济结构和人们的生活环境发生了巨大的变化，作为会计工作的理论探索者或者实践从业者，我们应该以怎样的心态调整自己的知识结构以适应快速变革的社会环境呢？

第一节 会 计 概 述

会计是以货币为主要计量单位，反映和监督一个单位经济活动的一种管理工作。企业的会计主要是反映、监督和管理其财务状况、经营成果与现金流量活动，对企业的经营活动、投资活动和筹资活动进行监督与控制。会计活动可以被概括为确认、计量和报告。确认是指识别交易或事项，计量是指对交易和事项进行输入、处理与分类等，报告是指针对组织的经济活动编制报告，进行披露、分析和解释。

会计信息的使用者分为内部使用者和外部使用者。外部使用者是指不直接参与企业经营活动的人员,如债权人、投资人、政府相关机构、供应商、消费者、顾客和外部审计师等。内部使用者是指直接参与企业经营管理的部门和人员,如董事会成员、企业各部门主管、内部审计师、生产和销售人员、预算编制者和财务主管等。他们利用会计信息进行相关的投资决策和生产经营决策,改善和提高组织的效率。在此基础上,按照服务对象和领域的不同,现代会计可划分为财务会计和管理会计。财务会计是指会计服务于外部使用者的领域,即编制以通用信息为主的财务报告信息。例如,债权人向企业提供贷款,需了解企业的还本付息能力;投资者或潜在投资者根据财务报告决定是否增持、继续持有企业的投资;外部审计师对财务报告进行审计,对企业财务报告是否遵循公认会计准则出具审计意见等。管理会计是指服务于会计信息内部使用者决策需要的会计领域。内部报告不受会计准则的约束,而服从内部使用者经营管理和决策的需要。例如,研发部门需要了解有关某一产品或服务的研发投入成本和收入变动的信息,以据此做出投资方向和数量的决策;供应链管理部门需要掌握有关采购对象、采购时点、采购数量等有关采购成本数据的变动情况;人力资源部门需要了解员工的薪酬、社会保险、绩效评价和培训等方面的信息;销售部门需要掌握一般客户或目标客户的有关成本、收入、销售定价和需求变化等方面的信息。

一、会计的职能和作用

会计职能是会计的本质特征所决定的固有功能,具有反映、监督和管理职能。会计是一项基础的管理工作,即通过一系列的会计程序,提供决策有用的信息,并积极参与经营管理决策,提高企业经济效益,服务于市场经济的健康、有序发展。具体来说,现代会计的作用主要表现在以下四个方面:

(一)考核企业管理层受托责任的履行情况

现代企业接受投资者和债权人的投资,而经营管理者受托开展经营和管理活动,即按照预定的发展目标和要求,合理利用资源,有效地进行经营管理,提高经济效益。会计信息有助于评价经营管理者的业绩,考核企业管理层受托责任的履行情况。例如,了解企业当年度经营活动成果和资产的保值增值情况,从中掌握企业的财务状况、经营成果和现金流量的变化及发展趋势;与同行业其他企业和本企业历史数据对比,了解企业管理者的经营业绩、企业在同行业竞争中所处的位置等,考核企业管理层受托经济责任的履行情况。

(二)客观、公允地反映企业的财务状况、经营成果和现金流量

会计是指对大量的经济业务进行确认、记录和交流。通过确认、计量、报告以及记账、算账、报账等程序,全面、完整、综合地反映经济活动的过程和结果,为内部使用人和外部使用者提供有用的信息。会计是一种经济核算活动,也是一种以提供信息服务为主的经济信息系统;经济和社会发展对会计信息的要求逐步提高,会计核算不仅包括对

经济活动的事后核算,还包括事前核算和事中核算。事前核算的主要形式是进行经济预测和规划,参与决策;而事中核算的主要形式是在计划执行的过程中,采用核算和监督相结合的方法,对经济活动进行控制和管理,使之按计划和预定目标进行。会计反映的经济活动结果包括企业的资产、负债、所有者权益等财务状况,也包括企业的收入、费用和利润经营成果,还包括企业的现金流入、现金流出和现金净流量等现金流量信息。

(三)加强会计监督和提高企业经营管理水平

会计对经济活动进行核算的过程也是进行监督和管理的过程。会计监督和管理是以政府的财经法规、政策、制度、纪律和会计信息披露要求为依据,对将进行和已发生的经济活动是否符合合理性、合规性和有效性进行监督。会计监督和管理按经济活动过程的顺序,分为事前、事中和事后的监督与管理。监督和管理的内容包括分析会计核算资料、检查和评价活动成果、确定经营目标、调整计划等。会计监督和管理帮助企业控制成本和费用、妥善管理资产和负债、管理现金流入和现金流出,促使企业改善经济管理水平、提高经济效益。

(四)现代会计的就业领域

我们生活的几乎所有方面均涉及会计信息。企业获得收入、支付税费、规划投资、管理预算和规划战略等,都会用到会计信息。在日常生活中,会计提供财务会计、管理会计、税务规划和其他相关领域的就业机会。财务会计包括财务报告编制、财务分析、审计和咨询等;管理会计包括成本控制、预算管理、内部控制和审计、战略规划等;税务管理包括编制税务报告、税收筹划、税务实施、税务咨询和调查等;会计相关的其他领域包括市场调研、系统设计、兼并重组、企业评估、人力资源服务、法律诉讼支持和证券分析等。

会计师与医师、律师共同被称为"三师",是现代市场经济的重要职业。会计不仅服务于企业,也服务于政府机关、学校、医院等非营利性组织。现代公司制度下所有权和经营权分离,为了客观、公允地反映受托责任的履行情况,产生了注册会计师的社会审计职能。注册会计师审计具有客观、独立和公正的特征,这种特征保证其审计具有鉴证职能,也使其享有较高的独立性和权威性。

二、财务报告目标

我国企业财务报告的目标,是向财务报告使用者提供与企业财务状况、经营成果和现金流量等有关的会计信息,反映企业管理层受托责任的履行情况,有助于财务报告使用者做出经济决策。

2018年3月,国际会计准则理事会(International Accounting Standards Board,IASB)发布了经修订的《财务报告概念框架》(Conceptual Framework for Financial Reporting)。新概念框架将通用目的财务报告的目标定位为"通用目的财务报告的目标是提供有关报告主体的对现有和潜在的投资者、债权人以及其他信贷者做出向报告主体提供资源的决策有用的财务信息"。① 财务报告使用者主要包括投资者、债权人、政府及其有关部门和社会公众等。

财务报告满足使用者的基本决策主要是资源配置决策(Resource Allocation Decisions)。使用者的资源配置决策主要包括：购买、出售或持有权益或债务工具；提供或者结清贷款或其他形式的信贷；对于会影响主体经济资源使用的管理层行为行使表决权或施加影响。资源配置决策是基于现有的和潜在的投资者、债权人以及其他信贷者所预期的投入资源的回报，而对这些回报的预期又依赖于他们对报告主体两个方面情况的评估：一是主体未来净现金流入的金额、时间和不确定性的情况；二是对管理层关于主体经济资源经营管理责任履行的情况。为了进行评估，财务报告使用者需要两方面的信息：一是关于主体经济资源、对主体的索取权，以及有关这些经济资源和索取权变动的情况；二是关于主体管理层如何有效率地履行其运用主体经济资源的责任的情况。通用目的财务报告的使命是尽可能地提供这两方面的信息，以满足使用者评估主体现金流量和管理层经营管理责任履行情况的需要，进而为其做出资源配置决策服务。

在现代公司治理受托经营制度下，满足投资者的信息需要是编制企业财务报告的首要出发点，真实、客观地反映企业经营管理信息是保护投资者利益的要求，是市场经济发展的必然。现代公司制度的特点是所有权和经营权相分离，企业管理层受投资者之托经营管理企业，负有受托责任。企业投资者和债权人等应当及时或者经常性地了解企业管理层保管、运用资产的情况，评价企业管理层的责任履行情况和业绩情况，并决定是否调整投资或信贷政策等。因此，财务报告应当反映企业管理层受托责任的履行情况，以有助于外部投资者和债权人等评估企业的经营管理责任和资源使用的有效性。除投资者之外，企业财务报告的使用者还有债权人、政府及有关部门、社会公众等。不同利益相关者对财务报告的关注重点不同。例如，银行等金融机构、供应商等债权人通常关心企业的偿债能力和财务风险，其分析的重点是企业的债务偿还能力；政府监管部门通常关心企业经营的合法性和合规性，企业是否遵循政府和资本市场的竞争规则，注重保护中小股民、企业员工等社会弱势群体的权益。

三、职业道德

会计的目标是提供对决策有用的信息。会计信息要有用，首要的是真实可信，因此我们有必要建立会计的道德和价值观念体系。道德(Ethics)是一个人判断是非的价值观念，是判断行为好坏的价值标准。近年来，国内外一系列的财务舞弊案使得道德问题日益引起理论界和实务界的广泛关注，会计道德水准下降的问题引起业内、业外人士的重视。会计操纵行为突出表现在会计操纵(Cute Accounting)和报告修饰(Cooking the Books)两个方面。会计操纵是指将会计准则的弹性效应和边界延伸到极限，而不考虑

---

① 陆建桥，新国际财务报告概念框架的主要内容及其对会计准则制定和会计审计实务发展的影响，《中国注册会计师》，2018,8。

商业活动中交易和事项的实质。报告修饰是指编制具有欺诈性质的财务报告。美国注册会计师协会(AICPA)1917年颁布了最早的会计道德标准,美国管理会计师协会(IMA)1983年发布了管理会计师行为道德标准,财务经理人协会(FEI)1985年发布了职业道德准则。后来,由美国注册会计师协会、管理会计师协会、财务经理人协会、会计联合会和内部审计师协会等机构共同发起成立了反欺诈财务报告委员会(Treadway Commission)。美国注册会计师协会把财务欺诈定义为:在财务报表中蓄意错报、漏报或泄露,以误导财务报表使用者。公司财务欺诈是指会计活动中的相关当事人为了逃避纳税、分取高额红利、提取秘密公积金等以谋取私利,事前经过周密安排而故意编造虚假会计信息的行为。历史上安然公司、施乐公司、世界通信公司、默克制药公司等著名的国际大公司发生了一系列的财务欺诈案件,导致美国股价暴跌,公司诚信受到普遍质疑。近年来,中国资本市场中上市公司的财务欺诈也屡禁不止。上市公司的财务欺诈严重地动摇了投资者的信心,影响了证券市场的稳定发展。财务欺诈是公司内外诸多因素在财务活动中的综合反映,只有深入剖析财务欺诈的动因、制定有效的措施,才能防范公司财务欺诈,保证经济健康发展。全球各地上市公司掀起的"财务舞弊风暴"给投资者和债权人带来了巨大的损失,使社会公众对上市公司的管控和会计审计界丧失了信心,造成了空前的信任危机;国内外一系列的财务舞弊案件也凸显了公司治理制度和资本市场安排中存在一些结构性缺陷。国内外学者从不同角度分析财务欺诈背后的深层原因。唐纳德·克雷西(Donald Cressey)等人提出和发展了欺诈三角理论。他们认为,一旦动机、机会和理性程度三个重要因素归在一起就会出现欺诈的倾向。在欺诈案件发生时,三个因素中的任一个因素都是必不可少且相互关联的,缺少它们当中的任何一个,欺诈事件都不会发生。因此,公司要加强治理和内部控制,必须理解欺诈三角理论的结构和机制,明白员工为什么和如何从事各种各样的欺诈行为。

在市场经济条件下,基本的商业道德标准是促进经济活动持续稳定发展的基础;如果缺失商业道德标准,整体经济的运行、人们的工作关系和商品服务活动等就会遭受巨大的损失;如果丧失商业道德标准,就会导致生活质量下降、商品和服务需求的满足度下降。美国注册会计师协会、管理会计师协会和财务经理人协会共同制定了强制的会计师道德标准,包括工作胜任能力(Competence)、正直诚实(Integrity)、恪守商业机密(Confidentiality)和客观公正(Credibility)四个方面。

1. 工作胜任能力

会计人员应该不断地发展和充实自己的专业知识,具备能胜任会计工作的能力,识别在执业中可能会妨碍正确地做出职业判断的专业局限性,并有效地进行沟通,不断地提高专业能力;能自觉遵守适用的法律、规则和标准,能提供与决策有关的准确、清晰、简洁、及时的信息等。

2. 正直诚实

尽量避免发生利益冲突,与供应商、客户等商业伙伴定期沟通与交流以避免出现冲突和矛盾,并告诫利益相关者可能存在的潜在冲突,避免做出可能损害道德和伦理标准的行为,禁止开展不利于职业道德的活动。

3. 恪守商业机密

除非得到授权或法律要求,否则不得披露企业的商业机密信息;不将机密信息用于非法和不道德的活动,确保下属人员不披露机密信息。

4. 客观公正

企业应与利益相关者客观、公允地交流信息,充分披露可能影响报表使用者理解和分析财务报告的相关信息,对企业财务会计信息的及时性、内部控制是否符合经营目标、企业制度及会计信息系统存在的不足和问题也要进行披露。

第二节　会计基本假设和会计基础

一、会计基本假设

会计基本假设是会计确认、计量和报告的前提条件,是对会计核算所处时间、空间环境做出合理界定,是对会计所处经济环境做出的合乎情理的推断和假定。会计基本假设包括会计主体、持续经营、会计分期和货币计量。

1. 会计主体

会计主体(Business Entity)也称会计实体,是指从事确认、计量和报告会计信息的特定单位或组织,即某组织与其他组织(包括投资者个人)相区别的空间范围。会计核算和财务报告编制应当聚焦于反映特定对象的活动,并将其与其他经济实体区别开,因为只有明确会计主体,才能划定会计所要处理的各项交易或事项的角度和空间范围。首先,明确会计主体,需要将会计主体的交易或事项与会计主体所有者的交易或事项相区分。在现代公司制度下,企业所有者个人的经济交易或事项与企业所有者投入到企业的资产是两个不同的范畴,应该分开核算。另外,会计主体不同于法律主体。一般来说,法律主体必然是一个会计主体,但会计主体不一定是法律主体。

2. 持续经营

持续经营(Going-concern)是指在可预见的将来,企业会按当前的规模和状态继续经营下去,既不会停业也不会被出售。会计确认、计量和报告应当以企业持续、正常的生产经营活动为前提。企业应当披露其是否处于持续经营的状态,因为只有在持续经营存在的前提下,企业才按照企业的战略和经营目标运用资产,按照签订的契约条件清偿债务,采用权责发生制记账方法,选择通行的会计原则和方法。例如,企业根据流动性划分流动资产和非流动资产。非流动资产是在生产经营活动中长期使用的资产,其作用期超过一年或一个营业周期。固定资产和无形资产等长期资产在持续经营过程中长期发挥作用,服务于生产经营过程,其初始计量采用成本计量,在资产使用过程中采用折旧或摊销的方法将应折旧或摊销成本分摊到各期间或相关产品和服务的成本中。如果企业已经明显存在不能持续经营的状况,就应该在财务报告中及时予以披露,这时非流动资产的核算可能要采用破产清算等非历史成本方式进行。

3. 会计分期

会计分期(Time Period)是指将经济组织的持续经营活动人为地划分为若干个连续的、长度相同的期间,如年、半年、季度和月。会计分期的目的,在于将持续经营的生产经营活动划分成连续、相等的期间,从而可以按权责发生制及时结算盈亏,按期及时编制财务报告,定期向财务报告使用者提供有关企业财务状况、经营成果和现金流量的信息。在会计分期假设下,会计期间报告通常分为年度报告和中期报告。中期是指短于一个完整的会计年度的报告期间。

4. 货币计量

货币计量(Monetary Unit)是指会计主体在确认、计量、报告所有的交易和事项时都是以货币进行计量。货币是商品的一般等价物,是衡量一般商品和服务价值的共同尺度,具有价值尺度、流通手段、贮藏手段和支付手段等特点。

同时,我们假定币值是基本稳定的。国际货币基金组织预测,2018年委内瑞拉的通货膨胀年内可能上涨到1 000 000%,一卷手纸的价格达到260万玻利瓦尔,1千克大米的价格为250万玻利瓦尔,1千克牛肉的价格为960万玻利瓦尔,委内瑞拉产生了当今世界面值最大的货币——单张面值为100万亿玻利瓦尔的纸币。在恶性通货膨胀的局面下,货币失去了共同价值尺度的功能。

货币计量还有其他的局限性。例如,对企业财务状况和经营成果有重要影响的很多因素,如企业经营管理者的能力和综合素质,企业的战略决策能力、新技术研发能力、社会关系协调能力和市场竞争力等,在现实中往往难以用货币计量,但这些因素恰好是决定企业竞争成败的关键。

二、会计基础

企业会计记账有两个基础,即收付实现制(Cash Basis)和权责发生制(Accrual Basis)。收付实现制是以收到(支付)的现金作为确认收入(费用)的依据。权责发生制也称应收应付制,其要求为:凡是当期已实现(Earned)的收入和已发生(Occurred)的费用,无论款项是否收付,都应当作为当期的收入和费用,记入利润表;反之,凡是不属于当期的收入和费用,即使款项已在当期收付,也不应当作为当期的收入和费用。会计的确认、计量和报告应当以权责发生制为基础。

交易或事项的发生与相关款项收支的时间可能不一致。有时款项已经收到,但销售收入尚未实现;有时款项已经支付,但并不能作为本期生产经营活动而发生的费用。目前,除了现金流量表,各国企业在会计确认、计量和报告中大多以权责发生制为基础。

第三节　会计要素与计量属性

会计要素是根据交易或事项的经济特征而确定的会计对象的基本分类。会计要素按性质分为资产、负债、所有者权益、收入、费用和利润六大类。其中,资产、负债和所有者权益要素反映企业的财务状况,收入、费用和利润要素反映企业的经营成果。

一、资产

2018年3月,国际会计准则理事会修订了《财务报告概念框架》,对资产(Assets)的定义做了调整,认为资产是指由过去事项所导致的、由主体控制的现时经济资源,经济资源是指有潜力产生经济利益的权利。资产的确认除了应当符合定义,还应当满足有关确认标准和计量要求:

一是将资产定义为经济资源,明确控制这种经济资源的方式是指有潜力产生经济利益的权利,从而将资产聚焦于权利而非经济利益的最终流入,资产的实质由传统的实物资产嬗变为权利,适应了经济金融创新和业务模式创新对会计理论与会计基本概念创新的需要。

二是新资产定义删去了原资产定义中有关"未来经济利益预期流入"的要求,新资产定义中淡化了经济利益流入的可能性标准,而原资产定义则要求未来经济利益预期流入是确定的或者很可能的。

资产的确认除了要符合定义,还要满足有关确认标准和计量要求。资产的实质是企业拥有或者控制的经济资源。资产作为一项资源,应当由企业拥有或者控制,具体是指企业享有某项资源的所有权或控制权。资产是由企业过去的交易或者事项形成的。资产按流动性可以分为流动资产(Current Assets)和非流动资产(Noncurrent Assets)。流动资产是指在一年或一个营业周期内会被消耗或能变现的资产,如库存现金、银行存款、应收账款和存货等。非流动资产是指在一年或一个营业周期内不会变现或不被消耗的资产,如固定资产、无形资产、长期股权投资和投资性房地产等。

二、负债

2018年3月,国际会计准则理事会修订了《财务报告概念框架》,将负债(Liabilities)定义为由过去事项所导致的、会促使企业转移经济资源的现时义务。义务是指主体没有实际能力予以避免的一项职责或者责任。新的负债定义明确了负债的实质是转移经济资源的义务,而不是经济利益的最终流出,引入了"没有实际能力予以避免"的新的负债标准。按照新的标准,无论该义务是法定的还是推定的,也无论该义务有确定的对手方还是没有确定的对手方,只要主体没有实际能力予以避免就符合负债的定义。新负债定义删去了原负债定义中有关"预期会导致含有经济利益的资源流出"的要求,淡化了经济利益流出的可能性标准,即降低了经济利益流出的可能性要求。负债的确认除了要符合定义,还要满足有关确认标准和计量要求。

负债的实质是企业承担的现时义务。现时义务是指企业在现行条件下已承担的义务。这里所指的义务可以是法定义务,也可以是推定义务。其中,法定义务是指具约束力的合同或者法律法规规定的义务,通常在法律意义上需要强制执行。推定义务是指根据企业多年来的习惯做法、公开的承诺或者公开宣布的政策而导致企业将承担的责任,这些责任也使有关各方形成了企业将履行义务以解脱责任的合理预期。在履行现时义务清偿负债时,导致经济利益流出企业的形式多种多样,例如用现金偿还或以实物资产形式偿还,以提供劳务形式偿还,以部分转移资产、部分提供劳务形式偿还,将负债转换为资本等。负债是由企业过去的交易或者事项所形成,只有过去的交易或者事项才形成负债。负债按流动性可以分为流动负债(Current Liabilities)和非流动负债(Noncurrent Liabilities)。流动负债是指需要在一年或一个营业周期内偿还的债务,如短期借款、应付账款、应付票据、应付职工薪酬和应交税费等。非流动负债是指不需要在一年或一个营业周期内偿还的债务,如长期借款、应付债券和长期应付款等。

三、所有者权益

所有者权益(Owner's Equity)是指主体资产扣除主体全部负债之后的剩余利益。所有者权益又称股东权益,是投资人对企业资产的剩余索取权,是企业资产中扣除债权人权益后应由所有者享有的净资产部分,可以反映所有者投入资本的保值增值情况。

所有者权益包括所有者投入的资本、直接计入所有者权益的利得和损失以及留存收益等,通常由股本或实收资本、资本公积(含股本溢价或资本溢价等)、其他综合收益、盈余公积和未分配利润等构成。投入资本是指所有者投入企业的资本部分,其中构成企业注册资本或者股本部分的为实收资本或股本,超过注册资本或者股本部分的资本溢价或者股本溢价为资本公积。直接计入所有者权益的利得和损失,是指不应计入当期损益、会导致所有者权益发生增减变动的利得或者损失。留存收益是企业历年实现的净利润留存于企业的部分,其中已划定用途的为盈余公积,尚未划定用途以后还可以再分配的为未分配利润。

四、收入

收入(Revenues)是指企业在日常活动中形成的、会导致所有者权益增加的、与所有者投入资本无关的经济利益的总流入。收入是企业在日常活动中形成的,而日常活动是指企业为达成经营目标所从事的经常性活动以及与之相关的活动。明确界定日常活动是为了将收入与利得相区分。非日常活动所形成的经济利益的流入不能确认为收入,而应当计入利得(Gain)。

收入的实质是与所有者投入资本无关的经济利益的总流入。收入会导致经济利益流入,从而使资产增加。所有者投入资本的增加不应当确认为收入,而应当直接确认为所有者权益。收入的实现会导致所有者权益增加。

五、费用

费用(Expenses)是指企业在日常活动中发生的、会导致所有者权益减少的、与向所有者分配利润无关的经济利益的总流出。费用是企业在日常活动中形成的。因日常活动所产生的费用通常包括主营业务成本、其他业务成本、税费及其附加、投资损失、期间费用和所得税费用等。将费用界定为日常活动所形成的,是为了将其与经营活动无关的损失(Loss)相区分。费用的实质是与向所有者分配利润无关的经济利益的总流出,其表现形式包括现金或者现金等价物的流出。费用会导致所有者权益减少。

六、利润

利润(Net Income)是指企业在一定会计期间的经营成果,是评价企业管理层业绩的重要指标。利润的计算过程为:营业收入减去费用,再加上投资收益构成营业利润;营业利润加上利得(减去损失)为利润总额;利润总额扣除所得税费用后为利润净额。另外,还有直接计入当期利润的利得和损失等。其中,收入减去费用后的净额反映了企业经营活动和投资活动的业绩,直接计入当期利润的利得和损失反映的是企业非日常活动的业绩。企业应当严格区分收入和利得、费用和损失,从而更加全面地反映企业的综合业绩。

七、会计要素计量属性

(一)会计要素计量属性的分类

会计计量是为了将符合确认条件的会计要素登记入账并列报于财务报表而确定其金额的过程。企业应当按照规定的会计计量属性进行计量,确定相关金额。计量属性是指某一要素的计量特征,反映会计要素金额的确定基础,通用的会计要素计量属性有历史成本、重置成本、可变现净值、现值和公允价值。

1. 历史成本

历史成本(Historical Cost)又称实际成本、初始成本或成本。是指为取得资产所支付的现金或现金等价物的金额;或者在正常经营活动中,为交换而收到的或为偿付负债所支付的现金或现金等价物的金额。在历史成本计量下,资产按照购置时支付的现金或现金等价物的金额,或者按照购置资产时所付出的对价的公允价值计量;负债按照承担现时义务而实际收到的款项或资产的金额,或者承担现时义务的合同金额,或者按照日常活动中为偿还负债预期需要支付的现金或现金等价物的金额计量。

2. 重置成本

重置成本(Replacement Cost)又称现行重置成本,是指按照当前市场条件,重新取得相同的资产或偿付等量的债务所需支付的现金或现金等价物的金额。在重置成本计量下,资产按照如果现在购买相同的或者相似的资产所需支付的现金或现金等价物的金额计量。负债按照现在偿付该项债务所需支付的现金或现金等价物的金额计量。

3. 可变现净值

可变现净值(Net Realizable Value)是指在正常生产经营过程中,以预计售价减去将材料、在产品进一步加工成产成品的成本和估计的销售税费后的净值。例如,期末存货采用成本与可变现净值孰低法计量。在可变现净值计量下,存货按照估计的销售价格扣减将材料、在产品加工成产成品估计要发生的成本,减去估计的销售税费的金额计量。

4. 现值

现值(Present Value)是指对未来现金流量以恰当的折现率进行折现后的现存价值,通常是指考虑货币的时间价值条件下的复利现值。在现值计量下,资产按照预计从该项资产的持续使用和最终处置中所产生的未来净现金流入量,以预计的折现率折现后的金额计量;负债按照预计该项负债在存续期限内需要偿还的未来债务的净现金流出量,以预计的折现率折现后的金额计量。

5. 公允价值

公允价值(Fair Market Value)是指市场参与者在计量日发生的有序交易中,出售一项资产所能收到或者转移一项负债所需支付的价格。在公允价值计量过程中,需要确定的要素包括以公允价值计量的资产或负债、有序交易的市场、市场参与者、恰当的估值技术、输入值和公允价值层次等。企业以公允价值计量相关资产或负债,应当考虑该项资产或负债的特征,即市场参与者在计量日对该项资产或负债进行定价时所考虑的特征,包括资产状况及其所在位置(如是在市中心还是在郊区的房产),对资产出售或者使用的限制等。所谓有序交易是指在计量日前一段时间内相关资产或负债是一种有惯常市场活动的交易,诸如清算等被迫交易不属于有序交易。企业以公允价值计量相关资产或负债,应当假定出售资产或者转移负债的有序交易在相关资产或负债的主要市场进行;不存在主要市场的,企业应当假定该交易在相关资产或负债的最有利市场进行。主要市场是指相关资产或负债交易量最大和交易活跃程度最高的市场。最有利市场是指在考虑交易费用和运输费用后,能够以最高金额出售相关资产或者以最低金额转移相关负债的市场。市场参与者是指在相关资产或负债的主要市场或最有利市场中,同时具备下列特征的买方和卖方:一是相互独立,不存在关联方关系;二是熟悉情况,能根据可获得的信息合理认知相关资产或负债以及交易;三是自愿进行相关资产或负债的交易。

在各种会计要素计量属性中,历史成本通常反映的是资产或者负债过去的价值,而重置成本、可变现净值、现值和公允价值通常反映的是资产或者负债的现时成本或者现时价值,分别适用于不同的场景或情形。现值是在考虑货币时间价值情形下普遍采用的一种估值方法;众多的金融资产采用公允价值计量;在财务清查盘盈时通常采用重置成本;在对会计要素进行计量时,一般应当采用历史成本法。历史成本、重置成本、可变现净值、现值和公允价值是五种不同的计量属性,适用于不同的情形;但五种计量属性也不是截然不同的,在一定条件下,五种计量属性可以相互转化和交替使用。

(二)会计要素计量的发展

2018年3月,国际会计准则理事会发布了经修订的《财务报告概念框架》,在财务报表要素计量方面进行了较为系统的梳理。

1. 构建了新的计量基础体系

《财务报告概念框架》将计量基础分为历史成本计量基础和现行价值计量基础两大类。

(1)历史成本计量基础。历史成本应当至少提供有关所计量项目的交易或事项的价格信息,但原则上不反映价值变动信息。采用历史成本计量并不表示有关资产、负债的历史成本一成不变,有时也应当随着时间推移和情况变化予以更新,比如资产发生损耗需要计提折旧或摊销,资产发生减值需要调减资产历史成本。履行负债义务需要转移经济资源,还需要转移经济资源的部分增值,进而调增负债的历史成本等。

(2)现行价值计量基础。现行价值应当提供有关计量日状况更新方面的信息,即有关资产或负债的现行价值应当反映自前期计量日后包括在该现行价值中的现金流量估计以及其他因素的变化情况。现行价值计量基础包括公允价值、在用价值(针对资产)、履约价值(针对负债)及现行成本。其中,公允价值反映市场参与者对资产或负债未来现金流量的金额、时间和不确定性的当前预期;在用价值和履约价值反映主体对特定资产或负债未来现金流量的金额、时间和不确定性的当前预期;现行成本反映当前购买相同资产需要支付或者承担相同负债应当收到的金额。

2. 选择不同计量基础应当考虑的因素

选择不同计量基础应当考虑的因素主要是相关性和如实反映,使所提供的信息对使用者有用。

(1)满足相关性要求。一是考虑资产或负债的特征。例如,有些资产或负债对市场因素或其他风险非常敏感,其历史成本与现行价值存在显著差异,在这种情况下,如果使用者认为有关资产或负债的价值变动信息是有用的、重要的,那么这些资产或负债的历史成本可能无法提供相关的信息,而现行价值则可能满足提供相关信息的需要。二是资产或负债影响未来现金流量的方式。例如,企业的固定资产和无形资产等非流动资产,必须与其他流动资产等经济资源组合在一起才能产生现金流量,在这种情况下,历史成本或现行成本可能提供相关的信息;反之,如果资产或负债能够直接产生现金流量,那么现行价值计量基础有可能提供相关的信息。新的《财务报告概念框架》强调,资产或负债是否直接产生现金流量和主体的业务活动是判断一项计量基础能否满足相关性要求的两个重要的考量因素。

(2)满足如实反映要求。一是考虑计量不一致问题。当财务报表包括计量不一致或会计错配时,这些财务报表在某些方面有可能无法如实反映主体的财务状况和经营成果。例如,一项资产或负债与另一项资产或负债的现金流量直接相关联,在这种情况下,如果对这项资产或负债及其相关的资产或负债不同的计量基础进行计量,有可能无法如实反映主体的财务状况和经营成果。因此,对该类资产或负债及其相关的资产或负债,可能需要采用相同的计量基础。二是计量不确定性问题。对资产或负债以某种计量方法为基础进行计量,虽然计量存在不确定性,甚至其不确定性较高,但这并不表明该计量基础无法提供相关的信息;同时,对资产或负债采用某种计量基础进行计量,由于计量不确定性太高,以致无法充分、如实地反映资产或负债的实际情况,此时选择采用其他计量基础计量这些资产或负债是恰当的。

第四节 会计信息质量要求

为了实现财务会计报告的目标,保证会计信息质量,必须明确会计信息应达到的质量要求。会计信息质量要求是对企业所提供的会计信息质量的基本要求,是财务报告所披露的会计信息应满足的基本标准和特征。我国财政部发布的《企业会计准则——基本准则》中,将会计信息质量要求归结为可靠性、相关性、可理解性、可比性、实质重于形式、重要性、谨慎性、及时性和成本限制。

一、可靠性或如实反映

财务报告应当如实反映经济现象的实质,"如实反映"(Faithful Representation)是会计信息基本的质量特征。"如实反映"要求在最大限度的可能情况下,有关信息应当完整(Complete)、中立(Neutral)和无差错(Free from Error)。中立性需要审慎判断的支持。审慎性是指在不确定条件下做出判断时应当保持谨慎,即不得高估资产和收益,不得低估负债和费用;同样,也不得低估资产和收益,不得高估负债和费用。否则,它们会导致未来收益或费用的高估和低估。只有如实反映,相关的信息才能具有预测价值(Predictive Value)和确证价值(Confirmatory Value)。当然,"如实反映"的质量特征要求并不表明不能有计量不确定性,或者计量不确定性太高并不表明无法满足"如实反映"的要求或者提供有用的信息。使用合理的估计也是生成财务信息的根本特征之一,只要这些估计得到清楚并准确的描述和说明,就不会降低财务信息的有用性。

会计信息的可靠性(Objectives)包括真实性、客观性和完整性三方面的含义。真实性是指会计反映的内容应当与企业的实际情况一致,在财务报表中不得根据虚构的、没有发生的或者尚未发生的交易或事项进行确认、计量和报告。客观性是指会计在对企业的经济活动进行确认、计量和报告时,应当做到不偏不倚,根据客观的事实进行反映,不受主观意志的左右。完整性是指在符合重要性和成本—效益原则的前提下,保证会计信息的全面完整,包括应当编报的报表及其附注内容等应当保持完整,不能随意遗漏或者减少应予披露的信息,应当充分披露与使用者决策相关的有用信息。

二、相关性

相关性(Relevant)要求企业提供的会计信息应当与投资者等财务报告使用者的决策需要相关,从而有助于财务报告使用者对企业过去、现在或未来的情况做出理性评价、预测和抉择。会计信息的相关性在于能满足财务报告使用者的决策需要,因此必须与决策者需求的口径和范围相关,相关的会计信息才具有预测价值、反馈价值和及时性。

三、可理解性

可理解性(Understandable)也称明晰性,是指企业所提供的会计信息应当通俗易懂和清晰明了。如果会计信息过于艰涩难懂,即使满足了可靠性和相关性要求,也不利于财务报告使用者据此做出决策。因此,披露的会计信息应该便于投资者等财务报告使用者理解和使用。会计信息的确定、计量和报告基于特定的程序及过程,经过凭证、账簿和报表等专业载体,形成由特定的会计语言和符号书写的专业文件,是一种专业性较强的信息产品。强调会计信息的可理解性,是指尽量使披露的会计信息通俗易懂,使具备一定的财务会计基础知识的利益相关者能读懂会计报表并进行基本的解读和分析。

四、可比性

可比性(Comparable)是指企业应该采用通行和一贯的会计方法处理交易和事项,从而使企业所提供的会计信息具有可比性。同一企业在不同时期发生的相同或者相似的交易或事项,应当采用一致的会计政策,不得随意变更;相同行业或背景下不同企业所发生的相同或者相似的交易或事项,应当采用公允的会计政策和方法,确保会计信息口径一致、相互可比,从而使相同或类似行业或背景下不同企业按照一致的确认、计量和报告要求提供有关的会计信息。

五、实质重于形式

实质重于形式(Substance Over Form)要求企业应当按照交易或者事项的经济实质进行会计确认、计量和报告,而不是仅仅局限于交易或者事项外在的法律形式。这里实质指经济实质,形式指法律形式。例如,企业以融资租赁方式租入的固定资产,由于与出租方签订的是租赁合同,从法律形式上讲企业并不拥有所有权,但是从经济实质上看,承租企业能实际控制该资产,拥有该资产所创造的未来经济利益并承担相应的风险和损失。因此,承租企业应当将融资租赁资产视为自有资产进行管理和反映,并列报于会计报表的资产项。

六、重要性

重要性(Materiality)要求企业提供的会计信息应当反映与企业财务状况、经营成果和现金流量有关的所有重要交易或者事项。重要性是指基于有关项目的性质和(或)程度在主体特定层面的相关性。凡是对会计信息使用者的决策有较大影响的会计事项，都应分项核算、详细反映、力求准确，并在会计报告中重点说明。而对不重要的会计事项，在保证真实性的情况下，可以采用简化的处理程序和方法合并反映，不必在会计报表中详细列示。重要性的应用需要依赖职业判断，企业应当根据所处环境和实际情况，从项目的性质和金额两方面加以判断，如果会计信息的省略或漏报会影响会计信息使用者做出正确决策，该信息就具有重要性。

七、谨慎性

谨慎性(Conservatism)是指在不确定条件下做出判断时应当保持谨慎，不允许高估或者低估资产、负债、收益和费用，即谨慎性判断的行使应当不影响中立性或者与中立性相一致。在面对不确定性因素需要做出职业判断时，应当保持应有的谨慎，充分估计各种风险和损失，尽量不高估资产或收益，但也不能有意低估负债或者费用，不能设置秘密准备金账户或进行盈余管理。

八、及时性

及时性(Timeliness)要求企业对于已经发生的交易或事项，应当及时进行确认、计量和报告。会计信息具有时效性，信息的使用价值会随着时间流逝而降低。因此，企业必须及时收集、加工处理会计信息并及时传递会计信息。在会计确认、计量和报告的过程中贯彻及时性，要求在经济交易或事项发生后，及时收集整理各种原始单据或凭证，及时按照会计准则的规定，对交易或事项进行确认或者计量，并编制财务报告和传递会计信息。在会计实务中，定期报告的披露有时限要求。

九、成本效益或成本限制

企业等经济社会组织的信息披露也要考虑成本和效益，符合成本效益(Cost-benefit)原则，即信息披露取得的效益大于成本。根据重要性原则，只要满足充分披露原则的要求，保证信息披露的重要性和完整性，没有必要详尽地收集、整理和处理所有的相关信息并反映到财务报表中，要有轻有重、主次分明，因为很多信息是没有用或者不重要的。同时，也要比较成本和效益，如果为了保证信息的完整性，耗费大量时间、资金和人力成本，所付出的精力和费用超过了由此带来的收益，那么完整性本身也就失去了意义。

第五节 财务报告

财务报告(Financial Reports)是指企业对外披露的、反映企业某一特定日期的财务状况和某一期间的经营成果、现金流量等的会计信息的文件。财务报告包括财务报表，以及其他应当在财务报告中披露的相关信息和资料。

一、财务报告的性质

财务报表是会计要素确认、计量的结果和综合性反映,反映企业管理层受托责任的履行情况。企业在生产经营过程中使用一套完整的结构化的报表体系进行列报;投资者等报表使用者阅读和分析财务报表,从中可以了解企业过去和当前的状况,预测企业未来的发展趋势,并做出相关的决策。较为完整的财务报告包括四张报表及其附注,即资产负债表、利润表、现金流量表、所有者权益(或股东权益)变动表以及附注。按财务报表编报期间的不同,可以分为中期财务报表和年度财务报表。中期财务报表是以短于一个完整会计年度的报告期间为基础编制的财务报表,包括月报、季报和半年报等;中期财务报表至少应当包括资产负债表、利润表、现金流量表和附注。按财务报表编报主体的不同,可以分为个别财务报表和合并财务报表。个别财务报表是由企业在自身会计核算的基础上对账簿记录进行加工而编制的财务报表,用以反映企业自身的财务状况、经营成果和现金流量。合并财务报表是以母公司和子公司组成的企业集团为会计主体,在母公司和所属子公司的财务报表的基础上,合并由母公司编制的、综合反映企业集团财务状况、经营成果及现金流量的财务报表。

二、财务报告的组成

财务报告包括财务报表、附注和其他应当在财务报告中披露的相关资料。财务报表至少应当包括资产负债表、利润表和现金流量表等。如果企业规模较小,外部信息需求相对较低,那么小企业编制的报表可以不包括现金流量表。

1. 资产负债表

资产负债表(Balance Sheet)是反映企业在某一特定日期的财务状况的会计报表。资产负债表反映企业在特定资产负债表日的资产、负债和所有者权益的金额及结构,有助于报表使用者了解企业的资产、负债和所有者权益的数量及变化,了解企业资产的质量和负债的风险,分析企业的短偿债能力、营运能力和成长能力等。

2. 利润表

利润表(Income Statement)是反映企业在一定期间的经营成果的会计报表。利润表反映企业实现的收入、发生的费用、产生的利得和损失、取得的投资损益、营业利润、所得税费用和综合收益等金额及其结构情况,有助于报表使用者分析评价企业的盈利能力及其构成与质量等。

3. 现金流量表

现金流量表(Statement of Cash Flows)是反映企业在一定期间的现金和现金等价物的流入和流出及净流量的会计报表。现金流量表反映企业在经营活动、投资活动和筹资活动中的现金流入、流出和净流量情况,有助于报表使用者评价企业的现金流量和资金周转情况。

4. 所有者权益变动表

所有者权益变动表(Statement of Owner's Equity)是反映在一定期间构成所有者权益的各组成部分的增减变动及结果的报表。所有者权益变动表反映一定时期所有者权益变动的情况,包括所有者权益总量的增减变动,以及所有者权益增减变动的重要的结构性信息,有助于报表使用者较为客观地了解所有者权益增减变动的原因和结果。

5. 附注

附注(Notes)是对财务报表中披露项目所做的进一步说明,包括对未能在这些报表中列示项目的说明。财务报告的附注和会计报表具有同等的重要性,通过附注对财务报表做出补充说明,可以更加全面和系统地披露企业财务状况、经营成果和现金流量的完整面貌,有助于报表使用者更完整地解读会计信息,做出更合理的相关决策。

财务报表是财务报告的核心内容,除财务报表之外,财务报告还应当包括的其他相关信息根据有关法律法规的规定和外部使用者的信息需求而有所不同。

□ 核心概念

会计主体　　持续经营　　权责发生制　　实质重于形式
谨慎性　　　公允价值　　可变现净值　　现值
财务报告

□ 思考题

1. 简述现代会计的两大分支及其主要内容。
2. 什么是会计的基本假设? 会计有哪些基本假设?
3. 财务会计信息质量有哪些基本要求?
4. 简述会计计量属性的概念、内容及其应用。
5. 什么是财务报告? 财务报告的主要内容和作用是什么?
6. 简述会计职业道德及其主要内容。

□ 参考文献

1. Conceptual Framework for Financial Reporting,http://www.ifrs.org/issued-standards/list-of-standards/2018-10-27.
2. 财政部,《2018 企业会计准则》,http://www.mof.gov.cn/2018-10-27。
3. 财政部,《企业会计准则——基本准则》,http://www.mof.gov.cn/mofhome/tfs/zhengwuxinxi/caizhengbuling/201407/t20140729_1119494.html/2018-10-27。

4. 戴德明、林钢、赵西卜,《财务会计学》(第 10 版),北京:中国人民大学出版社,2018 年。

5. 戴维·斯派斯兰德、马克·尼尔森、韦恩·托马,《中级财务会计》(英文版·第 9 版),北京:中国人民大学出版社,2017 年。

6. 简·威廉姆斯、苏珊·哈卡、马克·贝特纳、约瑟夫·卡塞罗,《会计学:企业决策的基础》(原书第 17 版),北京:机械工业出版社,2017 年。

7. 林钢,《中级财务会计》(第 2 版),北京:中国人民大学出版社,2018 年。

8. 刘永泽、陈立军,《中级财务会计》(第六版),大连:东北财经大学出版社,2018 年。

9. 陆建桥,新国际财务报告概念框架的主要内容及其对会计准则制定和会计审计实务发展的影响,《中国注册会计师》,2018,8。

10. 陆建桥,国际财务报告准则 2017 年发展成效与未来展望,《财务与会计》,2018,2。

11. 中国财经报网,会计法的修改,http://www.cfen.com.cn/cjxw/kj/201711/t20171130_2762963.html/2018-10-27。

第二章 存 货

【学习内容】

本章介绍存货的确认、存货的初始计量、存货的发出和期末存货的计价。

【学习要点】

本章的重点是存货的确认条件、存货成本的构成、存货发出的计价和期末存货的计价；本章的难点是期末存货计价的成本和可变现净值孰低法。

【学习目标】

通过本章的学习，要求做到：

▶ 理解存货的性质和内容

▶ 掌握存货取得的会计处理方法、存货发出的计价方法和存货跌价准备的计提

《企业会计准则第 1 号——存货》
扫码参阅

引导案例

拼多多创办3年上市,市值赶上2/3个京东

2018年7月26日晚,拼多多在上海和纽约两地同时敲钟,以股票代码"PDD"在美国纳斯达克上市。拼多多创始人黄峥没有去纽约敲钟,代表拼多多在纽约敲钟的是拼多多的一位用户,前不久刚以1分钱在拼多多上抽中一台iPhone X。与此同时,在上海中心大厦,来自北京的一家五口代表拼多多按下敲钟按钮,他们都是拼多多的用户。拼多多创始人、CEO黄峥没有去纽约,他在上海中心大厦会场的台下见证了这一刻。在上市仪式前拼多多举行的媒体见面会上,黄峥说不去纽约是因为敲钟并没有什么特殊的意义。"这个东西就是一个过程、一个形式,它不影响实质,我敲一下又不会怎么样。"

在按下按钮后,拼多多股价很快上涨且维持了一整天并以ADS(美国存托股票)价格26.7美元/股(上涨40.53%)收盘。拼多多在盘后交易中继续上涨,以351亿美元的市值结束上市首日,相当于2/3个京东的市值。

拼多多用户的分布其实和淘宝差不了太多,但花钱习惯颇不相同。截至2018年3月30日,拼多多单个买家过去12个月的消费额是673.9元,而同期阿里巴巴单个用户的年消费额是8 696元,京东单个用户的年消费额则是4 426元,都是拼多多的数倍乃至十几倍。拼多多用户的消费次数高于京东,但消费单价远远低于京东。没有购物车、默认包邮、超低价等,各种不一样的习惯是为了降低消费者的成本。像14.9元/20包的抽纸、几十元的行李箱、19.9元12.5千克的水果这些商品,在拼多多上最为常见。整个拼多多平台的商品价格都极低,T恤、运动鞋、抽纸、手机等品类在三家电商平台上销量前五名商品的均价,拼多多几乎所有品类的热卖商品均远远低于京东和淘宝。像手机这样的品类,拼多多的热销商品全是老人机,均价不过36.5元/台,与在京东网购平台上销量第一的iPhone 8差了121倍。商家每实现100万元的成交额,阿里巴巴的收益是2.37万元,京东的收益是2.35万元,拼多多的收益是1.23万元。拼多多的商家入驻门槛很低。在拼多多上,企业开店的保证金大多为1 000元,个人开店为2 000元,只有海淘、水果生鲜和美容类需要交10 000元的保证金。针对商家卖假货、延迟发货、不及时更新物流等情况,平台会向商家收取罚款;针对刷单、虚假发货等情况,平台会冻结商家资金400小时。拼多多强大的物流和独特的经营理念,使其在短短的不到三年的时间内实现了赴美上市,并成为了仅次于淘宝、京东的第三大电商平台。

▶ **请思考:**

拼多多的存货流转有什么特点?

拼多多的盈利模式是什么?

拼多多是如何做到商品价格如此低廉还能赢利?

资料来源:唐云路、龚方毅、姚书恒,拼多多创办3年上市,市值赶上2/3个京东,http://www.qdaily.com/articles/55654.html? source=feed/2018-10-27。

第一节 存货的确认条件和初始计量

一、存货的性质

存货(Merchandise Inventories)是企业一项重要的流动资产,是指企业在日常活动中持有以备出售的产成品或商品、处在生产过程中的在产品、在生产过程或提供劳务过程中耗用的材料和物料等。

存货区别于固定资产等非流动资产的最基本特征是:企业持有存货的最终目的是出售,包括可供直接出售的(如企业的产成品、商品)以及需经过进一步加工后才能出售的原材料等。

二、存货的内容

企业的存货通常包括以下内容:

原材料,是指企业在生产过程中经加工改变其形态或性质并构成产品主要实体的各种原料及主要材料、辅助材料、外购半成品、修理用备件(备品备件)、包装材料、燃料等。

在产品,是指企业正在制造尚未完工的产品,包括正在各个生产工序加工的产品和已加工完毕但尚未检验或已检验但尚未办理入库手续的产品。

半成品,是指经过一定生产过程并已检验合格交付半成品仓库保管,但尚未制造完工成为产成品,仍需进一步加工的中间产品。

产成品,是指工业企业已经完成全部生产过程并验收入库,可以按照合同规定的条件送交订货单位,或者可以作为商品对外销售的产品。企业接受外来原材料加工制造的代制品和为外单位加工修理的代修品,制造和修理完成验收入库后,应视同企业的产成品。

商品,是指商品流通企业外购或委托加工完成验收入库,用于销售的各种商品。

周转材料,是指企业能多次使用、逐渐转移其价值但仍保持原有形态,不确认为固定资产的材料,如包装物和低值易耗品。其中,包装物是指为了包装本企业商品而储备的各种包装容器,如桶、箱、瓶、坛、袋等,其主要作用是盛装、装潢产品或商品。低值易耗品是指不符合固定资产确认条件的各种用具物品,如工具、管理用具、玻璃器皿、劳动保护用品,以及在经营过程中周转使用的容器等。

三、存货的确认条件

企业的存货除了要符合存货的定义,还要同时满足下列两个条件才能予以确认。

1. 与该存货有关的经济利益很可能流入企业

实务中主要是通过判断与该项存货所有权相关的风险和报酬是否转移到企业,确定与该项存货相关的经济利益是否很可能流入企业。与存货所有权有关的风险,是指由于经营情况发生变化造成的相关收益的变动,以及由于存货滞销、毁损等造成的损失;与存货所有权相关的报酬,是指在出售该项存货或其经过进一步加工取得其他存货时获得的收入,以及处置该项存货实现的利得等。

2. 该存货的成本能够可靠地计量

存货的成本能够可靠地计量必须以取得确凿证据为依据,并且具有可验证性。如果存货的成本不能可靠地计量,即不能可靠地确定成本,就不能被确认为购买企业的存货。

四、存货的初始计量

企业取得存货应当按照成本进行初始计量。存货成本包括采购成本、加工成本和其他成本。

不同存货的成本构成内容不同。原材料、商品、周转材料等通过购买而取得的存货的初始成本由采购成本构成;产成品、在产品、半成品、委托加工物资等通过进一步加工而取得的存货的初始成本由采购成本、加工成本,以及使存货达到目前场所和状态所发生的其他成本构成。

(一)外购的存货

企业外购的存货主要包括原材料、商品和周转材料。外购存货的初始成本包括购买价款、相关税费、运输费、装卸费、保险费,以及其他可归属于存货采购成本的费用。

存货的购买价款,是指企业购入的材料或商品的发票账单上列明的价款,但不包括按规定可以抵扣的增值税税额。

存货的相关税费,是指企业购买、自制或委托加工存货发生的进口关税、消费税、资源税,以及不能抵扣的增值税进项税额等应计入存货采购成本的税费。

其他可归属于存货采购成本的费用,是指采购成本中除上述各项以外的可归属于存货采购成本的费用,例如在存货采购过程中发生的仓储费、包装费、运输途中的合理损耗、入库前的挑选整理费用等。这些费用能分清负担对象的,应直接计入存货的采购成本;不能分清负担对象的,应选择合理的分配方法,分配计入有关存货的采购成本。分配方法通常包括按所购存货的数量或采购价格比例进行分配。

对于采购过程中发生的物资毁损、短缺等,除合理的途耗作为存货的其他可归属于存货采购成本的费用计入采购成本外,应区别不同情况进行会计处理:

(1)从供货单位、外部运输机构等收回的物资短缺或其他赔款,应冲减所购物资的采购成本。

(2)因遭受意外灾害发生的损失和尚待查明原因的途中损耗,暂作为待处理财产损溢进行核算,查明原因后再作处理。

商品流通企业在采购商品过程中发生的运输费、装卸费、保险费及其他可归属于存货采购成本的费用等进货费用,应计入所购商品成本。商品流通企业采购商品的进货费用金额较小的,可以在发生时直接计入当期销售费用。

企业会计准则规定,存货的日常核算既可以按实际成本核算,也可以按计划成本核算。存货按实际成本核算的特点是:从存货收发凭证到明细分类账和总分类账全部按实际成本计价。实际成本计价一般适用于规模小、存货品种简单、采购业务不多的企业。下面以企业购入材料为例说明。

【例 2-1】 云盛公司为增值税一般纳税人,新购入一批原材料,增值税专用发票上的价款为 200 000 元,增值税税率为 13%,货款未付,材料已经验收入库。云盛公司的原材料采用实际成本法核算。云盛公司的账务处理如下:

(1) 购入原材料并收到发票

借:在途物资　　　　　　　　　　　　　　　　　　　200 000
　　应交税费——应交增值税(进项税额)　　　　　　 26 000
　　贷:应付账款　　　　　　　　　　　　　　　　　　　　226 000

(2) 材料验收入库时

借:原材料　　　　　　　　　　　　　　　　　　　　200 000
　　贷:在途物资　　　　　　　　　　　　　　　　　　　　200 000

(二)进一步加工取得的存货

企业的在产品、半成品、产成品、委托加工物资属于通过进一步加工取得的存货,其成本构成包括采购成本、加工成本,以及使存货达到目前场所和状态所发生的其他成本。

存货加工成本,包括直接人工和制造费用,其实质是企业在进一步加工存货的过程中追加发生的生产成本。直接人工是指企业在生产产品过程中付出的直接从事产品生产的工人的职工薪酬。制造费用是指企业为生产产品和提供劳务而发生的各项间接费用。企业生产部门的管理人员职工薪酬、折旧费、办公费、水电费、机物料消耗、劳动保护费、季节性和修理期间的停工损失等都归属于制造费用。

1. 存货加工成本的确定原则

企业在加工存货过程中发生的直接人工和制造费用,如果能直接计入有关的成本核算对象,则应直接计入该成本核算对象;否则,应按照合理方法分配计入有关成本核算对象。分配方法一经确定,不得随意变更。存货加工成本在产品和完工产品之间的分配应采用一定的成本核算方法计算确定。

2. 直接人工的分配

如果企业生产车间同时生产几种产品,则发生的直接人工应采用合理方法分配计入各产品成本中。由于工资形成的方式不同,直接人工的分配方法也不同。比如,按计时工资或者计件工资分配直接人工。

3. 制造费用的分配

由于企业各个生产车间或部门的生产任务、技术装备程度、管理水平各不相同,因此制造费用的分配一般应按生产车间或部门进行。

企业应当根据制造费用的性质,合理选择分配方法。在各种产品之间分配制造费用的方法,通常包括按生产工人工资、按生产工人工时、按机器工时、按耗用原材料的数量或成本、按直接成本(原材料、燃料、动力、生产工人工资等职工薪酬之和)以及按产成品产量分配等。这些分配方法通常是对生产车间或部门各月制造费用的实际发生额进行分配。

(三)其他方式取得的存货

企业还可以通过接受投资者投资、非货币性资产交换、债务重组、企业合并、存货盘盈、提供劳务等其他方式取得存货。

1. 接受投资者投入的存货的成本

接受投资者投入的存货的成本,应当按照投资合同或协议约定的价值确定,但合同或协议约定价值不公允的除外。在投资合同或协议约定价值不公允的情况下,按该项存货的公允价值作为入账价值。

【例2-2】 2019年8月1日,A、B、C三方共同投资设立云鼎公司。A公司以其生产的产品作为投资(云鼎公司作为原材料进行管理和核算),该批产品的公允价值为4 000 000元。云鼎公司取得的增值税专用发票上注明的不含税价款为4 000 000元,增值税税额为520 000元。假定云鼎公司的实收资本总额为10 000 000元,A公司在云鼎公司享有的份额为35%。云鼎公司为一般纳税人,适用的增值税税率为13%;云鼎公司采用实际成本法核算存货。云鼎公司的账务处理如下:

A公司在云鼎公司享有的实收资本金额=10 000 000×35%=3 500 000(元)

A公司在云鼎公司投资的资本溢价=4 000 000+520 000-3 500 000=1 020 000(元)

借:原材料   4 000 000
    应交税费——应交增值税(进项税额)   520 000
  贷:实收资本   3 500 000
      资本公积——资本溢价   1 020 000

2. 通过非货币性资产交换、债务重组、企业合并等方式取得的存货的成本

企业通过非货币性资产交换、债务重组、企业合并等方式取得的存货,其成本应当分别按照非货币性资产交换、债务重组和企业合并等准则的规定确定。

(四)盘盈存货的成本

盘盈的存货应按重置成本作为入账价值,并通过"待处理财产损溢"科目进行会计处理,按管理权限报经批准后,冲减当期管理费用。

(五)不得计入存货成本的相关费用

非正常消耗的直接材料、直接人工和制造费用,应在发生时计入当期损益,不得计入存货成本。企业在存货采购入库后发生的仓储费用(不包括在生产过程中为达到下一个生产阶段所必需的费用),应计入当期损益。不能归属于使存货达到目前场所和状态的其他支出,应在发生时计入当期损益,不得计入存货成本。

第二节　存货的发出

企业的各种存货形成之后,根据需要会陆续从仓库发出,用于销售或消耗,处于不断的流转中。因此,存货的计量不仅包括取得存货的计量,还包括发出存货的计价以及期末结存存货的计价。

存货出售时,存货成本从资产负债表中转出,转入销货成本,并抵消利润表中的销售收入。

一、发出存货的计价方法

企业同一存货不同批次的取得成本会有所不同,那么应该以哪种成本计量发出成本呢？我国《企业会计准则第1号——存货》规定,对于发出的存货按照实际成本核算的,可以分别采用个别计价法、先进先出法、月末一次加权平均法和移动加权平均法等确定实际成本。

1. 个别计价法

个别计价法(Specific identification Method)也称个别认定法、分批实际法,具体方法是:首先逐一辨认各批发出存货和期末存货所属的购进批别或生产批别,然后分别按购入或生产时所确定的单位成本计算各批发出存货和期末存货的成本,把每一种存货的实际成本作为计算发出存货成本和期末存货成本的基础。在这种情形下,成本流转与实物流转是完全一致的。

个别计价法确定的存货成本最为准确,但如果企业存货数量多且收发频繁,则分辨发出成本的工作量较大。在实际工作中,对于单位价值高、交易量少、不能替代使用的存货,或者为特定项目专门购入或制造的存货以及提供的劳务,通常采用个别计价法确定发出存货的成本。随着我国采用计算机信息系统处理会计业务不断普及,个别计价法已经广泛应用于发出存货的计价。

2. 先进先出法和后进先出法

先进先出法(First-in, First out)是指以先购入的存货先发出为假设条件,按照存货购入的先后顺序确定发出存货和期末存货实际成本的方法。具体方法是:在收入存货时,逐笔登记收入存货的数量、单价和金额;在发出存货时,按照先进先出的原则逐笔登记存货的发出成本和结存金额。这种方法导致最早采购的成本最先转入发出成本,最近采购的成本则留在存货中。

【例2-3】　云盛公司2018年9月1日结存甲材料400千克,每千克实际成本为10元;9月5日和9月20日分别购入该材料800千克和700千克,每千克实际成本分别为11元和12元;9月10日和9月25日分别发出该材料1 000千克和500千克。按先进先出法计价核算时,发出和结存材料的成本如表2-1所示。

表 2-1　甲材料明细账　　　　　　　　　　　　　　　　单位:元

2018年 月	日	凭证号	摘要	收入 数量	收入 单价	收入 金额	发出 数量	发出 单价	发出 金额	结存 数量	结存 单价	结存 金额
9	1	略	期初结存							400	10	4 000
	5		购入	800	11	8800				400 800	10 11	4 000 8 800
	10		发出				400 600	10 11	4 000 6 600	200	11	2 200
	20		购入	700	12	8 400				200 700	11 12	2 200 8 400
	25		发出				200 300	11 12	2 200 3 600	400	12	4 800
	30		合计	1 500		17 200	1 500		16 400	150	12	1 800

9月10日发出成本＝400×10＋600×11＝10 600(元)

9月25日发出成本＝200×11＋300×12＝5 800(元)

本月发出成本＝10 600＋5 800＝16 400(元)

先进先出法的优点是可以随时结转存货发出成本。在物价持续上升时期,期末存货成本接近市场价格,而发出存货成本偏低,会导致当期利润偏高。

与此对应,后进先出法(Last-in, First-out)是假设后进的存货先发出。后进先出法是指以后购入的存货先发出为假设条件,按照存货购入的顺序从后向前确定发出存货和期末存货实际成本的方法。具体方法是:在收入存货时,逐笔登记收入存货的数量、单价和金额;在发出存货时,按照后进先出的原则逐笔登记存货的发出成本和结存金额。这种方法导致最后采购的成本最先转入发出成本,最先采购的成本留在存货中。

3. 月末一次加权平均法

月末一次加权平均法(Weighted Average Method)是指月初存货成本加上当月全部进货成本除以月初存货数量加上当月全部进货数量,月末一次计算出存货的加权平均单位成本,以此为基础计算当月发出存货的成本和期末结存存货的实际成本的一种方法,具体公式为:

$$存货单位成本 = \frac{月初结存存货实际成本 + 本月收入存货实际成本}{月初结存存货数量 + 本月收入存货数量}$$

本月发出存货实际成本＝本月发出存货数量×存货单位成本

月末结存存货实际成本＝月末结存存货数量×存货单位成本

＝月初结存存货实际成本＋本月收入存货实际成本－本月发出存货实际成本

【例 2-4】　沿用【例 2-3】,用月末一次加权平均法计算云盛公司 2017 年 9 月发出乙材料的实际成本和 9 月末结存乙材料的实际成本。

$$存货单位成本 = (4\ 000 + 17\ 200) \div (400 + 1\ 500) = 11.16(元)$$
$$本期发出存货实际成本 = 1\ 500 \times 11.16 = 16\ 740(元)$$
$$期末结存存货实际成本 = 4\ 000 + 17\ 200 - 16\ 740 = 4\ 460(元)$$

月末一次加权平均法的优点是只在月末一次计算加权平均单价,成本计算简便;缺点是不利于存货成本的日常管理与控制。

4. 移动加权平均法

移动加权平均法(Moving Average Method)是指以每次进货的成本加上原有库存存货的成本,除以每次进货数量与原有库存存货的数量之和,据以计算加权平均单位成本,作为在下次进货前计算各次发出存货成本的依据。具体公式为:

$$存货单位成本 = \frac{原有库存存货实际成本 + 本次收入存货实际成本}{原有库存存货数量 + 本次收入存货数量}$$

$$本次发出存货实际成本 = 本次发出存货数量 \times 本次发货前的存货单位成本$$

$$月末结存存货实际成本 = 月末结存存货数量 \times 本月月末存货单位成本$$

移动加权平均法的优点是便于管理者及时了解存货的结存情况,计算的存货成本比较客观;缺点是每次收货都要计算一次平均单价,工作量大,适用于收发货不频繁的企业。

二、已售存货成本的结转

企业应当在确认存货销售收入的当期,将已销售存货的成本结转为当期营业成本。

商品、产成品存货,应当用上述计价方法确定已售商品的实际成本,计入当期主营业务成本。已售材料按实际成本予以结转,计入当期其他业务成本。对已售存货计提了存货跌价准备的,还应结转已计提的存货跌价准备,冲减当期主营业务成本或其他业务成本。企业按存货类别计提跌价准备的,也应按比例结转相应的存货跌价准备。

三、周转材料的成本结转

企业的周转材料应当按照使用次数分次计入成本费用。金额较小的,可以在领用时一次性计入成本费用,但应加强实物管理,并在备查簿上登记。建造承包商的钢模板、木模板、脚手架等其他周转材料,可以采用一次转销法、五五摊销法或者分次摊销法进行摊销。

一次转销法,是指周转材料在发出时就将全部账面价值计入相关成本费用的方法。

五五摊销法,是指周转材料在发出时先摊销成本的一半,在报废时再摊销成本的另一半。

分次摊销法,是指周转材料的成本应当按照使用次数分次摊入相关成本费用的方法。

四、其他存货成本的结转

企业因非货币性资产交换、债务重组等转出的存货,应当分别按照《企业会计准则第 7 号——非货币性资产交换》和《企业会计准则第 12 号——债务重组》的规定进行会计处理。

第三节 存货的期末计价

资产负债表日,存货应当按照成本与可变现净值孰低(Lower of Cost and Market)计量。存货成本高于可变现净值的,应当计提存货跌价准备并计入当期损益。

一、存货成本与可变现净值孰低的概念

存货成本与可变现净值孰低,是指对期末存货按照成本与可变现净值两者中较低者计价的方法。当存货成本低于可变现净值时,存货按成本计量;当存货成本高于可变现净值时,存货按可变现净值计量。这里的成本是指期末存货的实际成本;可变现净值是指在日常活动中,存货的估计售价减去至完工时估计将要发生的成本、估计的销售费用以及相关税费后的金额。

二、可变现净值的确定

可变现净值(Net Realizable Value)是未来的净现金流入,而不是指存货的售价或合同价。企业销售存货预计取得的现金流入,并不完全构成存货的可变现净值。由于存货在销售过程中,可能发生相关税费和销售费用,以及达到预定可销售状态还可能发生进一步的加工成本,这些在计算可变现净值时应予以扣除。

企业确定存货的可变现净值,应当以取得的确凿证据为基础,并且考虑持有存货的目的、资产负债表日后事项的影响等因素。为生产而持有的材料等,用其生产的产成品的可变现净值高于成本的,该材料仍然应当按照成本计量;材料价格的下降表明产成品的可变现净值低于成本的,该材料应当按照可变现净值计量。为执行销售合同或者劳务合同而持有存货,其可变现净值应当以产品或商品合同价格为基础计算。企业持有存货的数量多于销售合同订购数量的,超出部分的存货的可变现净值应当以一般销售价格为基础计算。

【例 2-5】 2018 年 11 月 1 日,云盛公司与云鼎公司签订了一份不可撤销的产品销售合同,双方约定,2019 年 3 月 20 日,云盛公司应按每台 40 万元的价格向云鼎公司提供 D 型设备 12 台。2018 年 12 月 31 日,云盛公司 D 型设备的账面成本为 420 万元,数量为 12 台,单位成本为 35 万元/台。2018 年 12 月 31 日,D 型设备的市场销售价格为 41 万元/台。假定不考虑相关税费和销售费用。

分析: 云盛公司与云鼎公司签订的销售合同规定,该批 D 型设备的销售价格已由销售合同约定,并且库存数量等于销售合同约定的数量。因此,在这种情况下,云盛公司计算 D 型设备的可变现净值应以销售合同约定的价格 480 万元作为计算基础。

【例 2-6】 2018 年 11 月 1 日,云盛公司与云鼎公司签订了一份不可撤销的产品销售合同,双方约定,2019 年 3 月 20 日,云盛公司应按每台 40 万元的价格向云鼎公司提

供 D 型设备 12 台。2018 年 12 月 31 日,云盛公司 D 型设备的账面成本为 525 万元,数量为 15 台,单位成本为 35 万元/台。2018 年 12 月 31 日,D 型设备的市场销售价格为 41 万元/台。

云盛公司销售部门提供的资料表明,向云鼎公司销售的 D 型设备的平均运杂费等销售费用为 0.30 万元/台;向其他客户销售 D 型设备的平均运杂费等销售费用为 0.2 万元/台。在本例中,能够证明 D 型设备的可变现净值的确凿证据是云盛公司与云鼎公司签订的有关 D 型设备的销售合同、市场销售价格资料、账簿记录和公司销售部门提供的有关销售费用的资料等。

分析:根据该销售合同的规定,库存的 D 型设备中 12 台的销售价格已由销售合同约定,其余 3 台并没有由销售合同约定。在这种情况下,云盛公司对于销售合同约定数量(12 台)的 D 型设备的可变现净值应以销售合同约定的价格 40 万元/台作为计算基础,而对于超出部分数量(3 台)的 D 型设备应以市场销售价格作为计算基础。

D 型设备净值 = (40×12 − 0.3×12) + (41×2 − 0.2×3) = 557.8(万元)

三、存货跌价准备的计提

资产负债表日,存货应当按照成本与可变现净值孰低计量。存货成本高于可变现净值的,应当计提存货跌价准备,计入当期损益。企业应于每一会计期末,比较存货成本与可变现净值,计算出应计提的跌价准备,然后与"存货跌价准备"科目余额进行比较。若应提数大于已提数,则应按差额予以补提,借记"资产减值损失"科目,贷记"存货跌价准备"科目。以前减记存货价值的影响因素已经消失的,减记的金额应予以恢复,并在原已计提的存货跌价准备金额内转回,转回的金额计入当期损益,借记"存货跌价准备"科目,贷记"资产减值损失"科目。

在实务中,企业计提存货跌价准备有以下三种方法:

1. 按照单个存货项目计提存货跌价准备

如果存货类别不多,企业可以将每个存货项目的成本与可变现净值逐一进行比较,按较低者计量存货,并且按成本高于可变现净值的差额计提存货跌价准备。

2. 按照存货类别计提存货跌价准备

如果存货数量繁多、单价较低,企业可以按存货类别计提存货跌价准备,即比较存货类别的成本总额与可变现净值的总额,每个存货类别均取较低者确定存货期末价值。

3. 合并计提存货跌价准备

如果存货在同一地区生产和销售,具有相同或类似的最终用途或目的,并且难以与其他项目分开计量,企业可以对存货进行合并计提存货跌价准备。

【例 2-7】 云盛公司采用成本与可变现净值孰低法进行期末存货的计价。假设 2015 年年末存货账面成本为 500 000 元,预计可变现净值为 450 000 元,应计提的存货跌价准备为 50 000 元。云盛公司的财务处理如下:

(1) 2015 年年末,云盛公司计提存货跌价准备

借:资产减值损失　　　　　　　　　　　　　　　　　50 000
　贷:存货跌价准备　　　　　　　　　　　　　　　　　　　50 000

(2) 假设云盛公司 2016 年年末该存货的预计可变现净值为 440 000 元。2016 年年末,云盛公司计提存货跌价准备

应补提的存货跌价准备＝(500 000－440 000)－50 000＝10 000(元)

借:资产减值损失　　　　　　　　　　　　　　　　　10 000
　贷:存货跌价准备　　　　　　　　　　　　　　　　　　　10 000

(3) 假设云盛公司 2017 年年末该存货的可变现净值为 485 000 元。2017 年年末,云盛公司冲减已提的存货跌价准备

应冲减已提的存货跌价准备＝60 000－(500 000－485 000)＝45 000(元)

借:存货跌价准备　　　　　　　　　　　　　　　　　45 000
　贷:资产减值损失　　　　　　　　　　　　　　　　　　　45 000

(4) 2018 年年末,该存货的可变现净值进一步恢复,预计为 510 000 元,则应冲减已提的存货跌价准备 15 000 元(以之前已入账的减少数为限),云盛公司冲减已提的存货跌价准备

借:存货跌价准备　　　　　　　　　　　　　　　　　15 000
　贷:资产减值损失　　　　　　　　　　　　　　　　　　　15 000

四、存货盘亏或毁损的会计处理

存货发生的盘亏或毁损,应作为待处理财产损溢进行核算。按管理权限报经批准后,根据造成存货盘亏或毁损的原因,分别以下情况进行处理:

(1) 属于计量收发差错和管理不善等原因造成的存货短缺,应先扣除残料价值、可以收回的保险赔偿和过失人赔偿,净损失计入管理费用。

(2) 属于自然灾害等非常原因造成的存货毁损,应将处置收入扣除账面价值、相关税费、可以收回的保险赔偿和过失人赔偿后的金额计入当期损益,净损失计入营业外支出。

□ 核心概念

存货　　　　先进先出法　　　个别计价法　　　成本与可变现净值孰低法
可变现净值　　移动加权平均法　存货跌价准备

□ 思考题

1. 简述存货的定义和确认条件。
2. 简述外购存货的成本构成。

3. 发出存货的计价有哪些方法？简述各自的特点和适用条件。

4. 简述期末存货计价的成本与可变现净值孰低法的原理和理论基础。

5. 简要评价存货期末计量的成本与市价孰低法。

6. 众多国家的会计准则禁止使用后进先出法计算销货成本，理由是什么？

□ 练习题

1. 资料：云盛公司为工业企业，属于增值税一般纳税人，适用的增值税税率为13%。发生如下经济业务：

(1) 2019年10月9日，购入甲材料一批，取得的增值税专用发票上注明的价款为200万元，增值税税额为26万元，材料入库前的挑选整理费为10万元，已验收入库（上述款项均以银行存款支付）。

(2) 2019年11月1日，该批材料全部被生产部门领用，用于加工A产品，加工过程中发生人工费24万元（尚未支付）、其他费用5万元（已经以银行存款支付）。

(3) 2019年12月1日，投产的A产品完工入库。

(4) 2019年12月31日，生产的A产品尚未对外销售，当日市场销售价格为213万元，预计销售该批A产品将发生相关费用6万元。

(5) 2020年3月1日，云盛公司将上述A产品以160万元的价格售出60%，款项已经收到，存入银行。

(6) 2020年3月31日，将上述A产品剩余的40%与云鼎公司签订销售合同，合同价格为120万元，预计将发生销售费用4万元。

假定：云盛公司存货跌价准备按单项存货项目分别计提。

要求：请编制云盛公司上述业务的会计分录。

2. 资料：云鼎公司甲商品2019年6月结存100件，每件单价4.65元。该公司2019年7月有关甲商品的期初余额及进销记录见下表：

2019年		收入		发出	结存
月	日	数量	单价	数量	数量
7	5	400	4.60		500
	10			200	300
	14	700	4.71		1 000
	18			300	700
	22			400	300
	28	200	4.89		500

要求：分别按先进先出法和全月一次加权平均法计算该公司甲商品7月的发出成本和7月末的结存成本。

参考文献

1. IAS 2 Inventories,https://www.ifrs.org/issued-standards/list-of-standards/ias-2-inventories//2018-10-27.

2. 财政部,《企业会计准则第 1 号——存货》,http://kjs.mof.gov.cn/zhuantilanmu/kuaijizhuanzeshishi/200806/t20080618_46216.html/2018-10-27。

3. 财政部、国家税务总局,《中华人民共和国增值税暂行条例实施细则》,http://www.chinatax.gov.cn/n810341/n810765/n812171/n812675/c1190739/content.html/2018-10-27。

4. 财政部会计司,《企业会计准则应用指南》,http://www.chinaacc.com/new/63/64/78/2006/11/wa9623480161116002380-0.htm/2018-10-27。

第三章　固定资产和无形资产

【学习内容】

本章介绍固定资产和无形资产的确认与初始计量、固定资产和无形资产的后续计量与处置。

【学习要点】

本章的重点是固定资产和无形资产的初始计量及后续计量、折旧和摊销及其会计处理，固定资产和无形资产的后续支出及会计处理、处置及会计核算，内部研究与开发支出的确认和计量。本章的难点是分期付款方式购买固定资产和无形资产的处理，以及内部研究与开发支出的确认和计量。

【学习目标】

通过本章的学习，要求做到：

▶ 掌握固定资产和无形资产的确认条件与初始计量
▶ 掌握固定资产折旧和无形资产摊销的会计处理
▶ 掌握固定资产和无形资产的后续支出及会计处理
▶ 了解非流动资产的处置及会计处理
▶ 学习内部研究与开发支出的确认与计量

《企业会计准则第 4 号——固定资产》
《企业会计准则第 6 号——无形资产》
扫码参阅

引导案例

提高研究开发费用税前加计扣除的比例

2018年9月20日,财政部、科技部和国家税务总局联合发布了《关于提高研究开发费用税前加计扣除比例的通知》,为进一步激励企业加大研发投入、支持科技创新,就提高企业研究开发费用税前加计扣除比例的有关问题通知如下:

1. 企业开展研发活动中实际发生的研发费用,未形成无形资产计入当期损益的,在按规定据实扣除的基础上,在2018年1月1日至2020年12月31日期间,再按照实际发生额的75%在税前加计扣除;形成无形资产的,在上述期间按照无形资产成本的175%在税前摊销。

2. 企业享受研发费用税前加计扣除政策的其他政策口径和管理要求,按照财政部、国家税务总局、科技部《关于完善研究开发费用税前加计扣除政策的通知》《关于企业委托境外研究开发费用税前加计扣除有关政策问题的通知》和国家税务总局《关于企业研究开发费用税前加计扣除政策有关问题的公告》等文件的规定执行。

▶ **请思考:**

假设某符合条件的企业在2019年1月1日通过研发形成无形资产,计税基础为500万元,摊销期限为10年,所涉及的研发费用均属于允许加计扣除的范围,那么该企业在2019—2020年每年可税前摊销多少?对当年收益有何影响?税法的规定与会计准则的规定是否必须一致?若不一致,则应如何调整呢?

资料来源:财政部,http://szs.mof.gov.cn/zhengwuxinxi/zhengcefabu/201809/t20180921_3025179.html,/2018-10-27。

第一节 固定资产的确认条件和初始计量

一、固定资产的性质

固定资产是指为生产商品、提供劳务、出租或经营管理而持有的,使用寿命超过一个会计年度的有形资产。固定资产具有以下特征:

1. 企业持有固定资产是为了生产商品、提供劳务、出租或经营管理

这里所指的"出租"固定资产,是以经营租赁方式出租的机器设备类固定资产,而以经营租赁方式出租的建筑物则属于企业的投资性房地产,不属于固定资产。

2. 固定资产的使用寿命超过一个会计年度

固定资产的使用寿命,是指企业使用固定资产的预计使用期间,或者该固定资产所能生产产品或提供劳务的数量。例如,企业自用房屋建筑物一般按预计使用年限估计

使用寿命,飞机按预计行驶里程估计使用寿命。固定资产使用寿命超过一个会计年度,意味着固定资产属于长期资产,随着使用和磨损,固定资产的账面价值通过计提折旧方式逐渐减少。

3. 固定资产是有形资产

这一特征显著区别于无形资产,有些无形资产的使用寿命超过一个会计年度,并且是企业为生产商品或提供劳务而持有,但只要其不具有实物形态就不能归属于固定资产。

二、固定资产的确认条件

固定资产必须符合定义并且同时满足以下两个条件才能加以确认:

1. 与固定资产有关的经济利益很可能流入企业

预期会给企业带来经济利益是资产确认最重要的特征。企业在判断与固定资产有关的经济利益是否很可能流入企业时,主要判断与该固定资产所有权相关的风险和报酬是否转移到了企业。与固定资产所有权相关的风险,是指情况变化造成的相关收益的变动,以及资产闲置、技术陈旧等原因造成的损失;与固定资产所有权相关的报酬,是指在固定资产使用寿命内使用该资产所获得的收入,以及处置该资产所实现的利得等。

通常,取得固定资产的所有权是判断与固定资产所有权相关的风险和报酬已转移到企业的一个重要标志。然而,所有权是否转移并不是判断与固定资产所有权相关的风险和报酬转移到企业的唯一标志,在有些情况下,某项固定资产的所有权虽然不属于企业,但是企业能够控制与该项固定资产有关的经济利益流入企业,这就意味着与该固定资产所有权相关的风险和报酬实质上已转移到企业。在这种情况下,企业应当确认该项固定资产。

2. 固定资产的成本能够可靠地计量

成本能够可靠地计量是资产确认的一项基本条件。对于某些处在特定阶段的固定资产,有时需要根据最新资料进行合理的成本估计。例如,对于已达到预定可使用状态但尚未办理竣工决算的办公楼,企业需要根据工程预算、工程造价或者工程实际发生的成本等资料,按估计价值确定其成本;在办理竣工决算后,再按照实际成本进行调整。

三、固定资产的初始计量

资产的初始计量是指确定资产的取得成本。固定资产应当按照成本进行初始计量。取得成本包括企业为使某项固定资产达到预定可使用状态前所发生的一切合理的、必要的支出。在实务中,企业取得固定资产的方式很多,包括外购、自行建造、投资人投入、非货币性资产交换、债务重组、企业合并、融资租赁和他人捐助等。固定资产不同的取得方式,决定其不同的具体成本构成内容及确定方法。

(一) 外购固定资产

企业外购固定资产的成本,包括购买价款、相关税费,以及使固定资产达到预定可使用状态前所发生的可归属于该项资产的运输费、装卸费、安装费和专业人员服务费等。

企业购入的固定资产分为需要安装的固定资产和不需要安装的固定资产。对于购入需安装调试的固定资产,只有在安装调试后达到设计要求或合同规定的标准,才达到预定可使用状态;对于购入不需安装的固定资产,购入后即可达到预定可使用状态。

1. 不需安装的固定资产购入的会计处理

企业购入的不需安装的固定资产的取得成本为企业实际支付的购买价款、包装费、运杂费、保险费、专业人员服务费和相关税费(不含可抵扣的增值税进项税额)等,其运费可按运费单据所载金额的10%抵扣增值税。账务处理为:借记"固定资产"科目,贷记"银行存款""应付账款""应付票据"等科目。

【例3-1】 2019年8月1日,云盛公司购入一台不需安装的设备,取得的增值税专用发票上注明的设备价款为1 000 000元,增值税进项税额为130 000元;发生的运输费为5 000元,负担的增值税为450元。款项全部付清。假定不考虑其他相关税费。云盛公司账务处理如下:

云盛公司购置设备的成本=1 000 000+5 000=1 005 000(元)

借:固定资产 1 005 000
  应交税费——应交增值税(进项税额) 130 450
 贷:银行存款 1 135 450

2. 需安装的固定资产购入的会计处理

企业购入的固定资产若需安装才能达到预定可使用状态,取得成本在企业实际支付的购买价款、包装费、运杂费、保险费、专业人员服务费和相关税费(不含可抵扣的增值税进项税额)等的基础上,加上安装调试成本。账务处理为:先按应计入固定资产成本的金额记入"在建工程"科目,安装完毕交付使用时再转入"固定资产"科目。

【例3-2】 2019年9月1日,云盛公司购入一台需安装的机器设备,取得的增值税专用发票上注明的设备价款为2 000 000元,增值税进项税额为260 000元;支付的运输费为3 000元,增值税进项税额为270元。款项均已通过银行支付。在安装设备时,领用本公司原材料一批,价格为40 000元,购进该批原材料时支付的增值税进项税额为5 200元;应支付安装工人的工资为8 000元。假定不考虑其他相关税费。云盛公司的账务处理如下:

(1) 支付设备价款、增值税、运输费等

借:在建工程 2 003 000
  应交税费——应交增值税(进项税额) 260 270
 贷:银行存款 2 263 270

(2) 领用本公司原材料、支付安装工人工资等费用

借：在建工程　　　　　　　　　　　　　　　　　　　53 200
　　贷：原材料　　　　　　　　　　　　　　　　　　　　　40 000
　　　　应交税费——应交增值税（进项税额转出）　　　　 5 200
　　　　应付职工薪酬　　　　　　　　　　　　　　　　　 8 000

(3) 设备安装完毕达到预定可使用状态

　　　　固定资产的成本＝2 003 000＋53 200＝2 056 200（元）

借：固定资产　　　　　　　　　　　　　　　　　　2 056 200
　　贷：在建工程　　　　　　　　　　　　　　　　　　　2 056 200

3. 分期付款购入固定资产的会计处理

在实务中，企业有时采用分期付款方式购买固定资产。采用分期付款方式购买固定资产，合同中规定的付款期限通常超过正常信用条件，一般在3年以上，该类购货合同实质上具有融资租赁性质，购入资产的成本不能以各期付款额之和确定，而应以各期付款额的现值之和确定。固定资产购买价款的现值，应当按照各期支付的购买价款选择恰当的折现率进行折现后的金额加以确定。各期实际支付的价款与购买价款的现值之间的差额，符合《企业会计准则第17号——借款费用》中规定的资本化条件的，应当计入固定资产成本；其余部分应当在信用期间内确认为财务费用，计入当期损益。

【例3-3】 2013年1月1日，云盛公司与云鼎公司签订一项购货合同，云盛公司从云鼎公司购入一台需要安装的大型机器设备。合同约定，云盛公司采用分期付款方式支付价款。该设备价款共计900 000元，首期款项150 000元于2014年1月1日支付，其余款项在2014年至2018年的5年期间平均支付，每年的付款日期为当年12月31日。2014年1月1日，设备如期运抵云盛公司并开始安装，发生运杂费和相关税费16 000元，已用银行存款付讫。2014年12月31日，设备达到预定可使用状态，发生安装费50 000元，已用银行存款付讫。云盛公司按照合同约定用银行存款如期支付了其余款项。假定折现率为10%。

(1) 2014年1月1日，云盛公司的账务处理如下：

购买价款的现值＝150 000＋150 000×(P/A,10%,5)
　　　　　　　＝150 000＋150 000×3.7908＝718 620（元）

借：在建工程　　　　　　　　　　　　　　　　　　　718 620
　　未确认融资费用　　　　　　　　　　　　　　　　 181 380
　　贷：长期应付款　　　　　　　　　　　　　　　　　　 900 000
借：长期应付款　　　　　　　　　　　　　　　　　　 150 000
　　贷：银行存款　　　　　　　　　　　　　　　　　　　 150 000
借：在建工程　　　　　　　　　　　　　　　　　　　　16 000
　　贷：银行存款　　　　　　　　　　　　　　　　　　　　16 000

(2) 确定信用期间未确认融资费用的分摊额(见表 3-1)。

表 3-1 云盛公司未确认融资费用分摊

2014 年 1 月 1 日 单位:元

日期	分期付款额	确认的融资费用	应付本金减少额	应付本金余额
	①	②＝上期④×10%	③＝①－②	④＝上期④－③
2014.1.1				568 620.00*
2014.12.31	150 000	56 862.00	93 138.00	475 482.00
2015.12.31	150 000	47 548.20	102 451.80	373 030.20
2016.12.31	150 000	37 303.02	112 696.98	260 333.22
2017.12.31	150 000	26 033.32	123 966.68	136 366.54
2018.12.31	150 000	13 633.46**	136 366.54	0
合计	750 000	181 380.00	568 620.00	

注:* 568 620＝718 620－150 000。** 尾数调整:13 633.46＝150 000－136 366.54,其中 136 366.54 元为期初应付本金余额。

(3) 2014 年 1 月 1 日至 2014 年 12 月 31 日为设备的安装期间,未确认融资费用的分摊额符合资本化条件,计入固定资产成本。2014 年 12 月 31 日,云盛公司的账务处理如下:

借:在建工程 56 862
　　贷:未确认融资费用 56 862
借:长期应付款 150 000
　　贷:银行存款 150 000
借:在建工程 50 000
　　贷:银行存款 50 000
　　固定资产的成本＝718 620＋16 000＋56 862＋50 000＝841 482(元)
借:固定资产 841 482
　　贷:在建工程 841 482

(4) 2015 年 1 月 1 日至 2018 年 12 月 31 日,设备已经达到预定可使用状态,未确认融资费用的分摊额不再符合资本化条件,应计入当期损益。

① 2015 年 12 月 31 日,确认财务费用和支付分期应付款

借:财务费用 47 548.20
　　贷:未确认融资费用 47 548.20
借:长期应付款 150 000
　　贷:银行存款 150 000

② 2016 年 12 月 31 日,确认财务费用和支付分期应付款

借:财务费用 37 303.02
　　贷:未确认融资费用 37 303.02

借:长期应付款 150 000
　　贷:银行存款 150 000

③ 2017年12月31日,确认财务费用和支付分期应付款

借:财务费用 26 033.32
　　贷:未确认融资费用 26 033.32
借:长期应付款 150 000
　　贷:银行存款 150 000

④ 2018年12月31日,确认财务费用和支付分期应付款

借:财务费用 13 633.46
　　贷:未确认融资费用 13 633.46
借:长期应付款 150 000
　　贷:银行存款 150 000

如果企业以一笔款项购入多项没有单独标价的资产,而且这些资产均符合固定资产的定义,满足固定资产的确认条件,则应将各项资产单独确认为固定资产,按照各项固定资产公允价值的比例对总成本进行分配,分别确定各项固定资产的成本。如果以一笔款项购入的多项资产中还包括固定资产以外的其他资产,也应按照类似的方法予以处理。

(二)自行建造固定资产

自行建造固定资产的成本,包括建造该项固定资产在达到预定可使用状态前所发生的所有必要支出。企业自行建造固定资产包括自营建造和出包建造两种方式,都应当按实际发生的支出确定工程成本并单独核算。

1. 自营方式建造固定资产

自营方式建造固定资产,是指企业自行组织工程物资采购、自行组织施工人员从事工程施工,其成本应当按直接材料、直接人工、直接机械施工费等计量。

企业为建造固定资产而准备的各种物资的实际成本由实际支付的买价、不能抵扣的增值税税额、运输费、保险费等相关费用构成,按各种物资的种类进行明细核算。建造固定资产领用工程物资、原材料或库存商品,按实际发生成本转入所建工程成本。应负担的职工薪酬,辅助生产部门为之提供的水、电、修理、运输等劳务,以及其他必要支出等按实际发生额计入所建工程项目的成本。符合资本化条件的,应计入所建造固定资产成本的借款费用按照《企业会计准则第17号——借款费用》的有关规定处理。工程完工后,剩余的工程物资转为本企业存货的,按实际成本或计划成本进行结转。上述项目涉及增值税的,还应结转相应的增值税税额。

以自营方式建造固定资产,发生的工程成本应借记"在建工程"科目,贷记相关科目。在工程完工达到预定可使用状态时,从"在建工程"科目转入"固定资产"科目。

2. 出包方式建造固定资产

出包方式建造固定资产,是指企业通过招标方式将工程项目发包给建造承包商,双方签订建造合同。企业作为建造合同的甲方,负责筹集资金和组织管理工程建设;建造承包商(施工企业)作为建造合同的乙方,负责建筑安装工程施工任务。

企业以出包方式建造固定资产,其成本由实际发生的建筑工程支出、安装工程支出、需分摊计入各固定资产价值的待摊支出等使该项固定资产达到预定可使用状态前所发生的所有必要支出构成。建造承包商核算建筑工程、安装工程支出,如人工费、材料费、机械使用费等。发包企业按照合同规定的结算方式和工程进度,定期与建造承包商办理工程价款结算,结算的工程价款计入在建工程成本。对于发包企业而言,建筑工程支出、安装工程支出是构成在建工程成本的重要内容,在建设期间发生的不能直接计入某项固定资产价值、应由所建造固定资产共同负担的相关费用,例如为建造工程而发生的管理费、征地费、可行性研究费、临时设施费、公证费、监理费、应负担的税费、符合资本化条件的借款费用,建设期间发生的工程物资盘亏、报废及毁损净损失,以及负荷联合试车费等属于待摊支出。

(三)其他方式取得固定资产

对于接受固定资产投资的企业,在办理了固定资产移交手续之后,应当按投资合同或协议约定的价值作为固定资产的入账价值,但合同或协议约定价值不公允的除外。合同或协议约定价值不公允的,应当按该项固定资产的公允价值入账。

非货币性资产交换、债务重组、企业合并和融资租赁取得的固定资产,应当分别按非货币性资产交换、债务重组、企业合并和租赁等准则的规定处理。

(四)存在弃置义务的固定资产

弃置费用通常是指根据国家法律和行政法规、国际公约等规定,企业承担的环境保护和生态恢复等义务所确定的支出。企业发生的固定资产报废清理费用一般不属于弃置费用,应当在发生时作为固定资产处置费用处理。对于特殊行业的特定固定资产,在确定初始入账成本时,应考虑弃置费用。弃置费用的金额与现值通常相差较大,需要考虑货币时间价值,对于这些特殊行业的特定固定资产,企业应当根据《企业会计准则第13号——或有事项》,按照现值计算确定应计入固定资产成本的金额和相应的预计负债;在固定资产的使用寿命内,按照预计负债的摊余成本和实际利率计算确定的利息费用应计入财务费用。

【例3-4】 经国家审批,云达公司计划开挖一座矿山,其主体设备会对当地的生态环境产生一定的影响。根据法律的规定,企业应在该项设备使用期满后予以拆除,并对造成的污染进行整治。2017年1月1日,该项设备建造完成并交付使用,建造成本共计90 000 000元,预计使用寿命20年,预计弃置费用2 000 000元。假定折现率(即实际利率)为10%。

(1) 2017年1月1日,计算已完工的固定资产的成本

分析:由于该设备属于特殊行业的特定固定资产,因此确定其成本时应考虑弃置费用。

弃置费用的现值＝2 000 000×(P/F,10%,10)＝2 000 000×0.3855＝771 000(元)

固定资产的入账价值＝90 000 000＋771 000＝90 771 000(元)

借:固定资产　　　　　　　　　　　　　　　　90 771 000
　　贷:在建工程　　　　　　　　　　　　　　　　90 000 000
　　　　预计负债　　　　　　　　　　　　　　　　　　771 000

(2) 2017年12月31日,确认应负担的财务费用

借:财务费用　　　　　　　　　　　　　　　　　　77 100
　　贷:预计负债　　　　　　　　　　　　　　　　　　77 100

(3) 2018年12月31日,确认应负担的财务费用

应负提的财务费用＝(771 000＋77 100)×10%＝84 810(元)

借:财务费用　　　　　　　　　　　　　　　　　　84 810
　　贷:预计负债　　　　　　　　　　　　　　　　　　84 810

(4) 以后会计年度的会计处理方法同上。

第二节　固定资产的后续计量与处置

固定资产的后续计量主要包括折旧的计提、减值损失的确定以及后续支出的计量。其中,固定资产的减值应当按照《企业会计准则第8号——资产减值》处理。固定资产的处置主要包括固定资产的出售、转让、报废和毁损、对外投资、非货币性资产交换、债务重组等的会计处理。

一、固定资产折旧

(一) 固定资产折旧的定义

固定资产折旧是指在固定资产的使用寿命内,按照确定的方法对应计折旧额进行的系统分摊。应计折旧额是指应当计提折旧的固定资产的原值扣除预计净残值后的金额;如果已对固定资产计提减值准备,还应当扣除已计提的固定资产减值准备累计金额。

(二) 影响固定资产折旧计算的因素

影响固定资产折旧计算的因素主要有固定资产原价、预计净残值、预计使用年限(使用寿命)和固定资产减值准备等。固定资产原价指固定资产的成本。预计净残值指假定固定资产预计使用寿命已满并处于使用寿命终了时的预期状态,企业目前从该项资产处置中获得的、扣除预计处置费用后的金额。固定资产减值准备指固定资产已经计提的固定资产减值准备累计金额。如果以前年度已经计提固定资产减值准备,也会

影响固定资产年折旧额。固定资产的使用寿命指企业使用固定资产的预计期间,或者该固定资产所能生产产品或提供劳务的数量。企业确定固定资产的使用寿命时,应当考虑下列因素:该项资产预计的生产能力或实物产量;法律或者类似规定对该项资产使用的限制;该项资产预计有形损耗和预计无形损耗,例如设备使用中发生磨损属于有形损耗,市场需求变化使产品过时则属于无形损耗。

(三)计提折旧的固定资产范围

企业应对所有的固定资产计提折旧,但已提足折旧仍继续使用的固定资产和单独计价入账的土地除外。

固定资产应当按月计提折旧。实务中的做法为:当月增加的固定资产,当月不计提折旧,从下月起计提折旧;当月减少的固定资产,当月仍计提折旧,从下月起不计提折旧。

固定资产提足折旧后,不论能否继续使用,均不再计提折旧;提前报废的固定资产也不再补提折旧。

已达到预定可使用状态但尚未办理竣工决算的固定资产,应当按估计价值确定成本并计提折旧;待办理竣工决算后,再按实际成本调整原来的暂估价值,但无须调整原已计提的折旧额。

划归为持有待售的非流动资产、处置组的固定资产不计提折旧。

(四)固定资产折旧方法

企业应当根据固定资产使用管理的实际情况,合理选择折旧方法。常用的固定资产折旧方法包括年限平均法、工作量法、双倍余额递减法和年数总和法等。企业选用不同的固定资产折旧方法,将影响固定资产使用寿命期间内不同时期的折旧费用。因此,固定资产的折旧方法一经确定,不得随意变更。

1. 年限平均法

年限平均法也称直线法,是指将固定资产的应计折旧额均衡地分摊到固定资产预计使用寿命内的一种方法。采用年限平均法计算的每期折旧额均相等,计算公式为:

$$年折旧率=(1-预计净残值率)\div预计使用寿命(年)\times100\%$$

$$月折旧率=年折旧率\div12$$

$$月折旧额=固定资产原价\times月折旧率$$

【例 3-5】 云盛公司一台机器设备原价为 200 000 元,预计净残值率为 4%,预计使用 5 年,采用年限平均法计提折旧。

$$年折旧率=(1-4\%)\div5\times100\%=19.2\%$$
$$月折旧率=19.2\%\div12=1.6\%$$
$$年折旧额=200\ 000\times19.2\%=38\ 400(元)$$
$$月折旧额=38\ 400\div12=3\ 200(元)$$

采用年限平均法计算固定资产折旧的优点是处理比较简便,缺点是该方法没有考虑到固定资产在不同使用年限提供的经济效益是不同的,也没有考虑到固定资产在不同使用年限发生的维修费用也是不同的,而且当固定资产在各期负荷程度的差异较大时,按年限平均法计提的折旧额与固定资产的损耗程度有可能不匹配。

2. 工作量法

工作量法是指根据固定资产实际工作量计算每期应提折旧额的一种方法,计算公式为:

单位工作量折旧额＝固定资产原价×(1－预计净残值率)÷预计总工作量

某项固定资产月折旧额＝该项固定资产当月工作量×单位工作量折旧额

【例3-6】 云盛公司一台机器设备的原价为900 000元,预计生产产品的产量为5 000 000个,预计净残值率为5%,本月生产产品100 000个。假设对该设备没有计提减值准备,计算本月应计提的折旧额。

单个产品的折旧额＝900 000×(1－5%)÷5 000 000＝0.171(元/个)

本月折旧额＝100 000×0.171＝17 100(元)

工作量法适用于那些各期负荷不确定且负荷程度差异较大的固定资产计提折旧。

3. 双倍余额递减法

双倍余额递减法是指在不考虑固定资产预计净残值的情况下,根据每期期初固定资产原价减去累计折旧后的金额和双倍的直线法折旧率计算固定资产折旧的一种方法,计算公式为:

年折旧率＝2÷预计使用寿命(年)×100%

月折旧率＝年折旧率÷12

月折旧额＝固定资产账面净值×月折旧率

因为每年年初固定资产净值没有扣除预计净残值,所以在计算固定资产折旧额时,应在折旧年限到期前两年内,将固定资产净值扣除预计净残值后的余额平均摊销。

【例3-7】 沿用【例3-5】,采用双倍余额递减法计提折旧。

年折旧率＝2÷5×100%＝40%

各年折旧额＝每年年初固定资产摊余成本×年折旧率

云盛公司各年应计提的折旧情况如表3-2所示。

表3-2 折旧计算(双倍余额递减法)

年次	年初账面净值(元)	年折旧率(%)	年折旧额(元)	累计折旧额(元)	期末账面净值(元)
1	200 000	40	80 000	80 000	120 000
2	120 000	40	48 000	128 000	72 000
3	72 000	40	28 800	156 800	43 200
4	43 200	改为年限平均法折旧	17 600	174 400	25 500
5	25 500		17 600	192 000	8 000

4. 年数总和法

年数总和法又称年限合计法,是指将固定资产原价减去预计净残值后的余额,乘以一个以固定资产尚可使用寿命为分子、以预计使用寿命年数之和为分母的逐年递减的分数,计算每年的折旧额,计算公式为:

$$年折旧率 = 尚可使用年限 \div 预计使用寿命的年数总和 \times 100\%$$

$$月折旧率 = 年折旧率 \div 12$$

$$月折旧额 = (固定资产原价 - 预计净残值) \times 月折旧率$$

【例 3-8】 沿用【例 3-5】,采用年数总和法计提折旧。云盛公司按照年数总和法计提折旧,每年应计提的折旧情况如表 3-3 所示。

表 3-3 折旧计算(年数总和法)

年次	尚可使用年限	原价一预计净残值	年折旧率	每年折旧额(元)	累计折旧(元)
1	5	192 000	5/15	64 000	64 000
2	4	192 000	4/15	51 200	115 200
3	3	192 000	3/15	38 400	153 600
4	2	192 000	2/15	25 600	179 200
5	1	192 000	1/15	12 800	192 000

年限平均法将等额的折旧费用分摊到资产使用寿命的每一个期间,而双倍余额递减法和年数总和法在资产寿命期的早期多计提折旧、在后期少提折旧,属于加速折旧法。当然,在资产的整个寿命周期里,年限平均法和加速折旧法计提的折旧总额是相同的。企业必须在财务报表附注中披露所采用的固定资产折旧方法。

(五)固定资产折旧的会计处理

固定资产应当按月计提折旧,并根据固定资产的用途计入相关资产的成本或者当期损益。生产车间使用的固定资产,其计提的折旧应计入制造费用,并最终进入所生产的产品的成本;管理部门使用的固定资产,其计提的折旧应计入管理费用;销售部门使用的固定资产,其计提的折旧应计入销售费用;企业自行建造固定资产的过程中使用的固定资产,其计提的折旧应计入在建工程成本;经营租出的固定资产,其计提的折旧计入其他业务成本;未使用的固定资产,其计提的折旧计入管理费用。

企业应设置"累计折旧"账户对固定资产折旧进行会计处理。该账户核算企业对固定资产计提的累计折旧。企业按月计提的固定资产折旧记入"累计折旧"账户的贷方。企业出售、报废、对外投资和盘亏固定资产时,该资产已计提的折旧额记入"累计折旧"账户的借方。"累计折旧"账户的期末贷方余额,反映企业固定资产的累计折旧额。

【例 3-9】 云盛公司本月计提固定资产折旧 20 000 元,其中企业生产车间使用的固定资产计提折旧 12 000 元,企业管理部门使用的固定资产计提折旧 8 000 元。云盛公司的财务处理如下：

　　借：制造费用　　　　　　　　　　　　　　　　　　　　　　12 000
　　　　管理费用　　　　　　　　　　　　　　　　　　　　　　　8 000
　　　贷：累计折旧　　　　　　　　　　　　　　　　　　　　　　　20 000

（六）固定资产使用寿命、预计净残值和折旧方法的复核

企业应当根据《企业会计准则第4号——固定资产》的规定，结合企业的实际情况，确定固定资产目录、分类方法、每类或每项固定资产的使用寿命、预计净残值、折旧方法。企业至少应当于每年年度终了，对固定资产的使用寿命、预计净残值和折旧方法进行复核。

如果固定资产使用寿命预计数与原先估计数有差异，那么企业应当调整固定资产使用寿命；如果固定资产预计净残值预计数与原先估计数有差异，那么企业应当调整预计净残值。如果与固定资产有关的经济利益预期实现方式发生重大变化，那么企业应当相应改变固定资产折旧方法。例如，某企业以前年度采用工作量法计提某项固定资产折旧，此次年度复核中发现该项固定资产相关的使用情况发生重大变化，工作量法已很难反映该项固定资产给企业带来经济利益的方式，必须将该项固定资产折旧方法从工作量法改为年限平均法。

固定资产使用寿命、预计净残值和折旧方法的改变应作为会计估计变更，按照《企业会计准则第28号——会计政策、会计估计变更和差错更正》处理。

二、固定资产的后续支出

固定资产的后续支出是指固定资产使用过程中发生的更新改造支出、修理费用等。

（一）费用化的后续支出

与固定资产有关的修理费用等后续支出，如果不符合固定资产确认条件的，应当根据不同情况分别在发生时计入当期管理费用或销售费用。

在实务中，固定资产投入使用之后，固定资产磨损等原因可能导致固定资产的局部损坏，为了维护固定资产的正常运转和使用，企业必须对固定资产进行必要的维护。固定资产的日常修理费用、大修理费用等支出只是确保固定资产的正常工作状况，一般不产生未来的经济利益，不符合固定资产的确认条件，在发生时直接计入当期损益。

（二）资本化的后续支出

固定资产发生可资本化的后续支出时，企业一般分三个阶段处理：当进行固定资产改造时，先将该固定资产的原价、已计提累计折旧和减值准备转销，将固定资产的账面价值转入在建工程，并停止计提折旧；当后续发生相关支出时，借记"在建工程"科目，贷记"原材料""工程物资"等科目；当固定资产发生的后续支出完工并达到预定可使用状态时，从在建工程转为固定资产，并按重新确定的使用寿命、预计净残值和折旧方法计提折旧。

【例 3-10】 云盛公司有关资料如下：

(1) 2016 年 1 月，云盛公司自行建成一条产品生产线，建造成本为 6 000 000 元；采用年限平均法计提折旧；预计净残值率为固定资产原价的 3%，预计使用年限为 6 年。

(2) 2018 年 1 月 1 日，由于生产的产品市场需求旺盛，现有生产线的生产能力已难以满足企业生产发展的需要，公司决定改扩建现有生产线以提高生产能力。假定该生产线未发生减值。

(3) 2018 年 1 月 1 日至 3 月 31 日，经过三个月的改扩建，完成了生产线的改扩建工程，共发生支出 2 000 000 元，全部以银行存款支付。

(4) 该生产线改扩建工程达到预定可使用状态后，大大提高了生产能力，预计使用年限将延长 4 年，即预计到 2025 年报废。假定改扩建后生产线的预计净残值率为改扩建后固定资产账面价值的 3%；折旧方法仍为年限平均法。

分析：本例中，生产能力在生产线改扩建后将大大提高，能够为公司带来更多的经济利益，改扩建的支出金额也能可靠计量，因此该后续支出符合固定资产的确认条件，应计入固定资产的成本。

(1) 2016 年 1 月 1 日至 2017 年 12 月 31 日两年间，在固定资产发生后续支出发生前，2016 年、2017 年每月计提折旧的财务处理如下：

该条生产线的年折旧额 = 6 000 000 × (1 − 3%) ÷ 6 = 970 000(元)

月折旧额 = 970 000 ÷ 12 = 80 833.33(元)

借：制造费用　　　　　　　　　　　　　　　　　　80 833.33
　　贷：累计折旧　　　　　　　　　　　　　　　　　　　　80 833.33

(2) 2018 年 1 月 1 日，该生产线进行改扩建，固定资产转入在建工程。

固定资产的账面价值 = 6 000 000 − (970 000 × 2) = 4 060 000(元)

借：在建工程　　　　　　　　　　　　　　　　　　4 060 000
　　累计折旧　　　　　　　　　　　　　　　　　　1 940 000
　　贷：固定资产　　　　　　　　　　　　　　　　　　　　6 000 000

(3) 2018 年 1 月 1 日至 3 月 31 日，发生改扩建工程支出。

借：在建工程　　　　　　　　　　　　　　　　　　2 000 000
　　贷：银行存款　　　　　　　　　　　　　　　　　　　　2 000 000

(4) 2018 年 3 月 31 日，生产线改扩建工程达到预定可使用状态。

固定资产的入账价值 = 4 060 000 + 2 000 000 = 6 060 000(元)

借：固定资产　　　　　　　　　　　　　　　　　　6 060 000
　　贷：在建工程　　　　　　　　　　　　　　　　　　　　6 060 000

(5) 2018 年 3 月 31 日后，按重新确定的该生产线的使用寿命、预计净残值和折旧方法计提折旧。更新改造后每月计提折旧的会计处理如下：

按重新确定的使用寿命计提的月折旧 = 6 060 000 × (1 − 3%) ÷ (7 × 12 + 9) = 63 206.45(元)

2018 年 4—12 月应计提的折旧额 = 63 206.45 × 9 = 568 858.05(元)

```
借:制造费用                                    568 858.05
    贷:累计折旧                                         568 858.05
```

企业发生的一些固定资产后续支出可能涉及替换原固定资产的某组成部分,当发生的后续支出符合固定资产确认条件时,应当计入固定资产成本,同时扣除被替换部分的账面价值。这样可以避免将替换部分的成本和被替换部分的成本同时计入固定资产成本,导致固定资产成本虚高。

三、固定资产的处置

固定资产处置包括固定资产的出售、转让、报废或毁损、对外投资、非货币性资产交换、债务重组等。处于处置状态的固定资产不再用于生产商品、提供劳务、出租或经营管理,不再符合固定资产的定义,应予终止确认。

固定资产满足下列条件之一的,应当予以终止确认:该固定资产处于处置状态;该固定资产预期通过使用或处置不能产生经济利益。

企业出售、转让属于未划归为持有待售的非流动资产、处置组的固定资产,通过"固定资产清理"科目归集所发生的损益,产生的利益或损失转入"资产处置损益"科目,计入当期损益;报废或发生固定资产毁损属于未划归为持有待售的非流动资产、处置组的,终止确认时通过"固定资产清理"科目归集所发生的损益,产生的利得或损失计入营业外收入或营业外支出。

四、固定资产的盘盈、盘亏

固定资产属于单位价值较高、使用期限较长的有形资产,企业应当健全制度,加强管理。企业应定期或者至少于每年年末对固定资产进行清查盘点,以保证固定资产核算的真实性和完整性。对于管理规范的企业而言,在清查中发现盘盈、盘亏的固定资产是比较少见的,也是不正常的。如果清查中发现固定资产的盘亏则应及时查明原因,在期末结账前处理完毕。

企业在财产清查中盘亏的固定资产,通过"待处理财产损溢——待处理固定资产损溢"科目核算。发现盘亏的固定资产,在未报经批准处理前,先按账面原价、累计折旧和减值准备及时予以注销,其净值计入"待处理财产损溢——待处理固定资产损溢"科目;待报经批准处理后,再将净值转入"营业外支出——固定资产盘亏损失"科目。

企业在财产清查中盘盈的固定资产,作为前期差错处理。盘盈的固定资产按照重置成本借记"固定资产"科目,贷记"以前年度损益调整"科目。

【例3-11】 云盛公司在财产清查中发现盘亏设备一台,其原价为10 000元,累计折旧为8 000元。发现盘亏后,云盛公司的财务处理如下:

```
借:待处理财产损溢                              2 000
    累计折旧                                   8 000
    贷:固定资产                                       10 000
```

第三节 无形资产的确认和初始计量

一、无形资产的性质

无形资产是指企业拥有或者控制的、没有实物形态的可辨认非货币性资产,主要包括专利权、非专利技术、商标权、著作权、土地使用权和特许权等。无形资产具有以下特征:由企业拥有或者控制并能为其带来未来经济利益的资源;没有实物形态;无形资产通常表现为某种特殊权利、某项技术或者某种获取超额利润的综合能力,虽无实物形态却具有价值,源自合同性的权利或其他法定的权利,无论这些权利是否可以从企业或其他权利和义务中转移或者分离。无形资产不具有实物形态,这是其区别于其他资产的显著标志。

无形资产属于非货币性资产。非货币性资产,是指企业持有的货币资金和将以固定或可确定的金额收取的资产以外的其他资产。由于没有发达的交易市场,无形资产一般不容易转化成现金,在持有过程中为企业带来未来经济利益的情况具有不确定性,不属于以固定或可确定的金额收取的资产,因此属于非货币性资产。

无形资产具有可辨认性。无形资产必须是能区别于其他资产、可单独辨认的,如企业持有的专利权、商标权、土地使用权等。商誉是企业合并成本大于合并中取得的各项可辨认资产、负债公允价值的份额,其存在是与企业整体价值联系在一起的,不能单独辨认,不能确认为一项无形资产。

资产符合以下条件之一的,则认为其具有可辨认性:

(1) 能够从企业中分离或者划分出来,并能够单独或者与相关合同、资产或负债一起用于出售或转让等。

(2) 源自合同性权利或其他法定权利,无论这些权利是否可以从企业或其他权利和义务中转移或者分离。例如一方与另一方签订特许权合同而获得的特许使用权。

对于人力资源、客户关系等资源,由于企业无法控制其带来的未来经济利益,不符合无形资产的定义,不应确认为无形资产。另外,企业内部产生的品牌和实质上类似项目的支出,不能与整个业务的开发成本区分,因此这类项目也不应确认为无形资产。

二、无形资产的内容和分类

无形资产主要包括专利权、非专利技术、商标权、著作权、土地使用权、特许权等。

专利权,是指国家专利主管机关依法授予发明创造专利申请人对其发明创造在法定期限内所享有的专有权利,包括发明专利权、实用新型专利权和外观设计专利权。

非专利技术又称专有技术,是指不为外界所知、在生产经营活动中已采用的、不享有法律保护的、可以带来经济效益的各种技术和诀窍。非专利技术一般包括工业专有技术、商业贸易专有技术、管理专有技术等。非专利技术并不是专利法的保护对象,非专利技术以自我保密的方式维持其独占性。

商标是用来辨识特定商品或劳务的标志。商标权是指专门在某类指定的商品或产品上使用特定的名称或图案的权利。经商标局核准注册的商标为注册商标,注册商标的注册人享有商标专用权(包括独占使用权和禁止权)并受法律保护,未经注册人许可他人不准擅自使用。商标权的价值在于能使企业享有较高的盈利能力。

著作权又称版权,是指作者对其创作的文学、科学和艺术作品依法享有的出版、发行等方面的专有权利。著作权包括作品署名权、发表权、修改权和保护作品完整权,还包括复制权、发行权、出租权、展览权、表演权、放映权、广播权、信息网络传播权、摄制权、改编权、翻译权、汇编权,以及应当由著作权人享有的其他权利。

土地使用权是指国家允许某一企业在一定期限内对国有土地享有开发、利用、经营并取得收益的权利。我国土地管理法律规定,我国土地实行公有制,土地所有权属于国家,企业支付土地出让金后只能享有使用权,并按年向国家缴纳土地使用费,任何单位和个人不得侵占、买卖或者以其他形式非法转让土地所有权。企业取得土地使用权的方式包括行政划拨取得、外购取得(例如以缴纳土地出让金方式取得)及投资者投资取得。属于投资性房地产或者作为固定资产核算的土地,应当按投资性房地产或固定资产的核算原则进行会计处理。以缴纳土地出让金方式取得及投资者投资取得的土地使用权,应当作为无形资产核算。

土地出让金是企业为获得土地使用权而支付给政府的一次性价款。企业在取得土地使用权时,应当将土地出让金以及可能发生的迁移补偿费、场地平整费和法律手续费等,一并作为土地使用权的成本计价入账。土地使用费是指企业使用土地按年应向政府缴纳的使用费,实际支付时直接作为管理费用处理。

特许权也称特许经营权、专营权,是指在某一地区经营或销售某种特定商品的权利,或者一家企业接受另一家企业使用其商标、商号、技术秘密等的权利。特许权一般分为两种类型:一种是指由政府机构授权,允许企业使用或在一定地区享有经营某种业务的特权,如烟草专卖权等;另一种是指企业间依照签订的合同,有限期或无限期使用另一家企业的某些权利,例如各地肯德基连锁分店使用总店的名称。会计上的特许权主要指后者。

三、无形资产的初始计量

无形资产应当按实际成本进行初始计量,实务中以取得无形资产并使之达到预定用途而发生的全部支出作为无形资产的成本。不同来源取得的无形资产,其初始成本构成也不同。

(一) 外购的无形资产

企业外购的无形资产,其成本包括购买价款、相关税费(不含可抵扣的增值税进项税额),以及直接归属于使该项资产达到预定用途所发生的其他支出。直接归属于使该项资产达到预定用途所发生的其他支出,是指使无形资产达到预定用途所发生的专业服务费用、测试无形资产能否正常发挥作用的费用等。企业外购无形资产,若购买无形资产的价款超过正常信用条件延期支付的,无形资产的成本以购买价款的现值为基础确定。现值与应付价款之间的差额除按照《企业会计准则第17号——借款费用》应予资本化的以外,应当作为未确认的融资费用在信用期间内计入当期损益,在付款期间内按照实际利率法确认为利息费用。

【例3-12】 2018年5月10日,云盛公司从航天公司购入一项专利权,支付价款800 000万元,增值税税率6%,款项已通过银行转账支付。假设不涉及其他相关税费。云盛公司的账务处理如下:

借:无形资产——专利权　　　　　　　　　　　　　　　　800 000
　　应交税费——应交增值税(进项税额)　　　　　　　　 48 000
　　贷:银行存款　　　　　　　　　　　　　　　　　　　848 000

(二)其他方式取得的无形资产

投资者投入的无形资产,应当按投资合同或协议约定的价值作为成本,但投资合同或协议约定价值不公允的,应当按无形资产的公允价值作为无形资产的初始成本入账。

【例3-13】 2018年6月,云盛公司与航天公司商定,航天公司以非专利技术投资云盛公司,双方协议价格(等于公允价值)为400万元,航天公司开具的增值税专用发票注明的增值税税额为24万元。云盛公司预计使用航天公司该项技术后其未来利润会增长20%。云盛公司的账务处理如下:

借:无形资产——非专利技术　　　　　　　　　　　　　4 000 000
　　应交税费——应交增值税(进项税额)　　　　　　　　240 000
　　贷:实收资本(或股本)　　　　　　　　　　　　　　4 000 000
　　　　资本公积——股本溢价　　　　　　　　　　　　　240 000

通过非货币性资产交换、债务重组、政府补助和企业合并取得的无形资产,应当分别按照非货币性资产交换、债务重组、政府补助和企业合并等准则的规定确定。

(三)土地使用权的处理

企业取得的土地使用权,按照取得时所支付的价款及相关税费确认无形资产。土地使用权用于自行开发建造厂房等地上建筑物的,土地使用权的账面价值不与地上建筑物合并计算成本,而仍作为无形资产单独进行核算。但是,如果房地产开发企业取得的土地使用权用于建造对外出售的房屋建筑物的,相关的土地使用权的价值应当计入所建造的房屋建筑物成本。

企业外购房屋建筑物所支付的价款中包括土地使用权以及建筑物的价值的,则应当对实际支付的价款按照合理的方法(例如公允价值比例)在土地使用权和地上建筑物之间进行分配;确实无法在土地使用权和地上建筑物之间进行合理分配的,应当全部作为固定资产,按照固定资产确认和计量准则的规定进行处理。

企业改变土地使用权的用途,当用于出租或增值目的时,应当转为投资性房地产。

【例3-14】 2018年1月1日,云盛公司购入一块土地的使用权,以银行存款支付9 500万元,并在该土地上自行建造厂房等工程,发生材料支出8 000万元,工资费用4 000万元,其他相关费用3 000万元等。目前,该工程已经完工并达到预定可使用状态。假定土地使用权的使用年限为50年,厂房的使用年限为20年,两者都没有净残值,都采用年限平均法进行摊销和计提折旧。假设不考虑其他相关税费。

在本例中,云盛公司购入的土地使用权使用年限为50年,属于使用寿命有限的无形资产,应将该土地使用权和地上建筑物分别作为无形资产与固定资产进行核算,并分别摊销与计提折旧。云盛公司的账务处理如下:

(1) 支付转让价款

借:无形资产——土地使用权　　　　　　　　　　　　95 000 000
　　贷:银行存款　　　　　　　　　　　　　　　　　　　　95 000 000

(2) 在土地上自行建造厂房

借:在建工程　　　　　　　　　　　　　　　　　　150 000 000
　　贷:工程物资　　　　　　　　　　　　　　　　　　　　80 000 000
　　　　应付职工薪酬　　　　　　　　　　　　　　　　　40 000 000
　　　　银行存款　　　　　　　　　　　　　　　　　　　30 000 000

(3) 厂房达到预定可使用状态

借:固定资产　　　　　　　　　　　　　　　　　　150 000 000
　　贷:在建工程　　　　　　　　　　　　　　　　　　　150 000 000

(4) 每年分期摊销土地使用权和对厂房计提折旧

借:管理费用　　　　　　　　　　　　　　　　　　　1 900 000
　　制造费用　　　　　　　　　　　　　　　　　　　7 500 000
　　贷:累计摊销　　　　　　　　　　　　　　　　　　　1 900 000
　　　　累计折旧　　　　　　　　　　　　　　　　　　　7 500 000

四、内部研究开发项目支出的确认和计量

一些企业内部研发项目投入较大,而且形成了能给企业带来未来经济利益的资源,按照现行的会计准则,符合资本化条件的部分可以确认为无形资产。

(一)研究阶段与开发阶段的区分

企业自行进行的研究开发项目,应当区分为研究阶段与开发阶段,对其产生的支出分别进行核算。

1. 研究阶段

研究是指为获取并理解新的技术和知识等进行的独创性的有计划的调查。例如,材料、设备、产品、工序、系统或服务替代品的研究;新的或经改进的材料、设备、产品、工序、系统或服务的可能替代品的配制、设计、评价和最终选择等。研究阶段的工

作是探索性的,为进一步的开发活动进行资料及相关方面的准备,从正在进行的研究活动来看,将来是否会转入开发、开发后是否会形成无形资产等具有较大的不确定性。由于在研究阶段不会形成阶段性成果,因此企业该阶段的支出全部费用化,计入当期损益。

2. 开发阶段

开发是指在进行商业性生产或使用前,将研究成果或其他知识应用于某项计划或设计,以生产出新的或具有实质性改进的材料、装置、产品等。例如,生产或使用前的原型和模型的设计、建造与测试;新的或经改造的材料、设备、产品、工序、系统或服务所选定的替代品的设计、建造与测试等。

开发阶段建立在研究阶段的基础上,对项目的开发具有针对性,而且形成成果的可能性较大。相对于研究阶段而言,开发阶段通常是完成了研究阶段的工作,在很大程度上具备了形成一项新产品或新技术的基本条件。因此,企业如果能证明开发支出符合无形资产的定义及相关确认条件,所发生的开发支出就可以资本化,即可确认为无形资产的成本。

(二) 开发阶段有关支出资本化的条件

企业内部开发项目发生的支出,同时满足下列条件的应当资本化,确认为无形资产:

(1) 完成该无形资产使其能使用或出售在技术上具有可行性。企业通常以目前阶段的成果为基础,并提供相关证据和材料,证明企业进行开发所需的技术条件等已经具备,基本上不存在技术障碍或其他不确定性。例如,企业完成了全部计划、设计和测试活动,而这些活动是使资产达到设计规划书中的功能、特征和技术所必需的活动,或者经过专家鉴定等。

(2) 具有完成该无形资产并使用或出售的意图。企业研发项目形成成果以后,是对外出售还是自行使用并从中获得经济利益,应当由管理层的意图而定。

(3) 无形资产产生经济利益的方式,例如能够证明运用该无形资产生产的产品存在市场或无形资产自身存在市场。若无形资产将在内部使用的,则应当证明其有用性。

(4) 有足够的技术、财务资源和其他资源的支持以完成无形资产的开发,并有能力使用或出售该无形资产。

(5) 归属于无形资产开发阶段的支出能够可靠计量。企业对于研究开发的支出应当能够单独核算,如果所发生的支出同时用于支持多项开发活动的,则应当按照合理的标准在各项开发活动之间进行分配。

(三) 内部开发无形资产成本的计量

内部开发无形资产的成本是在满足资本化条件的时点至无形资产达到预定用途前发生的支出总和,具体包括可直接归属于该资产的创造、生产并使该资产能够以管理层预定的方式运作的所有必要支出。可直接归属成本是指开发该项无形资产所耗费的材料、劳务成本、注册费、在开发该无形资产过程中使用的其他专利权和特许权的摊销,以及按照借款费用处理原则可以资本化的利息支出等。对于同一项无形资产在开发过程中达到资本化条件之前已经费用化计入当期损益的支出不再进行调整。

在开发无形资产过程中发生的,除上述可直接归属于无形资产开发活动之外的其他销售费用、管理费用等间接费用,以及无形资产达到预定用途前发生的可辨认的无效支出和初始运作损失,为运行该无形资产而发生的培训支出等不得计入无形资产的开发成本。

（四）内部研究开发项目支出的会计处理

企业内部研究开发项目支出的会计处理应遵循以下原则和方法：

（1）企业内部研究开发无形资产而发生的研发支出,无论是否满足资本化条件,均先在"研发支出"科目中归集;对于研究阶段发生的支出全部费用化,计入当期损益。

（2）对于开发阶段不符合资本化条件的支出,借记"研发支出——费用化支出"科目;符合资本化条件的,借记"研发支出——资本化支出"科目,贷记"原材料""应付职工薪酬""银行存款"等科目。

（3）开发项目完成并达到预定用途而形成无形资产的,应当将归集的资本化支出转入"无形资产"科目,借记"无形资产"科目,贷记"研发支出——资本化支出"科目。

（4）企业以其他方式取得的正在进行中的研究开发项目,应当按照确定的金额,借记"研发支出——资本化支出"科目,贷记"银行存款"等科目。其后发生的研发支出,比照上述规定进行处理。

【例 3-15】 2018 年 3 月 1 日,云盛公司董事会批准研发某项新型技术。该公司董事会认为,研发该项目具有可靠的技术和财务等资源的支持,而且一旦研发成功就会降低公司的生产成本。云盛公司在研发过程中发生的材料费为 2 000 万元,研发人员工薪费用为 800 万元,其他费用为 200 万元,总计 3 000 万元,其中符合资本化条件的支出为 2 000 万元。2018 年 12 月 31 日,该项新型技术达到预定用途。

分析:首先,董事会批准研发某项新型技术,认为完成该项新型技术无论是从技术上还是在财务等方面都能获得可靠的资源支持,并且一旦研发成功就会降低公司的生产成本。因此,符合条件的开发费用可以资本化。其次,公司在开发该项新型技术时,累计发生 3 000 万元的研究与开发支出,其中符合资本化条件的开发支出为 2 000 万元,符合"归属于该无形资产开发阶段的支出能够可靠计量"的条件。云盛公司的账务处理如下：

（1）发生研发支出

借:研发支出——费用化支出　　　　　　　　　　　　　　10 000 000
　　　　　——资本化支出　　　　　　　　　　　　　　　20 000 000
　贷:原材料　　　　　　　　　　　　　　　　　　　　　20 000 000
　　　应付职工薪酬　　　　　　　　　　　　　　　　　　8 000 000
　　　银行存款　　　　　　　　　　　　　　　　　　　　2 000 000

(2) 2018 年 12 月 31 日,该新型技术达到预定用途

  借:管理费用   10 000 000
    无形资产   20 000 000
   贷:研发支出——费用化支出   10 000 000
     ——资本化支出   20 000 000

第四节 无形资产的后续计量与处置

一、无形资产的后续计量

  无形资产是一种非货币性长期资产,在使用过程中,按照现行会计准则,对于使用寿命有限的无形资产应当在估计使用寿命内采用系统合理的方法对无形资产价值进行摊销,对于使用寿命不确定的无形资产则不须摊销。

  (一)无形资产使用寿命的确定与复核

  1. 无形资产使用寿命的确定

  (1)企业应当于取得无形资产时分析判断其使用寿命。无形资产的使用寿命若为有限的,则应当估计该使用寿命的年限或者构成使用寿命的产量等类似计量单位数量;无法预见无形资产为企业带来未来经济利益期限的,应当视为使用寿命不确定的无形资产。企业可以综合以下因素预计无形资产使用寿命:该资产通常的产品寿命周期、可获得的类似资产使用寿命的信息;技术、工艺等方面的现阶段情况,对未来发展的估计;以该资产生产的产品或提供的服务的市场需求情况;现在或潜在的竞争者预期采取的行动;为维持该资产产生未来经济利益能力的预期的维护支出,以及企业预计支付有关支出的能力;对该资产控制期限的相关法律规定或类似限制,如特许使用期、租赁期等;与企业持有的其他资产使用寿命的关联性等。

  (2)无形资产的取得如果源自合同性权利或其他法定权利,其使用寿命不应超过合同性权利或其他法定权利的期限。

  如果企业使用资产的预期期限短于合同性权利或其他法定权利规定的期限的,则应当按照企业预期使用的期限确定其使用寿命。例如,企业取得的某项实用新型专利,法律规定的保护期限为 10 年,企业预计运用该项专利所生产的产品在未来 6 年内会为企业带来经济利益,则该项实用新型专利权的预计使用寿命为 6 年。

  如果合同性权利或其他法定权利能够在到期时因续约等而延续,且有证据表明企业续约无须付出大额成本,续约期应当计入使用寿命。如果企业为延续无形资产持有期而付出的成本与预期从重新延续中流入企业的未来经济利益相比具有重要性,则从本质上看是企业获得的一项新的无形资产。

  (3)合同或法律没有规定使用寿命的,企业应当综合各方面情况,聘请相关专家进行论证、与同行业的情况进行比较或参考企业的历史经验等,确定无形资产为企业带来

未来经济利益的期限。经过上述努力仍无法合理确定无形资产为企业带来经济利益期限的,才能将该无形资产作为使用寿命不确定的无形资产。

2. 无形资产使用寿命的复核

企业应当至少于每年年度终了,对使用寿命有限的无形资产的使用寿命及摊销方法进行复核,如果确定该无形资产的使用寿命及摊销方法与以前估计的不同,应当及时改变其摊销年限及摊销方法,并按照会计估计变更进行处理。例如,企业使用的某项专利权,原预计使用寿命为10年,在使用至第3年年末时,该企业计划再使用2年即不再使用,为此在第3年年末,企业应当变更该项无形资产的使用寿命,并作为会计估计变更进行处理。

企业应当在每个会计期间对使用寿命不确定的无形资产的使用寿命进行复核,如果有证据表明其使用寿命是有限的,则应当视为会计估计变更,应当估计其使用寿命并按照使用寿命有限的无形资产的会计处理原则进行处理。

(二)无形资产的摊销

使用寿命有限的无形资产,应当在预计的使用寿命内采用系统合理的方法对应摊销金额进行摊销。应摊销金额,是指无形资产成本扣除预计残值后的金额。已计提减值准备的无形资产,还应扣除已计提的无形资产减值准备累计金额。一般情况下,使用寿命有限的无形资产的残值为0,但以下两种特殊情况除外:第一,有第三方承诺在无形资产使用寿命结束时购买该项无形资产;第二,可以根据活跃市场得到预计残值信息,并且市场在该项无形资产使用寿命结束时很可能存在。

无形资产的摊销期自可供使用(达到预定用途)时起至终止确认时止,当月增加的无形资产,当月开始摊销;当月减少的无形资产,当月不再摊销。

【例3-16】 2018年9月1日,云盛公司从外单位购入一项专利权,支付价款560万元,增值税进项税额33.6万元,估计使用寿命7年,该项专利用于产品生产;同时,购得一项商标权,支付价款400万元,增值税进项税额24万元,估计该商标权的使用寿命5年。假定这两项无形资产的净残值均为0,并按直线法摊销。购买价款均已用银行存款支付。

分析:云盛公司外购的专利权的估计使用寿命为10年,表明该项无形资产是使用寿命有限的,且该项无形资产用于产品生产,因此应将摊销金额计入相关产品的制造成本。云盛公司外购的商标权的估计使用寿命为10年,表明该项无形资产也是使用寿命有限的,而商标权的摊销金额通常直接计入当期管理费用。云盛公司的账务处理如下:

(1)取得无形资产时

借:无形资产——专利权　　　　　　　　　　　　　　　　5 600 000
　　　　　　——商标权　　　　　　　　　　　　　　　　4 000 000
　　应交税费——应交增值税(进项税额)　　　　　　　　　576 000
　　贷:银行存款　　　　　　　　　　　　　　　　　　　10 176 000

(2) 按年摊销时

借:制造费用——专利权摊销	560 000
管理费用——商标权摊销	400 000
贷:累计摊销	960 000

对于使用寿命不确定的无形资产,在持有期间不须进行摊销,但应当在每个会计期间进行减值测试。无形资产减值测试的方法按照资产减值准则进行处理,如经减值测试表明已发生减值,则应当计提相应的减值准备,借记"资产减值损失"科目,贷记"无形资产减值准备"科目。

持有待售的无形资产不进行摊销,按照账面价值与公允价值减去处置费用后的净额孰低进行计量。

二、无形资产的处置

无形资产的处置,是指无形资产让渡使用权、出售、对外捐赠,或者无法为企业带来未来经济利益的,应当终止确认并转销其账面价值。

(一)让渡无形资产的使用权

企业让渡无形资产使用权所形成的租金收入和发生的相关成本、费用,应通过"其他业务收入""其他业务成本"科目进行核算。让渡无形资产使用权而取得的租金收入,借记"银行存款"等科目,贷记"其他业务收入"等科目;摊销出租无形资产的成本并发生与转让有关的各种费用支出,借记"其他业务成本"科目,贷记"累计摊销""银行存款"等科目。

【例3-17】 2018年1月1日,云盛公司将一项实用新型专利技术出租给云鼎公司使用。该专利技术账面余额为600万元,摊销期限为10年,出租合同规定云鼎公司每年年末向云盛公司支付80万元专利技术使用费,涉及应交的增值税为4.8万元。云盛公司的账务处理如下:

(1) 每年年末收到云鼎公司支付的款项

借:银行存款	848 000
贷:其他业务收入	800 000
应交税费——应交增值税(销项税额)	48 000

(2) 每年年末对该项专利技术进行摊销

借:其他业务成本	600 000
贷:累计摊销	600 000

(二)无形资产的出售

企业将无形资产对外出售,表明其放弃该无形资产的所有权。因而,企业在对外出售无形资产时,应当将取得的价款与该项无形资产账面价值之间的差额计入当期损益。企业出售无形资产在确认利得的时点时,应按照收入确认的有关原则进行。

【例 3-18】 2015 年 7 月 1 日,云盛公司拥有的某项商标权的实际成本为 800 万元,有效期为 10 年,并按直线法摊销。2018 年 7 月 1 日,云盛公司将该项商标权出售给云鼎公司,经协商作价 600 万元,应交增值税为 36 万元,款项已收存银行。该项无形资产已提减值准备为 40 万元。

分析:2018 年 7 月 1 日,云盛公司将该项商标权出售给云鼎公司,因此该项商标权已摊销的金额为 240 万元(8 000 000÷10×3)。云盛公司的账务处理如下:

借:银行存款　　　　　　　　　　　　　　　　　　　　　　6 000 000
　　累计摊销　　　　　　　　　　　　　　　　　　　　　　2 400 000
　　无形资产减值准备　　　　　　　　　　　　　　　　　　　400 000
　　贷:无形资产　　　　　　　　　　　　　　　　　　　　　8 000 000
　　　　应交税费——应交增值税(销项税额)　　　　　　　　　360 000
　　　　资产处置损益——处置非流动资产利得　　　　　　　　440 000

(三)无形资产的报废

当无形资产预期不能为企业带来未来经济利益时,其不再符合无形资产的定义,应报废并予以转销,将其账面价值转入当期损益。例如,企业拥有的一项专利已被其他新技术替代或超过法律保护期。在转销时,应当按已计提的累计摊销,借记"累计摊销"科目;按其账面余额,贷记"无形资产"科目;按其差额,借记"营业外支出"科目。已计提减值准备的,还应同时结转减值准备。

【例 3-19】 云盛公司拥有专利的产品已被新技术生产的产品取代,原有产品出现大量积压,云盛公司决定将该项专利权提前报废。在报废时,该项专利的账面余额为 400 万元,摊销期限为 10 年,采用直线法进行摊销,已摊销 7 年。假定该项专利权的残值为 0,已计提减值准备为 50 万元,不考虑其他相关因素。云盛公司的账务处理如下:

借:累计摊销　　　　　　　　　　　　　　　　　　　　　　2 800 000
　　无形资产减值准备　　　　　　　　　　　　　　　　　　　500 000
　　营业外支出——处置非流动资产损失　　　　　　　　　　　700 000
　　贷:无形资产——专利权　　　　　　　　　　　　　　　　4 000 000

□ 核心概念

固定资产	无形资产	固定资产折旧	固定资产的后续支出
双倍余额递减法	年数总和法	固定资产清理	未确认融资费用
可收回金额	研发支出	累计摊销	

□ 思考题

1. 简述固定资产的性质及特征。
2. 简述固定资产初始计量的主要内容。

3. 简述固定资产折旧、影响折旧的主要因素和主要的折旧方法。

4. 什么是固定资产后续支出？资本化后续支出和费用化支出在会计处理上有何不同？

5. 无形资产主要有哪些项目？企业将某一项目确认为无形资产应当满足哪些条件？

6. 开发阶段发生的支出是否应全部予以资本化？为什么？

7. 预计无形资产的使用寿命应当考虑哪些因素？

8. 对于使用寿命不确定的无形资产，应该如何进行后续计量？

9. 无形资产的取得成本是否应予摊销？如何摊销？与固定资产的摊销原则有何不同？

10. 现行会计准则关于研发支出的会计处理准则与税法的规定是否一致？若不一致，如何调整其差异？

练习题

1. 云盛公司为增值税一般纳税人，增值税税率为13%。2019年发生固定资产业务如下：

(1) 6月10日，企业管理部门购入一台不需要安装的机床，取得的增值税专用发票上注明的设备价款为550万元，增值税税额为71.5万元，另发生运输费4.5万元，款项尚未支付。

(2) 机床经过调试后，于6月16日投入使用，预计使用10年，净残值为35万元，决定采用双倍余额递减法计提折旧。

(3) 7月18日，企业生产车间购入一台需要安装的刨床，取得的增值税专用发票上注明的设备价款为600万元，增值税税额为78万元，另发生保险费8万元，款项均以银行存款支付。

(4) 8月20日，将刨床投入安装，以银行存款支付安装费3万元。刨床于8月25日达到预定可使用状态，并投入使用。

(5) 刨床采用工作量法计提折旧，预计净残值为35.65万元，预计总工时为50 000小时。9月，刨床实际使用工时为720小时。假定除上述资料外，不考虑其他因素。

要求：

(1) 编制云盛公司2019年6月10日购入机床的会计分录。

(2) 计算云盛公司2019年7月计提机床的折旧额并编制会计分录。

(3) 编制云盛公司2019年7月18日购入刨床的会计分录。

(4) 编制云盛公司2019年8月安装刨床及投入使用的会计分录。

(5) 计算云盛公司2019年9月计提刨床的折旧额并编制会计分录。

2. 云盛公司2016年1月1日从南方公司购入一台不需要安装的机器设备作为生产车间固定资产使用，已收到该机器。购货合同约定，该机器的总价款为3 000万元，分

3 年支付价款,2016 年 12 月 31 日支付 1 500 万元,2017 年 12 月 31 日支付 900 万元, 2018 年 12 月 31 日支付 600 万元。假定云盛公司 3 年期银行借款年利率为 6%。采用直线法计提该固定资产的折旧,预计使用年限为 10 年,净残值为 120 万元。假定每年于年末计提折旧,不考虑增值税等其他因素。

要求:

(1) 计算该机器总价款的现值(1 年期 6% 的 1 元复利现值系数为 0.9434,2 年期 6% 的 1 元复利现值系数为 0.8900,3 年期 6% 的 1 元复利现值系数为 0.8396)。

(2) 确定该机器总价款与现值的差额,计算未确认融资费用。

(3) 编制 2016 年 1 月 1 日的会计分录。

(4) 编制 2016 年 12 月 31 日的会计分录。

(5) 编制 2017 年 12 月 31 日的会计分录。

(6) 编制 2018 年 12 月 31 日的会计分录。

3. 云盛公司为一项新产品专利技术进行研究开发。2018 年发生如下业务:

(1) 2018 年 1 月为获得知识而进行的活动发生差旅费 3 万元,以银行存款支付。

(2) 2018 年 3 月为改进材料使用配方而发生费用 42 万元,以银行存款支付。

(3) 2018 年 6 月在开发过程中发生材料费 40 万元、人工工资 40 万元、其他费用 20 万元,合计金额 100 万元,其中符合资本化条件的支出为 80 万元。

(4) 2018 年 7 月,该专利技术达到预定用途,并交付生产车间用于产品生产。预计使用年限为 5 年,采用直线法摊销。

要求:编制与该项研发支出相关的会计分录,以及有关无形资产摊销的会计分录。

4. 云盛公司 2012—2018 年无形资产业务的有关资料如下:

(1) 2012 年 12 月 1 日,以银行存款 510 万元购入一项无形资产(不考虑相关税费),无形资产的预计使用年限为 10 年。

(2) 2016 年 12 月 31 日,预计该无形资产的可收回金额为 264 万元,无形资产发生减值后,原预计使用年限不变。

(3) 2017 年 12 月 31 日,预计该无形资产的可收回金额为 234 万元,该无形资产减值准备后,原预计使用年限不变。

(4) 2018 年 4 月 1 日,该无形资产对外出售,取得价款 270 万元并存入银行(不考虑相关税费)。

要求:

(1) 编制购入无形资产的会计分录。

(2) 计算 2016 年 12 月 31 日无形资产的账面净值。

(3) 编制 2016 年 12 月 31 日无形资产计提减值准备的会计分录。

(4) 计算 2017 年 12 月 31 日无形资产的账面净值。

(5) 编制 2017 年 12 月 31 日调整无形资产减值准备的会计分录。

(6) 计算 2018 年 3 月 31 日无形资产的账面净值。

（7）计算无形资产出售形成的净损益。

（8）编制无形资产出售的会计分录。

参考文献

1. IAS 16 Property, Plant and Equipment，http://www.ifrs.org/issued-standards/list-of-standards/2018-10-27.

2. IAS 38 Intangible Assets，http://www.ifrs.org/issued-standards/list-of-standards/2018-10-27.

3. 财政部，《企业会计准则第 4 号——固定资产》，http://kjs.mof.gov.cn/zhuantilanmu/kuaijizhuanzeshishi/200806/t20080618_46213.html/2018-10-27。

4. 财政部，《企业会计准则第 42 号——持有待售的非流动资产、处置组和终止经营》，http://kjs.mof.gov.cn/zhuantilanmu/kuaijizhuanzeshishi/201709/t20170907_2694145.html/2018-10-27。

5. 财政部，《企业会计准则第 6 号——无形资产》，http://kjs.mof.gov.cn/zhuantilanmu/kuaijizhuanzeshishi/index_1.html/2018-10-27。

6. 财政部会计司，《企业会计准则第 4 号——固定资产应用指南》，http://www.dongao.com/fgk/qykjzz/20180130848237.shtml/2018-10-27。

7. 财政部会计司，《企业会计准则第 6 号——无形资产应用指南》，http://www.chinaacc.com/new/63/64/78/2006/11/wa5922035101611160025040-0.htm/2018-10-27。

8. 财政部会计司编写组，《企业会计准则第 4 号——固定资产》应用指南 2018，北京：中国财政经济出版社，2018 年。

9. 财政部会计司编写组，《企业会计准则第 6 号——无形资产》应用指南 2018，北京：中国财政经济出版社，2018 年。

第四章　长期股权投资与合营安排

【学习内容】

本章主要学习长期股权投资的初始计量和后续核算方法,长期股权投资核算方法转换及其处置的会计处理,以及长期股权投资的内容、合营安排的会计处理原则等内容。

【学习要点】

本章的重点是企业合并与非企业合并方式形成的长期股权投资初始投资成本的确定、长期股权投资的成本法和权益法的核算,以及不同核算方法转换下的会计处理。

【学习目标】

通过本章的学习,要求做到:

- ▶ 掌握不同方式下长期股权投资初始投资成本的确定及会计处理、长期股权投资的两种后续计量方法,以及不同核算方法转换下的会计处理
- ▶ 熟悉长期股权投资的处置
- ▶ 了解合营安排的会计处理原则

《企业会计准则第 2 号——长期股权投资》
《企业会计准则第 40 号——合营安排》
扫码参阅

引导案例

雅戈尔变更所持中信股份核算方式遭质疑

雅戈尔集团股份有限公司(以下简称"雅戈尔")在2018年4月9日发布的2018年第一季度业绩预告中称,公司自2018年3月29日起对所持有的中信股份由可供出售金融资产变更为长期股权投资进行会计核算,并以权益法确认损益;变更会计核算方法后,公司2018年第一季度净利润大幅增至99.42亿元,预计实现归属于上市公司股东的净利润约增加86.80亿元,同比增长687.95%左右。而根据公司2018年1月末披露的业绩预告,2017年净利润约为3.55亿元。通过变更会计核算方式来实现利润惊人增长的雅戈尔受到广泛质疑。

此前,雅戈尔以1万元购入中信股份,持股比例由4.99%增至5%,同时核算方式也由可供出售金融资产变更为长期股权投资。由于中信股份在二级市场上的股价为10.98港元/股,而账面净资产为18.94港元/股,因此核算方式变更后,雅戈尔的这部分资产大幅增值。

面对市场质疑,雅戈尔董秘刘新宇表示:"我们被误解了,将'可供出售金融资产'转为'长期股权投资'并不是为了调节利润。雅戈尔上市近二十年,实现净利润295.8亿元,现金分红137亿元。如果利润全靠调节,那么分红的钱从何处来?"对于因变更核算方式而产生的90多亿元的利润,该发言人称:"这90多亿元作为资本公积金更合适,但会计准则规定资产差价只能计入利润。既然市场质疑,会计师也提出意见,本着谨慎的原则,我们遵从会计师的建议。"

最终,雅戈尔取消了对中信股份会计核算方法的变更。据该公司披露的2018年第一季度报告,其当季净利润为5.09亿元。

▶ **请思考:**

雅戈尔为什么变更会计核算方式?

该变更会对利润产生什么影响?

市场质疑雅戈尔核算方式变更的理由是什么?

资料来源:黄鹏,所持中信股份变更为长期股权投资遭质疑 雅戈尔称更改核算方式被误解,《中国证券报》2018年5月4日;巨潮资讯网,http://www.cninfo.com.cn/。

第一节 长期股权投资的初始计量

一、长期股权投资的内容

股权投资又称权益性投资,是指付出现金或非现金资产等取得被投资单位的股权,从而享有被投资单位一定比例权益份额所代表的资产。根据对被投资单位施加影响的程度的不同，股权投资应分别作为金融资产或长期股权投资进行核算。可见，作为长期股权投资核算的股权投资，并非按照持有投资的期限长短，而是由投资企业对被投资单位施加影响的程度决定的。

长期股权投资是指投资方能够对被投资单位实施控制、重大影响的权益性投资，以及能够与其他合营方一起对合营企业共同控制的权益性投资。具体包括：

（一）对子公司投资

对子公司投资是投资方能够对被投资单位实施控制的权益性投资。控制是指投资方拥有对被投资单位的权益，通过参与被投资单位的相关活动而享有可变回报，并且有能力运用对被投资单位的权益影响投资回报金额。投资方对被投资单位实施控制，通常意味着其能主导被投资单位的相关活动。例如，投资方持有被投资单位半数以上的表决权，或者投资方持有的表决权虽然在半数或以下，但通过与其他表决权持有人达成协议，能够实质上控制半数以上表决权。

（二）对合营企业投资

对合营企业投资是投资方与其他合营方一起对被投资单位实施共同控制的权益性投资。按照《企业会计准则第40号——合营安排》的有关规定，共同控制是指按照相关约定对某项安排所共有的控制，并且该安排的相关活动必须经过分享控制权的参与方一致同意后才能决策。

（三）对联营企业投资

对联营企业投资是投资方对被投资单位具有重大影响的权益性投资，而重大影响是指投资方对被投资单位的财务和经营政策拥有参与决策的权力，但并不能控制或者与其他方一起共同控制相关政策的制定。例如，投资方在被投资单位的董事会或类似权力机构中派出一定数量的代表，对其财务和经营决策的制定过程实施重大影响。通常认为当投资方直接或间接持有被投资单位20%以上但低于50%的表决权时，就能对被投资单位产生重大影响，除非有明确证据表明投资方不能参与被投资单位的相关决策。

二、长期股权投资的初始计量

企业在取得长期股权投资时，按初始投资成本进行初始计量。企业会计准则规定，长期股权投资的初始投资成本应当分别按企业合并和非企业合并两种情况确定。需要注意的是，若实际支付的价款或对价中包含已宣告但尚未发放的现金股利或利润，则该现金股利或利润不构成长期股权投资的初始投资成本，应作为应收项目单独入账。

（一）企业合并形成的长期股权投资的初始计量

企业合并是指将两个或者两个以上单独的企业合并形成一个报告主体的交易或事项。企业合并通常包括控股合并、吸收合并和新设合并三种形式。

控股合并是指合并方取得对被合并方的控制权，被合并方在合并后仍保持独立的法人资格并继续经营,合并方确认企业合并所形成的对被合并方的投资。吸收合并是指合并方通过企业合并取得被合并方的全部净资产,合并后注销被合并方的法人资格,被合并方原持有的资产、负债在合并后成为合并方的资产、负债。新设合并是指参与合并各方的法人资格在合并后均被注销,重新注册成立一家新的企业。由此可见,在企业合并的三种形式中,只有控股合并才会形成投资方与被投资方。企业合并形成的长期股权投资,就是通过控股合并所形成的投资企业(合并后的母公司)对被投资企业(合并后的子公司)的股权投资。

在通过控股合并形成长期股权投资时,应当区分该合并是同一控制下的企业合并抑或是非同一控制下的企业合并,不同合并类型应采用不同的方法确定初始投资成本。

1. 同一控制下企业合并形成长期股权投资

当参与合并的企业在合并前后均受同一方或相同多方的最终控制且并非暂时性控制时,该合并为同一控制下的企业合并。在合并日取得其他参与合并的企业控制权的一方为合并方,而参与合并的其他企业(失去控制权的一方)为被合并方。

在同一控制下的企业合并中,合并方应当在合并日按照被合并方所有者权益在最终控制方合并财务报表中账面价值的份额作为长期股权投资的初始投资成本。如果被合并方本身编制合并财务报表,初始投资成本应当以其在最终控制方合并财务报表中所有者权益的账面价值为基础计算确定。

(1) 合并方以支付现金等方式作为合并对价。在同一控制下的企业合并中,合并方以支付现金、转让非现金资产或承担债务方式作为合并对价的,应当在合并日按照被合并方所有者权益在最终控制方合并财务报表中账面价值的份额作为长期股权投资的初始投资成本。长期股权投资初始投资成本与所支付的现金、转让的非现金资产以及所承担债务的账面价值之间的差额,应当调整资本公积(资本溢价或股本溢价);如果资本公积的余额不足冲减,则调整留存收益。合并方为企业合并而发生的审计、法律服务、评估咨询等各项直接相关费用,在发生时计入当期损益的"管理费用"。

合并方应当在合并日按取得被合并方所有者权益在最终控制方合并财务报表中账面价值的份额,借记"长期股权投资"科目;按实际支付的合并对价的账面价值,贷记或借记有关资产、负债科目;按其差额,贷记"资本公积——资本溢价或股本溢价"科目;若为借方差额,则借记"资本公积——资本溢价或股本溢价"科目;"资本公积——资本溢价或股本溢价"不足冲减的,应依次借记"盈余公积""利润分配——未分配利润"科目。

【例 4-1】 江南公司和甲公司同为 A 公司控制的子公司。2018 年 4 月 15 日,江南公司和 A 公司达成协议,江南公司以固定资产、无形资产和银行存款作为合并对价,取得 A 公司所持有的甲公司 80% 的股权。江南公司投出固定资产的账面原值为 1 800 万元,已计提折旧为 400 万元,已计提固定资产减值准备为 200 万元;付出无形资产的账面原价为 1 000 万元,已摊销金额为 200 万元,未计提无形资产减值准备;付出银行存款为 2 500 万元。2018 年 5 月 1 日,江南公司取得对甲公司的实际控制权。当日,甲公司在 A 公司合并财务报表中所有者权益的账面价值为 5 000 万元;江南公司"资本公积——股本溢价"科目余额为 450 万元,"盈余公积"科目余额为 400 万元。在合并过程中,江南公司以银行存款支付审计费用、评估费用、法律服务费用等共计 60 万元。

分析:在本例中,江南公司和甲公司在合并前后均受 A 公司控制,江南公司通过合并取得对甲公司的控制权,该合并为同一控制下的企业合并,江南公司为合并方,甲公司为被合并方,A 公司为对参与合并各方在合并前后均能实施最终控制的一方。江南公司在合并日 2018 年 5 月 1 日的账务处理如下:

(1) 转销固定资产的账面价值

借:固定资产清理	12 000 000
固定资产减值准备	2 000 000
累计折旧	4 000 000
贷:固定资产	18 000 000

(2) 确认长期股权投资

初始投资成本＝5 000×80％＝4 000(万元)

借:长期股权投资	40 000 000
累计摊销	2 000 000
资本公积——股本溢价	4 500 000
盈余公积	500 000
贷:无形资产	10 000 000
固定资产清理	12 000 000
银行存款	25 000 000

(3) 支付直接合并费用

借:管理费用	600 000
贷:银行存款	600 000

(2) 合并方以发行权益性证券作为合并对价。在同一控制下的企业合并中,合并方以发行权益性证券作为合并对价的,应当在合并日按照被合并方所有者权益在最终控制方合并财务报表中账面价值的份额作为长期股权投资的初始投资成本。按照发行股份的面值总额作为股本,长期股权投资初始投资成本与所发行股份面值总额之间的差额,应当调整资本公积(资本溢价或股本溢价);资本公积余额不足冲减时,调整留存收益。合并方在发行权益性证券过程中所支付的手续费、佣金等费用,应当抵减权益性证券的溢价发行收入;溢价发行收入不足冲减的,冲减留存收益。合并方为企业合并而发生的审计、法律服务、评估咨询等各项直接相关费用,则计入当期损益的"管理费用"。

相关会计处理为:合并方在合并日按被合并方所有者权益在最终控制方合并财务报表中账面价值的份额,借记"长期股权投资"科目,按发行股份的面值总额,贷记"股本"科目;按其差额,贷记"资本公积——资本溢价或股本溢价"科目;若为借方差额,则借记"资本公积——资本溢价或股本溢价"科目;"资本公积——资本溢价或股本溢价"账户不足冲减的,再依次借记"盈余公积""利润分配——未分配利润"科目。

【例 4-2】 江南公司和 B 公司同为甲公司控制的子公司。2018 年 4 月 20 日,江南公司和甲公司、B 公司达成合并协议,江南公司以增发权益性证券作为合并对价取得甲公司所持有的 B 公司 90% 的股权。江南公司增发每股面值为 1 元的普通股股票 3 000 万股,发行股票过程中支付发行费用 50 万元。2018 年 6 月 1 日,江南公司实际取得对 B 公司的控制权。当日,B 公司在甲公司合并财务报表中所有者权益的账面价值为 6 000 万元。在合并过程中,江南公司以银行存款支付审计费用、评估费用、法律服务费用等共计 65 万元。

分析: 在本例中,江南公司和 B 公司在合并前后均受甲公司控制,江南公司通过合并取得对 B 公司的控制权。因此,该合并为同一控制下的企业合并,江南公司为合并方,B 公司为被合并方,甲公司为能够对参与合并各方在合并前后均实施最终控制的一方。江南公司在合并日 2018 年 6 月 1 日的账务处理如下:

(1) 确认长期股权投资

初始投资成本 = 6 000 × 90% = 5 400(万元)

借:长期股权投资	54 000 000
贷:股本	30 000 000
资本公积——股本溢价	23 500 000
银行存款	500 000

(2) 支付直接合并费用

借:管理费用	650 000
贷:银行存款	650 000

2. 非同一控制下企业合并形成长期股权投资

非同一控制下的企业合并是各参与方在合并前后不受同一方或相同多方的最终控制的企业合并。

对于非同一控制下的企业合并,投资方应当将合并行为视作一项购买交易,合理确定合并成本——长期股权投资的初始投资成本。非同一控制下企业合并形成的长期股权投资,其初始投资成本为投资方为取得股权而付出的资产、发生或承担的负债,以及发行的权益性证券的公允价值。投资方为企业合并而发生的审计、法律服务、评估咨询等各项直接相关费用应当计入当期损益的"管理费用";投资方为进行企业合并而发行权益性证券的,为发行权益性证券所支付的手续费、佣金等费用,应当冲减权益性证券的溢价发行收入;溢价发行收入不足冲减的,冲减留存收益。

对于在购买日作为合并对价付出的资产,应当按账面价值贷记相关资产账户。其中,当作为对价付出的资产为固定资产、无形资产时,付出资产的账面价值与公允价值的差额,记入"资产处置损益"账户;当付出的资产为存货时,应当作为销售处理,按其公允价值确认销售收入,贷记"主营业务收入"等账户;同时,按其账面价值结转成本,借记"主营业务成本"等账户;涉及的增值税税额也应进行相应的会计处理。

【例 4-3】 2018 年 1 月 1 日,甲公司以一台设备和银行存款 200 万元向乙公司投资（甲公司和乙公司不存在任何关联方关系）,并取得乙公司 60% 的股权。该固定资产的账面原值为 8 000 万元,已计提累计折旧为 500 万元,已计提固定资产减值准备为 200 万元,公允价值为 7 600 万元。不考虑其他相关税费。甲公司的账务处理如下:

借:固定资产清理	73 000 000
累计折旧	5 000 000
固定资产减值准备	2 000 000
贷:固定资产	80 000 000
借:长期股权投资	78 000 000
贷:固定资产清理	73 000 000
银行存款	2 000 000
资产处置损益	3 000 000

【例 4-4】 2018 年 5 月 1 日,甲公司以一项专利权和银行存款 500 万元向丙公司投资（甲公司和丙公司不存在任何关联方关系）,取得丙公司 60% 的股权。该专利权的账面原价为 5 000 万元,已计提累计摊销为 600 万元,已计提无形资产减值准备为 200 万元,公允价值为 4 000 万元。不考虑其他相关税费。甲公司的账务处理如下:

借:长期股权投资	45 000 000
累计摊销	6 000 000
无形资产减值准备	2 000 000
资产处置损益	2 000 000
贷:无形资产	50 000 000
银行存款	5 000 000

【例 4-5】 甲公司、乙公司及 A 公司不存在任何关联方关系。2018 年 4 月 1 日,甲公司与乙公司原投资方 A 公司签订协议,甲公司以存货和承担 A 公司的短期贷款义务为对价,换取 A 公司持有的乙公司股权,2018 年 7 月 1 日,甲公司取得乙公司 70% 的股权。甲公司投出存货的公允价值为 500 万元,增值税为 85 万元,账面成本为 400 万元,承担归还贷款义务为 200 万元。甲公司的账务处理如下:

合并成本＝500＋85＋200＝785(万元)

借:长期股权投资	7 850 000
贷:短期借款	2 000 000
主营业务收入	5 000 000
应交税费——应交增值税(销项税额)	850 000
借:主营业务成本	4 000 000
贷:库存商品	4 000 000

【例 4-6】 江南公司和 B 公司不属于同一控制下企业。2018 年 4 月 20 日,江南公司以增发的权益性证券作为合并对价取得 B 公司 90% 的股权。江南公司增发的权益性证券为每股面值 1 元的普通股股票,共增发 2 500 万股,每股公允价值 4 元,增发股票的手续费及佣金等发行费用 80 万元。2018 年 5 月 1 日,江南公司实际取得对 B 公司的控制权。在合并过程中,江南公司以银行存款支付审计费用、评估费用、法律服务费用等共计 80 万元。江南公司在合并日的账务处理如下:

(1) 确认长期股权投资

初始投资成本＝2 500×4＝10 000(万元)

借:长期股权投资　　　　　　　　　　　　　　　　　　100 000 000
　　贷:股本　　　　　　　　　　　　　　　　　　　　　 25 000 000
　　　　资本公积——股本溢价　　　　　　　　　　　　　 75 000 000
借:资本公积——股本溢价　　　　　　　　　　　　　　　　800 000
　　贷:银行存款　　　　　　　　　　　　　　　　　　　　 800 000

(2) 支付直接合并费用

借:管理费用　　　　　　　　　　　　　　　　　　　　　　800 000
　　贷:银行存款　　　　　　　　　　　　　　　　　　　　 800 000

(二) 非企业合并形成的长期股权投资的初始计量

投资企业以除企业合并之外的其他方式取得长期股权投资的,应当按照下列规定确定初始投资成本:

(1) 支付现金取得长期股权投资的,应当按照实际支付的购买价款作为初始投资成本。初始投资成本包括与取得长期股权投资直接相关的费用、税费及其他必要支出。

(2) 发行权益性证券取得长期股权投资的,应当按照发行的权益性证券的公允价值作为初始投资成本。与发行权益性证券直接相关的费用,应当抵减权益性证券的溢价发行收入;溢价发行收入不足冲减的,应当冲减留存收益。

1. 以支付现金方式取得长期股权投资

投资方以支付现金方式取得长期股权投资的,应当以实际支付的购买价款作为长期股权投资的初始投资成本,其中包括购买过程中支付的手续费等必要支出;若支付价款中包含的被投资单位已宣告但尚未发放的现金股利或利润,则应计入应收项目,不构成取得长期股权投资的成本。

【例 4-7】 甲公司于 2018 年 2 月 10 日在公开市场上买入乙公司 20% 的股份,实际支付价款 16 000 万元,买价中包含已宣告但尚未发放的现金股利 500 万元。另外,甲公司在购买过程中支付手续费等相关费用 40 万元。甲公司取得该部分股权后能够对乙公司的生产经营决策施加重大影响。甲公司的账务处理如下:

甲公司应当按照实际支付的购买价款作为取得长期股权投资的成本。

借:长期股权投资——投资成本	155 400 000
应收股利	5 000 000
贷:银行存款	160 400 000

2. 以发行权益性证券方式取得长期股权投资

投资方以发行权益性证券方式取得长期股权投资时,初始投资成本为所发行的权益性证券的公允价值,但不包括应自被投资单位收取的已宣告但尚未发放的现金股利或利润。另外,为发行权益性证券所支付的手续费、佣金等相关费用不构成取得长期股权投资的成本,应当冲减权益性证券的溢价发行收入;溢价发行收入不足冲减的,应当冲减盈余公积和未分配利润。

【例4-8】 2018年3月,A公司通过增发6 000万股本公司普通股(每股面值1元)取得B公司20%的股权,A公司增发股份的公允价值为10 400万元。A公司为增发股份支付了400万元的佣金和手续费。假定A公司取得该部分股权后能够对B公司的生产经营决策施加重大影响。A公司取得投资当日的账务处理如下:

借:长期股权投资——投资成本	104 000 000
贷:股本	60 000 000
资本公积——股本溢价	40 000 000
银行存款	4 000 000

第二节　长期股权投资的后续计量

企业取得长期股权投资后,要根据所持股份的性质、持股比例以及对被投资单位财务和经营政策施加影响的程度,分别采用不同的方法进行会计核算。按企业会计准则的相关规定,投资方对子公司的投资,即投资方能够对被投资单位实施控制的长期股权投资,应当采用成本法进行核算;而投资方能够对合营企业或联营企业的投资,即投资方对被投资单位实施共同控制或具有重大影响的长期股权投资,应当采用权益法进行核算。

一、长期股权投资的成本法

成本法是指长期股权投资按初始投资成本进行后续计量,一般情况下不会对长期股权投资的账面价值进行调整的一种会计处理方法。在投资企业能够对被投资单位(通过控股合并形成的子公司)实施控制时,采用成本法对长期股权投资进行核算。在成本法下,除非发生股权份额的追加或收回,或者发生资产减值等情况,否则长期股权投资的账面价值保持不变。

长期股权投资在采用成本法核算时,会计处理的基本内容包括:

(1)"长期股权投资"账户核算长期股权投资的初始投资成本,在收回投资前,企业一般不对长期股权投资的账面价值进行调整。

(2)除取得投资时支付价款或对价中包含的被投资单位已宣告但尚未发放的现金股利或利润外,在被投资单位宣告分派现金股利或利润时,投资企业按持股比例确认投资收益。

(3)发生股权份额的追加或收回的,按照追加或收回投资的成本调整长期股权投资的账面价值。

(4)长期股权投资发生减值的,按《企业会计准则第8号——资产减值》的有关规定进行相应的会计处理。

总之,采用成本法进行会计核算的,长期股权投资的核算内容主要是确认被投资单位宣告发放的现金股利或利润中属于本企业享有的部分。如果被投资单位当年未分派现金股利,则无论被投资单位该年度是盈利还是亏损,投资企业均不须做任何会计处理。

【例4-9】 江南公司2017年5月15日以银行存款购入甲公司股票100 000股,占甲公司全部股份的60%并能够对甲公司实施控制,买入价为每股10元,买价中包含已宣告分派的现金股利每股0.2元,另支付相关税费7 000元。

江南公司2017年6月1日收到甲公司发放的购买该股票时已宣告分派的股利20 000元。

甲公司于2018年4月2日宣告分派现金股利每股0.1元,江南公司应分得现金股利10 000元。2018年5月20日,江南公司收到甲公司发放的现金股利10 000元。江南公司相关的账务处理如下:

2018年年末,因该笔投资发生减值,江南公司计提长期股权投资减值准备120 000元。

(1)2017年5月15日,购入甲公司股票时确认初始投资成本

股票购买价格(100 000×10)	1 000 000
加:相关税费	7 000
减:已宣告分派的现金股利(100 000×0.2)	20 000
	987 000
借:长期股权投资	987 000
应收股利	20 000
贷:银行存款	1 007 000

(2)2017年6月1日,收到甲公司发放的购买该股票时已宣告分派的股利20 000元

借:银行存款	20 000
贷:应收股利	20 000

(3)2018年4月2日,甲公司宣告分派现金股利,江南公司应分得现金股利10 000元

借:应收股利	10 000
贷:投资收益	10 000

(4)2018年5月20日,收到甲公司发放的现金股利10 000元

借:银行存款	10 000
贷:应收股利	10 000

(5) 2018年年末,计提长期股权投资减值准备 120 000 元

借:资产减值损失   120 000

  贷:长期股权投资减值准备   120 000

二、长期股权投资的权益法

权益法是对长期股权投资按取得时的初始投资成本进行计量后,在持有投资期间,根据投资企业应享有的被投资单位所有者权益的变动,对长期股权投资的账面价值进行调整的一种会计处理方法。投资企业对被投资单位具有共同控制(合营企业)或重大影响(联营企业)的,长期股权投资应采用权益法进行核算。与成本法不同,在权益法下,当被投资单位因实现损益、确认其他综合收益等导致所有者权益发生变动时,投资企业应按持股比例调整长期股权投资的账面价值。

(一)初始投资成本的调整

权益法下,投资企业在取得合营企业或联营企业的长期股权投资后,若取得投资时的初始投资成本与应享有的被投资单位可辨认净资产公允价值份额不一致,则可能需要按差额对长期股权投资的初始投资成本进行相应的调整。

投资企业采用权益法核算长期股权投资的,在"长期股权投资"总账账户下分别设置"长期股权投资——投资成本""长期股权投资——损益调整""长期股权投资——其他综合收益""长期股权投资——其他权益变动"等相关明细账户进行核算。

长期股权投资取得时的初始投资成本与应享有的被投资单位可辨认净资产公允价值份额之间的差额,应当按下列不同情况分别进行处理:

(1)若长期股权投资取得时的初始投资成本大于投资时应享有的被投资单位可辨认净资产公允价值的份额,则不调整长期股权投资的初始投资成本;若初始投资成本大于投资时应享有的被投资单位可辨认净资产公允价值的份额,则该差额的实质是投资企业在取得投资时,买价中体现了被投资单位的商誉以及不符合确认条件的资产的价值。

(2)若长期股权投资的初始投资成本小于投资时应享有的被投资单位可辨认净资产公允价值的份额,则差额应当计入当期损益,同时调整长期股权投资的成本。会计处理上按初始投资成本与应享有的被投资单位可辨认净资产公允价值的差额,借记"长期股权投资——投资成本"科目,贷记"营业外收入"科目。

【例 4-10】 A 公司 2016 年 1 月 1 日以银行存款 5 000 万元取得 B 公司 40% 的股权,采用权益法核算长期股权投资,当日 B 公司可辨认净资产的公允价值为 12 000 万元。A 公司在取得投资时,被投资单位除一项固定资产外,其他可辨认资产、负债的账面价值与公允价值相等。该项固定资产的原值为 2 000 万元,已计提折旧为 400 万元,B 公司预计使用年限为 10 年,净残值为 0,按照直线法计提折旧;A 公司预计该固定资产的公允价值为 4 000 万元,预计剩余使用年限为 8 年,净残值为 0,按照直线法计提折旧。假设 A、B 公司采用的会计政策、会计期间相同,无内部交易。

分析：A 公司 2016 年 1 月 1 日投资时，初始投资成本为 5 000 万元，应享有被投资单位可辨认净资产公允价值的份额为 4 800 万元（12 000×40%）。初始投资成本大于应享有被投资单位可辨认净资产公允价值的份额，不需要进行调整。A 公司的会计分录为：

借：长期股权投资——投资成本　　　　　　　　　　　　50 000 000
　　贷：银行存款　　　　　　　　　　　　　　　　　　　　50 000 000

分析：假设 2016 年 1 月 1 日 B 公司可辨认净资产的公允价值为 15 000 万元，则 A 公司应享有被投资单位可辨认净资产公允价值的份额为 6 000 万元（15 000×40%）。初始投资成本小于应享有被投资单位可辨认净资产公允价值份额，需要进行调整。A 公司的会计分录为：

借：长期股权投资——投资成本　　　　　　　　　　　　50 000 000
　　贷：银行存款　　　　　　　　　　　　　　　　　　　　50 000 000
借：长期股权投资——投资成本　　　　　　　　　　　　10 000 000
　　贷：营业外收入　　　　　　　　　　　　　　　　　　　10 000 000

（二）投资损益的确认

投资企业采用权益法对长期股权投资进行后续计量的，应当在被投资单位实现净损益时，按照投资企业在净损益中应享有或应分担的份额确认投资损益，同时相应调整长期股权投资的账面价值。被投资单位实现的净损益，应以取得投资时被投资单位可辨认净资产的公允价值为基础进行计算。具体的会计处理如下：当被投资单位取得净收益时，按投资企业应享有的部分借记"长期股权投资——损益调整"科目，贷记"投资收益"科目；当被投资单位发生净亏损时，按投资企业应分担的部分做相反的会计分录，借记"投资收益"科目，贷记（冲减）"长期股权投资——损益调整"科目。需要注意的是，投资企业因被投资单位发生净亏损而冲减长期股权投资的，应以将长期股权投资的账面价值减记至 0 为限。

当存在以下因素时，投资企业需对被投资单位净损益进行适当调整，并作为确认投资损益的依据：

（1）被投资单位采用的会计政策或会计期间与投资企业不一致的，应当按照投资企业的会计政策、会计期间对被投资单位的财务报表进行调整，并在此基础上确定被投资单位的净损益。

（2）被投资单位净损益应以取得投资时被投资单位各项可辨认资产等的公允价值为基础计算，若被投资单位各项可辨认资产等的公允价值与账面价值不一致，需对净损益的金额进行调整。

（3）投资方与联营企业、合营企业之间发生的未实现内部交易损益按照应享有比例计算归属于投资方的部分，应当予以抵销，并在此基础上确认投资收益。

【例 4-11】 沿用【例 4-10】。2016 年度 B 公司实现净利润为 1 000 万元。以被投资单位各项可辨认资产等的公允价值为基础对净损益进行调整，A 公司的账务处理如下：

调整后的净利润＝1 000－(4 000÷8－2 000÷10)＝700(万元)

A公司应确认投资收益的金额＝700×40％＝280(万元)

借：长期股权投资——损益调整　　　　　　　　　　2 800 000
　　贷：投资收益　　　　　　　　　　　　　　　　　　　　　2 800 000

【例4-12】 江南公司2018年1月10日以银行存款4 000万元购入甲公司股份,占甲公司股权总数的30％,江南公司自取得投资之日起派出人员参与甲公司的财务和生产经营决策,能够对甲公司产生重大影响。在取得投资的当日,甲公司可辨认净资产的公允价值为9 000万元,除表4-1所示项目外,甲公司其他资产、负债的公允价值与账面价值相同。

表4-1　甲公司相关资料

项目	账面原价（万元）	已提折旧或摊销（万元）	公允价值（万元）	甲公司预计使用年限（年）	江南公司取得投资后的剩余使用年限（年）
存货	800		1 200		
固定资产	2 000	400	2 400	10	8
无形资产	1 000	200	1 200	10	6
合计	3 800				

分析：假设江南公司与甲公司的会计年度及采用的会计政策相同。甲公司2018年实现的净利润为900万元,其中江南公司取得投资时的账面存货有60％在当期对外出售。甲公司的固定资产、无形资产均按直线法计提折旧或摊销,预计净残值为0。

江南公司在确定投资收益时,应对甲公司实现的净利润,按照取得投资时甲公司有关资产的账面价值与公允价值的差额进行调整(假定不考虑所得税的影响)。

存货账面价值与公允价值的差额应调减的利润＝(1 200－800)×60％＝240(万元)

固定资产公允价值与账面价值的差额应调整增加的折旧额＝2 400÷8－2 000÷10
＝100(万元)

无形资产公允价值与账面价值的差额应调整增加的摊销额＝1 200÷6－1 000÷10
＝100(万元)

调整后的净利润＝900－240－100－100＝460(万元)

江南公司应享有的份额＝460×30％＝138(万元)

2018年年末江南公司确认投资收益的会计分录如下：

借：长期股权投资——损益调整　　　　　　　　　　1 380 000
　　贷：投资收益　　　　　　　　　　　　　　　　　　　　　1 380 000

（三）取得现金股利或利润的会计处理

当被投资单位宣告分派现金股利或利润时,投资企业按应获得的现金股利或利润冲减长期股权投资的账面价值,会计分录为借记"应收股利"科目,贷记"长期股权投资——损益调整"科目。当被投资单位分派股票股利时,投资企业不进行账务处理,但应于除权日在备查簿中登记股份增加数。

【例 4-13】 沿用【例 4-10】、【例 4-11】。2017 年 4 月 20 日,B 公司宣告发放股利 600 万元。

A 公司应收股利的金额＝600×40％＝240(万元)

借:应收股利　　　　　　　　　　　　　　　　　　　　　　　　2 400 000
　　贷:长期股权投资——损益调整　　　　　　　　　　　　　　　　　　2 400 000

(四)超额亏损的会计处理

按企业会计准则的有关规定,当被投资单位发生亏损时,投资企业按持股比例确认的损失金额,应当以将长期股权投资的账面价值以及其他实质上构成对被投资单位净投资的长期权益减记至 0 为限,除非投资企业另外还负有承担额外损失的义务。其中,实质上构成对被投资单位净投资的长期权益,通常是指长期性的应收项目,如企业持有对被投资单位的长期债权,而该债权没有明确的清收计划且在可预见的未来期间不准备收回,该应收项目实质上相当于对被投资单位的投资。需要注意的是,投资企业与被投资单位之间因正常的销售商品、提供劳务等活动所产生的长期债权不属于此类。

投资企业在确认应分担的被投资单位发生的亏损时,应当按以下顺序进行会计处理:

首先,冲减长期股权投资的账面价值。

其次,在长期股权投资的账面价值已减记至 0 时,若还有未确认的投资损失额,则应当考虑除长期股权投资外是否存在其他实质上构成对被投资单位净投资的长期权益,如"长期应收款"等项目;若存在则应贷记(冲减)"长期应收款"等项目的账面价值,则冲减金额也应当以将实质上构成对被投资单位净投资的"长期应收款"等项目的账面价值减记至 0 为限。

最后,经过上述处理后,按照相关投资合同或协议约定,投资企业还承担其他额外损失弥补等义务的,应当按预计承担的义务金额确认预计负债,计入当期投资损失。

如果经过上列顺序确认应分担的亏损额后仍有未确认的金额,投资企业应当进行备查记录,待被投资单位以后年度实现盈利时,再按应享有的收益份额,先恢复未确认的亏损额,然后按与上述相反的顺序进行会计处理。

【例 4-14】 沿用【例 4-10】、【例 4-11】和【例 4-13】。

(1)假设 2017 年 B 公司亏损 6 000 万元。

A 公司长期股权投资的账面价值＝5 000 万＋280－240＝5 040(万元)

调整后的净利润＝－6 000－(4 000÷8－2 000÷10)＝－6 300(万元)

A 公司应确认的投资损益＝－6 300×40％＝－2 520(万元)

借:投资收益　　　　　　　　　　　　　　　　　　　　　　　25 200 000
　　贷:长期股权投资——损益调整　　　　　　　　　　　　　　　　　25 200 000

(2) 假设 2017 年 B 公司亏损 15 000 万元。

调整后的净利润＝－15 000－(4 000÷8－2 000÷10)＝－15 300(万元)
A 公司应确认的投资损益＝－15 300×40％＝－6 120(万元)

借:投资收益　　　　　　　　　　　　　　　　　　　　　50 400 000
　　贷:长期股权投资——损益调整　　　　　　　　　　　　　　50 400 000

同时备查记录未确认亏损额 1 080 万元。

(3) 假设 2017 年 B 公司亏损 15 000 万元,且 A 公司存在实质上构成对 B 公司净投资的"长期应收款"1 000 万元。

借:投资收益　　　　　　　　　　　　　　　　　　　　　50 400 000
　　贷:长期股权投资——损益调整　　　　　　　　　　　　　　50 400 000
借:投资收益　　　　　　　　　　　　　　　　　　　　　10 000 000
　　贷:长期应收款　　　　　　　　　　　　　　　　　　　　10 000 000

同时备查记录未确认亏损额 80 万。

【例 4-15】 沿用【例 4-10】、【例 4-11】、【例 4-13】和【例 4-14(3)】。2018 年 B 公司实现盈利 5 000 万元。

调整后的净利润＝5 000－(4 000÷8－2 000÷10)＝4 700(万元)
A 公司应确认的投资损益＝4 700 万×40％＝1 880(万元)

A 公司应先恢复备查记录的未确认亏损额 80 万元,再编制以下会计分录:

借:长期应收款　　　　　　　　　　　　　　　　　　　　10 000 000
　　贷:投资收益　　　　　　　　　　　　　　　　　　　　　10 000 000
借:长期股权投资——损益调整　　　　　　　　　　　　　　8 000 000
　　贷:投资收益　　　　　　　　　　　　　　　　　　　　　8 000 000

(五) 其他综合收益的处理

当被投资单位确认其他综合收益及其变动时,其所有者权益会发生变动,投资企业需要相应地调整长期股权投资的账面价值,按照持股比例计算的应享有或应承担的金额,借记或贷记长期股权投资的账面价值,同时增加或减少其他综合收益。会计分录为借记"长期股权投资——其他综合收益"科目,贷记"其他综合收益"科目;或者,做相反分录。

【例 4-16】 沿用【例 4-10】,2016 年 6 月 30 日,因 B 公司持有的以公允价值计量且其变动计入其他综合收益的金融资产的公允价值变动 1 200 万元,B 公司贷记其他综合收益 1 200 万元。不考虑其他因素,A 公司按权益法调整长期股权投资账面价值的会计分录如下:

借:长期股权投资——其他综合收益　　　　　　　　　　　　4 800 000
　　贷:其他综合收益　　　　　　　　　　　　　　　　　　　4 800 000

(六) 其他权益变动的确认

在权益法下,投资企业取得长期股权投资后,当被投资单位所有者权益发生变动时,投资企业应按持股比例调整长期股权投资的账面价值。因此,除被投资单位实现净损益、其他综合收益,进行利润分配外,当其他原因导致被投资单位所有者权益发生变动时,投资企业同样要按照持股比例计算应享有或应承担的金额,调整长期股权投资的账面价值,同时增加或减少资本公积(其他资本公积)。会计分录为借记"长期股权投资——其他权益变动"科目,贷记"资本公积——其他资本公积"科目;或者,做相反分录。

【例 4-17】 沿用【例 4-10】,2016 年 12 月 1 日,B 公司的母公司向 B 公司捐赠 2 000 万元,该捐赠实质上属于资本性投入,因此 B 公司将其记入"资本公积——资本溢价"。不考虑其他因素,A 公司按权益法调整长期股权投资账面价值的会计分录如下:

借:长期股权投资——其他权益变动   8 000 000
    贷:资本公积——其他资本公积   8 000 000

第三节　长期股权投资核算方法的转换与处置

投资方在持有长期股权投资的过程中,很可能出于持股比例发生变化等各方面原因导致对被投资单位的影响力发生变化,投资方对长期股权投资的核算方法也需要进行相应的转换。

投资企业处置长期股权投资,主要是通过证券市场出售股权,还包括债务重组转出、非货币性资产交换转出,以及因被投资企业破产清算而被迫清算股权等情况。

一、成本法转换为权益法

投资方因处置投资导致对被投资单位的影响力减弱,在由控制转为具有重大影响或者与其他投资方一起实施共同控制时,对剩余的长期股权投资应由成本法改为按权益法进行核算。

投资方应当按处置投资的比例转销应终止确认的长期股权投资的成本,并对剩余的长期股权投资部分视同自取得时即采用权益法核算进行追溯调整,具体按如下原则进行会计处理:

(1) 将剩余长期股权投资的成本与按剩余持股比例计算的原投资时应享有被投资单位可辨认净资产公允价值的份额进行比较。当剩余长期股权投资的成本大于按剩余持股比例计算的原投资时应享有被投资单位可辨认净资产公允价值的份额时,不调整长期股权投资的成本;当剩余长期股权投资的成本小于按剩余持股比例计算的原投资时应享有被投资单位可辨认净资产公允价值的份额时,应当按差额调整长期股权投资的成本,同时调整留存收益。

(2) 对于原取得投资后至核算方法转换日之间被投资单位实现净损益(扣除已发放和已宣告发放的现金股利或利润)中应享有的份额,根据下列不同情况分别进行会计处理,具体如表 4-2 所示。

表 4-2 不同情况下的会计处理方法

情况分类		会计处理
属于在此期间被投资单位实现的净损益中投资企业按剩余持股比例计算的应享有份额,在调整长期股权投资账面价值的同时	对于在原取得投资时至处置投资当期期初被投资单位实现的净损益中应享有的份额	调整留存收益
	对于在处置投资当期期初至处置投资交易日之间被投资单位实现的净损益中应享有的份额	计入当期损益
属于被投资单位实现净损益以外的其他原因导致的被投资单位所有者权益变动中,投资企业按剩余持股比例计算的应享有份额,在调整长期股权投资账面价值的同时		记入"资本公积"或"其他综合收益"科目

【例 4-18】 甲公司 2017 年 1 月 1 日取得 B 公司 60% 的股权(为非同一控制下的企业合并),初始投资成本为 3 200 万元,取得投资时 B 公司可辨认净资产公允价值与账面价值的总额均为 5 000 万元。甲公司每年均按 10% 提取盈余公积。

2017 年 B 公司实现净利润 800 万元,2018 年 3 月 20 日宣告分派现金股利 300 万元。2018 年 B 公司因发生相关交易或事项,贷记"其他综合收益"200 万元,贷记"资本公积——其他资本公积"100 万元。2018 年 B 公司实现净利润 1 200 万元。

2019 年 1—2 月 B 公司实现净利润为 200 万元。2019 年 3 月 1 日,甲公司出售 B 公司 30% 的股权,取得出售价款为 2 600 万元,款项已收入银行存款账户;当日,B 公司可辨认净资产公允价值总额为 8 000 万元。出售该部分股权后,甲公司不能再对 B 公司实施控制,但能对 B 公司施加重大影响,因此甲公司将对 B 公司的剩余股权投资由成本法改为权益法进行核算。

甲公司长期股权投资的账务处理如下:

(1) 2017 年 1 月 1 日,取得 B 公司 60% 的股权,按成本法进行核算。

借:长期股权投资　　　　　　　　　　　　　　　　　　32 000 000
　　贷:银行存款　　　　　　　　　　　　　　　　　　　32 000 000

(2) 2018 年 3 月 20 日,确认现金股利 180 万元(300×60%)。

借:应收股利　　　　　　　　　　　　　　　　　　　　1 800 000
　　贷:投资收益　　　　　　　　　　　　　　　　　　　1 800 000

(3) 2019 年 3 月 1 日,出售 30% 的股权,转销应终止确认的长期股权投资的成本。

借:银行存款　　　　　　　　　　　　　　　　　　　　26 000 000
　　贷:长期股权投资　　　　　　　　　　　　　　　　　16 000 000
　　　　投资收益　　　　　　　　　　　　　　　　　　　10 000 000

(4) 2019 年 3 月 1 日,在出售 30% 的股权后,对剩余的长期股权投资按权益法进行调整。剩余长期股权投资的成本为 1 600 万元(3 200－1 600),按剩余持股比例计算的原投资时应享有被投资单位可辨认净资产公允价值的份额为 1 500 万元(5 000×30%),剩余长期股权投资的成本大于按剩余持股比例计算的原投资时应享有被投资单位可辨认净资产公允价值的份额,不必调整长期股权投资的账面价值。

假设原投资时被投资单位可辨认净资产的公允价值为 6 000 万元,按剩余持股比例计算的原投资时应享有被投资单位可辨认净资产公允价值的份额为 1 800 万元(6 000×30%)。在这种情况下,企业应按差额 200 万元调整长期股权投资的成本,同时调整留存收益。会计分录如下:

借:长期股权投——投资成本　　　　　　　　　　　　　2 000 000
　　贷:盈余公积　　　　　　　　　　　　　　　　　　　　200 000
　　　　利润分配——未分配利润　　　　　　　　　　　　1 800 000

(5)属于在此期间被投资单位实现的净损益中投资企业按剩余持从股比例计算的应享有份额,调整长期股权投资的账面价值。假设甲公司与 B 公司采用的会计政策、会计期间相同,无内部交易。

2017 年 1 月 1 日至 2018 年年末,被投资单位实现的净损益中投资企业按剩余持股比例计算的应享有份额为 510 万元[(800-300+1 200)×30%]。

借:长期股权投资——损益调整　　　　　　　　　　　　　5 100 000
　　贷:盈余公积　　　　　　　　　　　　　　　　　　　　510 000
　　　　利润分配——未分配利润　　　　　　　　　　　　4 590 000

2019 年年初至 2 月末,被投资单位实现的净损益中投资企业按剩余持股比例计算的应享有份额为 60 万元(200×30%)。

借:长期股权投资——损益调整　　　　　　　　　　　　　　600 000
　　贷:投资收益　　　　　　　　　　　　　　　　　　　　600 000

(6)属于被投资单位实现净损益以外的其他原因导致的被投资单位所有者权益变动中投资企业按剩余持股比例计算的应享有份额分别为 60 万元(200×30%)和 30 万元(100×30%)。

借:长期股权投资——其他综合收益　　　　　　　　　　　　600 000
　　贷:其他综合收益　　　　　　　　　　　　　　　　　　600 000
借:长期股权投资——其他权益变动　　　　　　　　　　　　300 000
　　贷:资本公积——其他资本公积　　　　　　　　　　　　300 000

二、公允价值计量或权益法转换为成本法

投资方原持有的按照金融工具确认和计量准则进行会计处理的权益性投资,以及对联营企业或合营企业的投资,在因追加投资等而转变为对子公司投资时,原持有的以公允价值计量的金融资产以及按权益法核算的长期股权投资应转换为按成本法进行核算。长期股权投资账面价值的调整应当按照本章关于对子公司投资初始计量的相关规定进行处理。

(一)公允价值计量转换为成本法

以公允价值计量的金融资产转换为按成本法核算的长期股权投资的,若有关金融

资产属于以公允价值计量且其变动计入当期损益的金融资产,则应当以转换日的公允价值为基础确认长期股权投资的成本,原确认计入公允价值变动损益的前期公允价值变动应结转入当期损益;若有关金融资产属于以公允价值计量且其变动计入其他综合收益的金融资产,则应当以转换日的公允价值为基础确认长期股权投资的成本,原确认计入其他综合收益的前期公允价值变动也应结转入留存收益。

【例 4-19】 甲公司于 2018 年 4 月 1 日以 250 万元取得 A 公司 5% 的股权,将其分类为以公允价值计量且其变动计入其他综合收益的金融资产进行核算。2018 年 7 月 1 日,甲公司又以 3 000 万元自乙公司购入 A 公司另外 50% 的股权,甲公司与乙公司不存在任何关联方关系。甲公司原持有的 A 公司 5% 的股权在 2018 年 6 月 30 日的公允价值为 300 万元,截至 2018 年 6 月 30 日,甲公司因该项金融资产公允价值变动累计计入其他综合收益的金额为 50 万元。

分析:甲公司与乙公司不存在任何关联关系,当甲公司取得 A 公司另外 50% 的股权时,形成非同一控制下的企业合并,原以公允价值计量且其变动计入其他综合收益的金融资产应转换为以成本法核算的长期股权投资。

2018 年 7 月 1 日,甲公司的账务处理如下:

借:长期股权投资　　　　　　　　　　　　　　　　33 000 000
　　贷:其他权益工具投资——成本　　　　　　　　　　　2 500 000
　　　　　　　　　　——公允价值变动　　　　　　　　　500 000
　　　　银行存款　　　　　　　　　　　　　　　　　30 000 000
借:其他综合收益　　　　　　　　　　　　　　　　　500 000
　　贷:盈余公积　　　　　　　　　　　　　　　　　　　50 000
　　　　利润分配——未分配利润　　　　　　　　　　　450 000

(二)权益法转换为成本法

投资方持有的对联营企业或合营企业的投资,当因追加投资转换为以成本法核算的长期股权投资时,应当根据追加投资所形成的企业合并类型确定按照成本法核算的长期股权投资的成本。

【例 4-20】 2018 年 1 月 1 日,甲公司以 1 500 万元购入 A 公司持有的 C 公司 30% 的股权,款项以银行存款支付,当日 C 公司可辨认净资产的公允价值与账面价值均为 5 000 万元。因对 C 公司具有重大影响,甲公司对该项投资采用权益法核算。

2018 年 C 公司实现净利润 1 000 万元,未分派现金股利,假设甲公司与 C 公司采用的会计政策、会计期间相同,且无内部交易。

2019 年 1 月 1 日,甲公司又以 1 600 万元购入 B 公司持有的 C 公司 30% 的股权,款项以银行存款支付,当日 C 公司所有者权益在最终控制方合并会计报表中的账面价值为 6 000 万元。在取得该部分股权后,甲公司能够对 C 公司实施控制,因此甲公司将对 C 公司的股权投资转为按成本法核算。甲公司有关的账务处理如下:

（1）2018年1月1日，甲公司取得C公司30％的股权

借：长期股权投资——投资成本   15 000 000

  贷：银行存款   15 000 000

（2）C公司实现1 000万元净利润

借：长期股权投资——损益调整   3 000 000

  贷：投资收益   3 000 000

（3）假定为非同一控制下的企业合并，2019年1月1日再购入C公司30％的股权

借：长期股权投资   34 000 000

  贷：银行存款   16 000 000

    长期股权投资——成本   15 000 000

         ——损益调整   3 000 000

（4）假定为同一控制下的企业合并，2019年1月1日再购入C公司30％的股权

借：长期股权投资   36 000 000

  贷：银行存款   16 000 000

    长期股权投资——成本   15 000 000

         ——损益调整   3 000 000

    资本公积——资本溢价   2 000 000

三、公允价值计量转为权益法

投资方持有的按照金融工具确认和计量准则进行会计处理的权益性投资，因追加投资等导致持股比例增加，使其能够对被投资单位实施共同控制或重大影响的，应当转为按权益法进行核算。具体会计处理为：按照原股权投资在转换日的公允价值加上新增投资的公允价值作为长期股权投资的初始投资成本；若属于以公允价值计量且其变动计入其他综合收益的金融资产，则转换日该金融资产公允价值与账面价值之间的差额，以及原计入其他综合收益的累计公允价值变动应计入留存收益。同时，比较长期股权投资的初始投资成本与应享有的被投资单位可辨认净资产公允价值份额之间的差额，若前者大于后者，不调整长期股权投资的账面价值；若前者小于后者，调整长期股权投资的账面价值，并计入当期营业外收入。

【例4-21】 江南公司于2018年3月取得乙公司5％的股权，将其分类为以公允价值计量且其变动计入其他综合收益的金融资产，投资成本为500万元，取得时乙公司可辨认净资产的公允价值与账面价值均为9 000万元。

2019年3月1日，江南公司又以3 000万元取得乙公司20％的股权，当日乙公司可辨认净资产的公允价值为12 000万元，取得该部分股权后，江南公司能够对乙公司产生重大影响，因此对该项长期股权投资采用权益法核算。假定在江南公司取得乙公司5％的股权后，双方未发生任何内部交易。乙公司2018年实现净利润1 000万元，未派发现金股利或利润，且除实现净利润外，未发生其他所有者权益变动事项。2019年3月1

日,江南公司对乙公司投资原5%股权的公允价值为750万元,原计入其他综合收益的累计公允价值变动收益为150万元。

分析:2019年3月1日,江南公司持有的乙公司原5%股权的公允价值为750万元,账面价值为650万元,差额100万元计入当期损益;同时,因追加投资改按权益法核算,原计入其他综合收益的累计公允价值变动转入留存收益。

转换日,江南公司长期股权投资初始投资成本为3 750万元(750+3 000),应享有乙公司可辨认净资产公允价值份额为3 000万元(12 000×25%),前者大于后者,不调整长期股权投资的账面价值。

2019年3月1日,江南公司对上述交易的账务处理如下:

借:其他权益工具投资——公允价值变动　　　　　　　　1 000 000
　　贷:其他综合收益　　　　　　　　　　　　　　　　　1 000 000
借:长期股权投资——投资成本　　　　　　　　　　　　37 500 000
　　贷:银行存款　　　　　　　　　　　　　　　　　　30 000 000
　　　　其他权益工具投资——成本　　　　　　　　　　5 000 000
　　　　　　　　　　　　——公允价值变动　　　　　　2 500 000
借:其他综合收益　　　　　　　　　　　　　　　　　　2 500 000
　　贷:盈余公积　　　　　　　　　　　　　　　　　　　250 000
　　　　利润分配——未分配利润　　　　　　　　　　　2 250 000

四、权益法转为以公允价值计量

投资方原持有对被投资单位具有共同控制或重大影响的权益性投资,但因部分处置等导致持股比例下降,不能再对被投资单位实施共同控制或重大影响的,对剩余股权改为按金融工具确认和计量准则的规定进行会计处理。会计处理方法为:对剩余股权转按公允价值计量,转换日公允价值与原账面价值之间的差额计入当期损益;同时,原采用权益法核算时确认的其他综合收益,应当在终止使用权益法核算时,采用与被投资方直接处置相关资产或负债相同的基础进行会计处理;因被投资单位除净损益、其他综合收益和利润分配以外的其他所有者权益变动而确认的所有者权益,应当在终止采用权益法核算时全部转入当期损益。

【例 4-22】 甲公司持有乙公司20%的有表决权股份,能对乙公司产生重大影响,甲公司对该股权投资采用权益法核算。2018年10月,甲公司将该投资中的一半对外出售,取得价款1 500万元。在出售股权后,甲公司持有乙公司10%的股权,无法再对乙公司施加重大影响,对该股权转为按以公允价值计量且其变动计入其他综合收益的金融资产核算。在股权出售日,剩余股权的公允价值为1 500万元。出售该股权时,长期股权投资的账面价值为2 800万元,其中投资成本为2 000万元,损益调整为500万元,因被投资单位以公允价值计量且其变动计入其他综合收益的债券投资发生的累计公允价值变动而确认其他综合收益为200万元,除被投资单位净损益、其他综合收益和利润

分配外的其他所有者权益变动为100万元。不考虑相关税费等其他因素的影响,甲公司的账务处理如下:

(1) 结转已售股权投资的账面价值

借:银行存款 15 000 000
　　贷:长期股权投资——投资成本 10 000 000
　　　　　　　　　　——损益调整 2 500 000
　　　　　　　　　　——其他综合收益 1 000 000
　　　　　　　　　　——其他权益变动 500 000
　　　　　投资收益 1 000 000

(2) 将剩余股权投资转为以公允价值计量且其变动计入其他综合收益的金融资产,当日公允价值为1 500万元,账面价值为1 400万元,差额计入当期收益

借:其他权益工具投资——成本 15 000 000
　　贷:长期股权投资——投资成本 10 000 000
　　　　　　　　　　——损益调整 2 500 000
　　　　　　　　　　——其他综合收益 1 000 000
　　　　　　　　　　——其他权益变动 500 000
　　　　　投资收益 1 000 000

(3) 原已确认的其他综合收益全部转入当期损益

借:其他综合收益 2 000 000
　　贷:投资收益 2 000 000

(4) 原已计入资本公积的金额全部转入当期损益

借:资本公积——其他资本公积 1 000 000
　　贷:投资收益 1 000 000

五、成本法转为以公允价值计量

投资方原持有对被投资单位能实施控制的权益性投资,但因部分处置等导致持股比例下降,不能再对被投资单位实施控制,也不能对被投资单位实施共同控制或产生重大影响的,应将持有的剩余股权改为按金融工具确认和计量准则的要求进行会计处理。具体方法是:投资方处置部分长期股权投资导致失去控制权的,将剩余股权按公允价值重新计量,公允价值与账面价值的差额计入当期损益。

【例4-23】 江南公司持有乙公司60%股权并能控制乙公司,该项长期股权投资的投资成本为3 000万元,按成本法核算。2018年6月1日,甲公司将持有的乙公司股权中80%的部分出售给非关联方A公司,出售价款为2 200万元,出售后江南公司持有乙公司12%的股权,不能再对乙公司实施控制,也不能对其实施共同控制或产生重大影响。江南公司持有的剩余12%的股权在失去对乙公司的控制权时的公允价值为250万元,因此江南公司将其作为以公允价值计量且其变动计入当期损益的金融资产进行核

算。假定不考虑其他因素,江南公司 2018 年 6 月 1 日的账务处理如下:

(1) 结转已售股权投资的账面价值

借:银行存款　　　　　　　　　　　　　　　　　　　　22 000 000
　　投资收益　　　　　　　　　　　　　　　　　　　　　2 000 000
　　贷:长期股权投资　　　　　　　　　　　　　　　　　　　　24 000 000

(2) 剩余 12% 的股权按公允价值计量

借:交易性金融资产——成本　　　　　　　　　　　　　　5 500 000
　　投资收益　　　　　　　　　　　　　　　　　　　　　　500 000
　　贷:长期股权投资——成本　　　　　　　　　　　　　　　　6 000 000

六、长期股权投资的处置

投资企业在处置长期股权投资时,应结转所售股权相应的长期股权投资的账面价值,取得的出售价款扣除长期股权投资的账面价值和已确认但尚未收到的现金股利之后的差额,应确认为处置损益,计入当期投资收益。

采用权益法核算的长期股权投资,在处置时还应对原计入其他综合收益、资本公积的金额进行结转,按处置部分的比例将其他综合收益、资本公积转入处置当期的投资收益。

第四节　合营安排

一、合营安排的概念及特征

合营安排是指一项由两个或两个以上的参与方共同控制的安排。合营安排具有下列特征:

1. 各参与方均受到该安排的约束

合营安排通过相关约定对各参与方加以约束。相关约定是指据以判断是否存在共同控制的一系列具有执行力的合约,通常包括合营安排各参与方达成的合同安排,如合同、协议、会议纪要、契约等,也包括对该安排构成约束的法律形式本身。

2. 两个或两个以上的参与方对该安排实施共同控制

共同控制是指按照相关约定等分享对一项安排的控制权,并且仅在对相关活动的决策要求分享控制权的参与方一致同意时才存在。任何一个参与方都不能单独控制该安排,对该安排具有共同控制的任何一个参与方均能阻止其他参与方或参与方组合单独控制该安排。

合营安排不要求所有参与方都对该安排实施共同控制。合营安排参与方既包括对合营安排享有共同控制的参与方(合营方),也包括对合营安排不享有共同控制的参与方(非合营方)。

二、合营安排的分类

合营安排分为共同经营和合营企业。共同经营是指共同控制一项安排的参与方享有与该安排相关资产的权利,并承担与该安排相关负债的合营安排。合营企业是共同控制一项安排的参与方仅对该安排的净资产享有权利的合营安排。

合营方应当根据获得回报的方式判断该合营安排应当被划分为共同经营还是合营企业。如果合营方对合营安排的资产享有权利,并对合营安排的义务承担责任以获得回报,则该合营安排应当被划分为共同经营;如果合营方仅对合营安排的净资产享有权利,则该合营安排应当被划分为合营企业。

三、共同经营参与方的会计处理

(一)合营方的会计处理

1. 一般会计处理原则

合营方应当确认其与共同经营中利益份额相关的下列项目,并按照相关企业会计准则的规定进行会计处理:一是确认单独所持有的资产,以及按份额确认共同持有的资产;二是确认单独所承担的负债,以及按份额确认共同承担的负债;三是确认出售其享有的共同经营产出份额所产生的收入;四是按份额确认共同经营因出售产出所产生的收入;五是确认单独所发生的费用,以及按份额确认共同经营所发生的费用。

若合营方将自有资产用于共同经营,并且保留对这些资产的全部所有权或控制权,则这些资产应当作为企业自有资产进行会计处理。若合营方与其他合营方共同购买资产投入共同经营,并共同承担共同经营的负债,合营方应当按照企业会计准则相关规定确认在这些资产和负债中的利益份额。共同经营通过单独主体达成时,合营方应当确认按照上述原则单独承担的负债,以及按本企业的份额确认共同承担的负债

2. 合营方向共同经营投出或者出售不构成业务的资产的会计处理

合营方向共同经营投出或出售不构成业务的资产的,在共同经营将相关资产出售给第三方或相关资产消耗之前,应当仅确认归属于共同经营其他参与方的利得或损失。当交易表明相关资产发生符合《企业会计准则第 8 号——资产减值》规定的资产减值损失时,合营方应当全额确认资产减值损失。

3. 合营方自共同经营购买不构成业务的资产的会计处理

合营方自共同经营购买不构成业务的资产的,在将资产出售给第三方之前,不应确认该交易所产生的损益中合营方应享有的部分,而仅确认该交易所产生的损益中归属于共同经营其他参与方的部分。

4. 合营方取得构成业务的共同经营中的利益份额的会计处理

当合营方取得共同经营中的利益份额且该共同经营构成业务时,应当按照企业合

并等相关准则进行会计处理。企业应当按照企业合并准则的相关规定判断该共同经营是否构成业务。该处理原则不仅适用于收购现有的构成业务的共同经营中的利益份额,还适用于与其他参与方一起设立共同经营,而且由于有其他参与方注入既有业务,共同经营设立时即构成业务。

合营方增加其持有的一项构成业务的共同经营中的利益份额时,如果合营方对该共同经营仍然是共同控制,则合营方之前持有的共同经营中的利益份额不应按照新增投资日的公允价值重新计量。

(二)不享有共同控制的参与方的会计处理

如果非合营方享有共同经营相关资产且承担该共同经营相关负债的,应当比照合营方进行会计处理;否则,应当按照相关企业会计准则的规定对其利益份额进行会计处理。例如,如果该参与方对于合营安排的净资产享有权利且具有重大影响,则按照长期股权投资准则等相关规定进行会计处理;如果该参与方对于合营安排的净资产享有权利但无重大影响,则按照金融工具确认和计量准则等相关规定进行会计处理;如果向共同经营投出构成业务的资产的,以及取得共同经营的利益份额的,则按照合并财务报表及企业合并等相关准则进行会计处理。

四、合营企业参与方的会计处理

合营企业中,合营方应当按照《企业会计准则第2号——长期股权投资》的规定核算对合营企业的投资。

对合营企业不享有共同控制的参与方(非合营方),应当根据其对该合营企业的影响程度进行相关会计处理:对该合营企业具有重大影响的,应当按照长期股权投资准则的规定核算对该合营企业的投资;对该合营企业不具有重大影响的,应当按照金融工具确认和计量准则的规定核算对该合营企业的投资。

☐ 核心概念

| 企业合并 | 控制 | 共同控制 | 重大影响 |
| 初始投资成本 | 成本法 | 权益法 | 合营安排 |

☐ 思考题

1. 如何确定企业合并与非企业合并方式形成的长期股权投资的初始投资成本?

2. 为什么企业会计准则规定同一控制下的企业合并,应当在合并日按被合并方所有者权益在最终控制方合并财务报表中的账面价值的份额,而不是按合并对价的公允价值作为长期股权投资的初始投资成本?

3. 成本法核算的主要内容有哪些？适用范围如何？

4. 权益法核算的主要内容有哪些？适用范围如何？

5. 投资方对长期股权投资在由成本法转为权益法的核算时，应对剩余的长期股权投资部分视同自取得时即采用权益法核算进行追溯调整，具体会计处理包括哪些内容？

练习题

1. （1）甲公司和乙公司同为 A 公司直接投资形成的子公司。2018 年 4 月 1 日，甲公司以银行存款 3 000 万元和一栋办公楼为对价购入 A 公司持有的乙公司 80% 的表决权股份，同日办理了必要的财产权交接手续并取得控制权。在合并当日，甲公司固定资产的账面价值为 7 000 万元（原值为 10 000 万元，已计提折旧为 3 000 万元），公允价值为 11 000 万元；乙公司净资产的公允价值为 20 000 万元，A 公司合并财务报表中乙公司净资产的账面价值为 18 000 万元。甲公司另以银行存款支付审计评估咨询等中介费用 120 万元。编制甲公司与长期股权投资业务有关的会计分录。

（2）2018 年 8 月 12 日，A 公司通过增发 1 000 万股每股面值为 1 元的本公司普通股取得 B 公司 30% 的股权，同日 B 公司可辨认净资产的公允价值为 20 000 万元，A 公司增发的普通股的公允价值为 8 000 万元。在增发股份的过程中，A 公司支付了 200 万元的佣金和手续费。取得投资后，A 公司能够对 B 公司施加重大影响。编制 A 公司与长期股权投资业务有关的会计分录。

（3）甲公司与 A 公司、B 公司不具有关联方关系。2018 年 10 月 10 日，甲公司以账面余额为 5 000 万元、存货跌价准备为 500 万元、公允价值为 4 000 万元的库存商品为对价，取得 A 公司持有的 B 公司 60% 的股权，投资后甲公司能够控制 B 公司。同日，A 公司合并财务报表中 B 公司所有者权益的账面价值为 8 000 万元。编制甲公司与长期股权投资业务有关的会计分录。

2. A 公司、B 公司、C 公司不具有关联方关系。2017 年 1 月 1 日，A 公司以银行存款 6 000 万元购入 C 公司持有的 B 公司 80% 的股权并能够控制 B 公司。同日，B 公司在 C 公司合并财务报表中的所有者权益的账面价值为 8 000 万元，与其可辨认净资产的公允价值相等。

B 公司 2017 年度实现净利润 800 万元，2018 年宣告分派 2017 年现金股利 500 万元；B 公司 2018 年实现净利润 1 000 万元，2019 年宣告分派 2018 年现金股利 600 万元。

要求：

（1）编制 A 公司 2017—2019 年与长期股权投资业务有关的会计分录。

（2）若在合并日以前 A 公司和 B 公司都为 C 公司的子公司，编制 A 公司取得该项投资时的会计分录。

3. 甲公司、乙公司的会计年度及采用的会计政策相同，甲公司 2017—2018 年对乙公司投资业务的有关资料如下：

(1) 甲公司于 2017 年 3 月 1 日购入乙公司 20% 的股份,购买价款为 1 800 万元,支付手续费等相关费用 30 万元,并自取得投资之日起派一名董事参与乙公司的财务和生产经营决策,能对乙公司产生重大影响。在取得投资日,乙公司可辨认净资产的公允价值为 10 000 万元,除一项固定资产以外,乙公司其他资产、负债的公允价值与账面价值均相同。该项固定资产采用直线法计提折旧,预计净残值为 0,账面原值为 1 000 万元,已计提折旧为 300 万,原预计使用年限为 10 年;在甲公司取得投资日,该项固定资产的公允价值为 1 200 万元,预计剩余使用年限为 10 年。

(2) 乙公司 2017 年实现净利润为 2 000 万元,持有的以公允价值计量且其变动计入其他综合收益的金融资产发生公允价值变动为 200 万元。

(3) 2018 年 3 月 1 日,乙公司宣告分派现金股利总计 900 万元。

(4) 2018 年 11 月 8 日,甲公司又以银行存款 8 000 万元从非关联企业购入乙公司 70% 的股权,至此甲公司共计持有乙公司 90% 的股权,能够对乙公司实施控制。同日,乙公司可辨认净资产的公允价值为 12 000 万元。

要求:假定甲公司、乙公司之间未发生任何内部交易,不考虑其他相关税费。根据上述资料,编制甲公司长期股权投资业务的相关会计分录。

参考文献

1. IAS 28 Investments in Associates and Joint Ventures,http://www.ifrs.org/issued-standards/lis-of-standards/2018-10-27.

2. IAS 40 Investment Property,http://www.ifrs.org/issued-standards/list-of-standards/2018-10-27.

3. IFRS 11 Joint Arrangements,http://www.ifrs.org/issued-standards/list-of-standards/2018-10-27.

4. 财政部,《企业会计准则第 2 号——长期股权投资》,http://www.mof.gov.cn/zhuantihuigu/kjsjzzfbh/kjzz//2018-10-27。

5. 财政部,《企业会计准则第 33 号——合并财务报表》,http://www.mof.gov.cn/zhuantihuigu/kjsjzzfbh/kjzz//2018-10-27。

6. 财政部,《企业会计准则第 40 号——合营安排》,http://www.mof.gov.cn/zhuantihuigu/kjsjzzfbh/kjzz/2018-10-27。

7. 陈玮、乔旭东、巫升柱、汤明安,权益法还是成本法?从"创新投"案例看创业投资企业会计规范,《会计研究》,2006,1。

8. 周明春、袁延松,同一控制下形成的长期股权投资会计处理相关问题研究,《会计研究》,2010,4。

第五章　投资性房地产

【学习内容】

本章主要阐述投资性房地产的初始计量、投资性房地产后续计量的两种模式,以及投资性房地产与非投资性房地产转换的会计处理,详细介绍投资性房地产的特征、范围、后续支出及处置的会计处理等内容。

【学习要点】

本章的重点是不同来源取得的投资性房地产的初始计量、成本模式;本章的难点是公允价值模式下的投资性房地产的后续计量,投资性房地产与非投资性房地产的转换及其会计处理。

【学习目标】

通过本章的学习,要求做到:

- ▶ 掌握投资性房地产的确认与初始计量、成本模式及公允价值模式的会计核算,以及投资性房地产与非投资性房地产转换的会计处理
- ▶ 掌握投资性房地产的特征和范围、后续支出的核算,以及投资性房地产处置的会计核算

《企业会计准则第 3 号——投资性房地产》
扫码参阅

引导案例

公允价值计量模式为何遇冷？

公允价值信息相比历史成本信息更具决策有用性，《企业会计准则第3号——投资性房地产》也引入公允价值计量模式。近年来，由于我国房地产业发展迅猛，土地、房屋价格随之水涨船高，在这种状况下，企业如果选择公允价值模式对投资性房地产进行计量，对提升公司利润及股票估值能产生一定的积极作用。因此，理论上大部分企业应该会更倾向于选择公允价值模式对投资性房地产进行后续计量；然而，现实结果恰恰相反。

在我国，以公允价值模式计量投资性房地产遭到上市公司的普遍冷落。2006年，财政部发布投资性房地产会计准则，将投资性房地产作为单独的项目进行核算。根据相关的统计数据，2007—2016年的10年间，在持有投资性房地产项目的上市公司中，采用公允价值模式对投资性房地产进行计量的上市公司的占比一直非常小，2007年仅为2.85%，而截至2016年年底，沪深两市持有投资性房地产项目的上市公司总计1 466家，其中选择公允价值模式进行计量的上市公司仅为81家，占持有投资性房地产项目的上市公司总数的5.53%。可见，长期以来，绝大多数上市公司选择以成本模式对投资性房地产进行后续计量。

▶ **请思考：**

选择公允价值模式与选择历史成本模式的企业数目的差距为何如此之大？

企业选择投资性房地产后续计量模式的影响因素有哪些？

采用公允价值模式或历史成本模式对企业分别有怎样的影响？

第一节　投资性房地产的确认和计量

房地产是土地、房屋及其权属的总称。在我国，土地属于国家所有或农民集体所有，通常企业只是取得土地的使用权，因此房地产中的土地是指土地使用权，房地产是指土地使用权及土地上的建筑物或构筑物。当前，我国房地产市场日益活跃，企业持有房地产的目的是不同的，除了用作自身生产经营活动场所和对外销售，很多企业还会将房地产用于赚取租金或增值收益。

一、投资性房地产的定义和特征

投资性房地产是指为赚取租金或资本增值，或者两者兼有而持有的房地产，包括已出租的土地使用权、持有并准备增值后转让的土地使用权、已出租的建筑物。

投资性房地产的主要特征包括：

(1) 与投资性房地产相关的交易事项是企业的经营性活动。投资性房地产的主要形式首先是出租建筑物或土地使用权，其实质是企业让渡资产使用权，租金收入是让渡资产使用权的使用费收入。投资性房地产的另一种形式是持有并准备增值后转让的土地使用权，转让收入也是企业为达成经营目标而从事相关经营活动所形成的经济利益的流入。对于一些企业而言，投资性房地产属于日常经营性活动，形成的租金收入或转让增值收益应当确认为主营业务收入；对于另一些企业而言，出租或转让投资性房地产是企业经营性活动中的其他经营活动，形成的租金收入或转让增值收益构成其他业务收入。

(2) 投资性房地产在用途、状态、目的等方面与用作其他方面的房地产不同。投资性房地产的用途、状态、持有目的等与企业自用的厂房、办公楼等作为生产经营场所的房地产和房地产开发企业用于销售的房地产有很大不同。用于出租或赚取资本增值的投资性房地产实质上具有一定的金融资产属性，因此需要与企业用作其他方面的房地产区分，单独进行核算，从而更加清楚地反映企业房地产的构成情况和盈利能力。

二、投资性房地产的范围

投资性房地产的范围包括已出租的土地使用权、持有并准备增值后转让的土地使用权、已出租的建筑物。

(1) 已出租的土地使用权。已出租的土地使用权是指企业通过出让或转让方式取得后，再以经营租赁方式出租给其他单位的土地使用权。

(2) 持有并准备增值后转让的土地使用权。持有并准备增值后转让的土地使用权，是指企业取得的准备增值后再转让的土地使用权。按照国家有关规定认定的闲置土地不属于持有并准备增值后转让的土地使用权。

(3) 已出租的建筑物。已出租的建筑物是指以经营租赁方式出租的建筑物，用于出租的建筑物应当是企业拥有产权的建筑物。

下列各项不属于投资性房地产：

(1) 自用房地产，即企业为自身生产商品、提供劳务或者经营管理而持有的房地产。例如，某制造业企业拥有并用于自行经营的厂房、办公楼等，企业持有房地产的目的是利用其生产销售产品赚取收入，这部分用于自身经营的房地产应当确认为固定资产。企业用于自身生产经营活动的土地使用权也不应确认为投资性房地产，而应当确认为无形资产。

(2) 作为存货的房地产，即企业为对外销售而持有的房地产。例如，房地产开发企业持有的开发完成用于销售的或为销售而正在开发的商品房和土地。

另外，某项房地产部分用于赚取租金或资本增值、部分用于企业自身生产经营场所或作为存货出售，对于各部分能够单独计量和出售的，应当分别确认为投资性房地产、固定资产、无形资产和存货进行核算。

三、投资性房地产的后续计量模式

投资性房地产的后续计量有成本模式和公允价值模式两种。

企业通常应当采用成本模式对投资性房地产进行后续计量。当有确凿证据表明投资性房地产的公允价值能够持续、可靠地取得时,也可以采用公允价值模式对投资性房地产进行后续计量,但投资性房地产会计准则规定同一企业只能采用一种后续计量模式。也就是说,同一企业或者选择成本模式对其全部投资性房地产进行后续计量,或者选择公允价值模式对其全部投资性房地产进行后续计量,不允许一部分投资性房地产采用成本计量模式,而同时另一部分投资性房地产采用公允价值计量模式。

四、投资性房地产的确认

(一)确认条件

同时满足下列两个条件并且符合投资性房地产的定义时,才能确认为投资性房地产:

(1) 与该投资性房地产有关的经济利益很可能流入企业;

(2) 该投资性房地产的成本能够可靠地计量。

(二)确认时点

(1) 已出租的土地使用权、已出租的建筑物,确认投资性房地产的时点为租赁期开始日,即土地使用权、建筑物进入出租状态、开始赚取租金的日期,也是承租人取得使用租赁资产权利的日期。

(2) 持有并准备增值后转让的土地使用权,确认为投资性房地产的时点为企业将自用土地使用权停止自用、准备增值后转让的日期。

(3) 企业持有以备经营出租的空置建筑物,董事会或类似机构做出书面决议,明确表明将其用于经营出租且持有意图在短期内不再发生变化的,即使尚未签订租赁协议,也应视为投资性房地产。确认为投资性房地产的时点为企业管理当局(董事会或类似机构)就该事项做出正式书面决议的日期。

五、投资性房地产的初始计量

企业在取得投资性房地产时应当按照实际成本进行初始计量,包括取得投资性房地产时和直至该项投资性房地产达到预定可使用状态前实际发生的各项必要的、合理的支出。根据投资性房地产来源的不同,其成本构成的具体内容有所不同。

由于投资性房地产的后续计量有成本模式和公允价值模式两种,因此企业在对投资性房地产进行初始确认和计量时,应当根据后续计量模式的不同设置账户。当采用成本模式进行后续计量时,需要设置"投资性房地产""投资性房地产累计折旧""投资性房地产累计摊销""投资性房地产减值准备"账户;当采用公允价值模式进行后续计量时,不需要设置"投资性房地产累计折旧""投资性房地产累计摊销""投资性房地产减值准备"账户,而是在"投资性房地产"总账账户下分别设置"成本"和"公允价值变动"两个明细账户进行核算。

(一)外购投资性房地产的初始计量

外购投资性房地产的实际成本,包括购买价款、相关税费和可直接归属于该资产的其他支出。外购房地产如果在购入的同时即开始出租,则可作为投资性房地产加以确认。如果在购入时尚未对外出租,则应确认为固定资产,直至对外出租时,再从固定资产转换为投资性房地产进行核算。若企业购入的房地产部分用于出租或增值后转让、部分自用,且不同用途部分可以单独确认的,则应当按各部分公允价值的比例将总成本在各部分之间进行分配,并据此确认投资性房地产的成本。

采用成本模式计量的企业,在外购投资性房地产时,应当按实际取得成本借记"投资性房地产"科目,贷记"银行存款"等科目;采用公允价值模式计量的企业,在外购投资性房地产时,应当按取得成本借记"投资性房地产——成本"科目,贷记"银行存款"等科目。

【例5-1】 江南公司2018年3月1日与乙公司签订经营租赁合同,约定向乙公司出租写字楼一栋,租期为5年。2018年6月5日,江南公司以9 000万元购入写字楼交付乙公司使用,并以交付当日为租赁期开始日。假设江南公司对投资性房地产采用成本模式进行后续计量,不考虑其他因素。2018年6月5日,江南公司的账务处理如下:

借:投资性房地产　　　　　　　　　　　　　　　　90 000 000
　　贷:银行存款　　　　　　　　　　　　　　　　　　　90 000 000

假设由于符合投资性房地产会计准则规定的条件,江南公司对投资性房地产采用公允价值模式进行后续计量。则2018年6月5日,江南公司的账务处理如下:

借:投资性房地产——成本　　　　　　　　　　　　90 000 000
　　贷:银行存款　　　　　　　　　　　　　　　　　　　90 000 000

(二)自行建造投资性房地产的初始计量

自行建造投资性房地产的成本,包括建造该项资产达到预定可使用状态前所发生的各项合理的、必要的支出,如土地开发费、建筑安装成本、应予以资本化的借款费用、支付的其他费用以及分摊的间接费用等。在建造过程中发生的非正常性损失应当直接计入当期损益,不构成投资性房地产的成本。

采用成本模式进行计量,当自行建造投资性房地产达到预定可使用状态时,应当按实际成本借记"投资性房地产"科目,贷记"在建工程""开发成本"等科目;采用公允价值模式进行计量,当自行建造投资性房地产达到预定可使用状态时,应当按实际成本借记"投资性房地产——成本"科目,贷记"在建工程""开发成本"等科目。

【例5-2】 甲公司2018年1月以360万元购入一项土地使用权,用于建造3栋厂房。2018年10月31日,3栋厂房同时完工,每栋厂房在建造过程中发生的成本支出均为800万元且能单独出售。同日,甲公司董事会做出书面决议,将其中一栋厂房用于经营出租,并与S公司签订经营租赁合同,合同规定租赁期为8年,租赁期开始日为2018年12月1日。甲公司其余两栋厂房用于本企业的生产经营活动。甲公司的账务处理如下:

(1) 甲公司2018年1月购入土地使用权

借:无形资产——土地使用权　　　　　　　　　　　　　3 600 000
　　贷:银行存款　　　　　　　　　　　　　　　　　　　3 600 000

(2) 甲公司2018年建造厂房

借:在建工程——厂房　　　　　　　　　　　　　　　24 000 000
　　贷:银行存款(应付职工薪酬、工程物资等)　　　　　24 000 000

(3) 2018年10月31日,厂房完工且将其中一栋厂房用于经营出租

作为投资性房地产的土地使用权成本 $= \dfrac{3\,600\,000 \times 8\,000\,000}{24\,000\,000} = 1\,200\,000$(元)

① 假设甲公司采用成本模式对投资性房地产进行后续计量

借:固定资产——厂房　　　　　　　　　　　　　　　16 000 000
　　投资性房地产——厂房　　　　　　　　　　　　　　8 000 000
　　贷:在建工程——厂房　　　　　　　　　　　　　　24 000 000
借:投资性房地产——土地使用权　　　　　　　　　　　1 200 000
　　贷:无形资产——土地使用权　　　　　　　　　　　　1 200 000

② 假设甲公司采用公允价值模式对投资性房地产进行后续计量

借:固定资产——厂房　　　　　　　　　　　　　　　16 000 000
　　投资性房地产——厂房——成本　　　　　　　　　　8 000 000
　　贷:在建工程——厂房　　　　　　　　　　　　　　24 000 000
借:投资性房地产——土地使用权——成本　　　　　　　1 200 000
　　贷:无形资产——土地使用权　　　　　　　　　　　　1 200 000

(三) 非投资性房地产转换为投资性房地产

企业对原先作为固定资产或存货核算的房屋建筑物,或者作为无形资产核算的土地使用权改变用途,用作出租或拟增值后转让的,原先作为固定资产或存货核算的非投资性房地产应转换为投资性房地产进行核算,这是因房地产用途发生改变而进行的重分类。具体会计处理将在本章第四节"投资性房地产的转换与处置"中介绍。

第二节　投资性房地产的后续计量

企业通常应当采用成本模式对投资性房地产进行后续计量,在满足特定条件的情况下,可以采用公允价值模式进行计量;但是,同一企业只能采用一种模式对所有投资性房地产进行后续计量,不得同时采用两种计量模式。假设企业选择公允价值模式,就

应当对所有的投资性房地产采用公允价值模式进行计量,不得仅对部分投资性房地产采用公允价值模式,而对另一部分投资性房地产采用成本模式。

一、采用成本模式计量投资性房地产

采用成本模式进行后续计量的房屋建筑物,其核算适用《企业会计准则第 4 号——固定资产》,应当按照固定资产会计准则的有关规定,按月计提折旧;采用成本模式进行后续计量的土地使用权,其核算适用《企业会计准则第 6 号——无形资产》,应当按照无形资产会计准则的有关规定,按月摊销。

采用成本模式进行后续计量的房屋建筑物,在按月计提折旧时,应借记"其他业务成本"科目,贷记"投资性房地产累计折旧"科目;采用成本模式进行后续计量的土地使用权,在按月摊销成本时,应借记"其他业务成本"科目,贷记"投资性房地产累计摊销"科目。

出租投资性房地产在取得租金收入时,应借记"银行存款"等科目,贷记"其他业务收入"科目。

投资性房地产存在减值迹象的,适用《企业会计准则第 8 号——资产减值》的有关规定。投资性房地产经减值测试后确定发生减值的,应当计提减值准备,借记"资产减值损失"科目,贷记"投资性房地产减值准备"科目。已经计提减值准备的投资性房地产,即使其价值在以后会计期间又得以恢复,已计提的减值损失也不得转回。

【例 5-3】 2017 年 4 月 30 日,江南公司购入办公楼并同时以经营租赁方式出租给 B 公司使用,购入办公楼实际支付价款和相关税费共计 7 200 万元。该办公楼预计使用寿命为 20 年,预计净残值为 0,采用年限平均法计提折旧。江南公司对投资性房地产采用成本模式进行后续计量。2018 年 12 月 31 日,该办公楼出现减值迹象,经减值测试,确定可收回金额为 5 800 万元。

(1) 2017 年 4 月 30 日,江南公司购入办公楼

借:投资性房地产 72 000 000
    贷:银行存款 72 000 000

(2) 对投资性房地产按月计提折旧

月折旧额 = 72 000 000÷(20×12) = 300 000(元)

借:其他业务成本 300 000
    贷:投资性房地产累计折旧 300 000

(3) 2018 年 12 月 31 日计提减值准备

投资性房地产账面价值 = 72 000 000 − 300 000×20 = 66 000 000(元)

投资性房地产减值金额 = 66 000 000 − 58 000 00 = 8 000 000(元)

借:资产减值损失 8 000 000
    贷:投资性房地产减值准备 8 000 000

二、采用公允价值模式计量投资性房地产

(一)采用公允价值模式的条件

企业存在确凿证据表明投资性房地产的公允价值能持续、可靠取得的,可以对投资性房地产采用公允价值模式进行后续计量。采用公允价值模式进行计量,应当同时满足下列条件:

(1)投资性房地产所在地有活跃的房地产交易市场。所在地,通常是指投资性房地产所在的城市而言,对于大中型城市而言,应当为投资性房地产所在的城区。

(2)企业能够从活跃的房地产交易市场上取得同类或类似房地产的市场价格及其他相关信息,进而能对投资性房地产的公允价值做出合理的估计。同类或类似的房地产,对于建筑物而言,是指所处地理位置和地理环境相同、性质相同、结构类型相同或相近、新旧程度相同或相近、可使用状况相同或相近的建筑物;对于土地使用权而言,是指同一城区、同一位置区域、所处地理环境相同或相近、可使用状况相同或相近的土地。

(二)采用公允价值模式的会计处理

企业采用公允价值模式对投资性房地产进行计量的,无须按期计提折旧或摊销,而应当在资产负债表日按公允价值调整投资性房地产的账面价值,并将公允价值的变动计入当期损益。

资产负债表日,若投资性房地产的公允价值大于账面价值,则应按其差额借记"投资性房地产——公允价值变动"科目,贷记"公允价值变动损益"科目;若投资性房地产的公允价值小于账面价值,则应按其差额借记"公允价值变动损益"科目,贷记"投资性房地产——公允价值变动"科目。

【例5-4】 A公司从事房地产经营开发。2017年7月12日,A公司与甲公司签订租赁协议,约定将A公司开发的一栋精装修的写字楼在建造完成的同时经营租赁给甲公司使用,租赁期为8年。2017年9月1日,写字楼建造完成,实际造价为36 500万元。2017年12月31日,该写字楼的公允价值为34 000万元,2018年12月31日,该写字楼的公允价值为40 000万元。假设A公司采用公允价值模式对投资性房地产进行计量,其相关账务处理如下:

(1) 2017年9月1日,A公司建造完成写字楼并出租

借:投资性房地产——写字楼——成本　　　　　　365 000 000
　　贷:开发成本　　　　　　　　　　　　　　　　　365 000 000

(2) 2017年12月31日,确认公允价值变动损益

借:公允价值变动损益　　　　　　　　　　　　　　25 000 000
　　贷:投资性房地产——写字楼——公允价值变动　　25 000 000

(3) 2018年12月31日,确认公允价值变动损益

借:投资性房地产——写字楼——公允价值变动　　　60 000 000
　　贷:公允价值变动损益　　　　　　　　　　　　　60 000 000

三、投资性房地产后续计量模式的变更

为了保证会计信息的可比性,企业对投资性房地产的计量模式一经确定,不得随意变更。只有在房地产市场趋向成熟、采用公允价值模式的条件能满足时,企业才对投资性房地产从成本模式变更为公允价值模式进行计量。而已采用公允价值模式计量的投资性房地产,不得再由公允价值模式变更为成本模式。

对投资性房地产的计量由成本模式转为以公允价值模式的,应当作为会计政策变更处理,计量模式变更时按投资性房地产的公允价值与账面价值的差额,调整期初留存收益。

【例 5-5】 江南公司原先对所持有的投资性房地产采用成本模式进行计量。由于公司所在地的房地产市场已比较成熟,投资性房地产的公允价值能够持续、可靠地取得,满足采用公允价值模式计量的条件,公司决定从 2018 年 1 月 1 日起,对投资性房地产改为采用公允价值模式进行后续计量。

江南公司总共持有两项投资性房地产,分别是成本为 180 000 000 元、已计提折旧 60 000 000 元的写字楼;成本为 60 000 000 元、累计已摊销金额 12 000 000 元的土地使用权。2018 年 1 月 1 日,写字楼的公允价值为 150 000 000 元,土地使用权的公允价值为 53 000 000 元。江南公司按净利润的 10% 提取盈余公积。江南公司有关的账务处理如下:

(1)写字楼转为公允价值模式计量

借:投资性房地产——写字楼——成本　　　　　150 000 000
　　投资性房地产累计折旧　　　　　　　　　　 60 000 000
　　贷:投资性房地产——写字楼　　　　　　　　180 000 000
　　　　盈余公积　　　　　　　　　　　　　　　 3 000 000
　　　　利润分配——未分配利润　　　　　　　　 27 000 000

(2)土地使用权转为公允价值模式计量

借:投资性房地产——土地使用权——成本　　　 53 000 000
　　投资性房地产累计摊销　　　　　　　　　　 12 000 000
　　贷:投资性房地产——土地使用权　　　　　　 60 000 000
　　　　盈余公积　　　　　　　　　　　　　　　　 500 000
　　　　利润分配——未分配利润　　　　　　　　　4 500 000

第三节　投资性房地产的后续支出

一、投资性房地产后续支出的处理原则

投资性房地产的后续支出是指企业在持有投资性房地产期间发生的、与投资性房地产直接相关的各项支出,如改扩建支出、装修支出、日常维护支出等。与投资性房地

产有关的后续支出,能满足投资性房地产确认条件的,应当予以资本化,计入投资性房地产的成本;不能满足投资性房地产确认条件的,应当予以费用化,在发生时计入当期损益。

二、资本化的后续支出

企业对投资性房地产进行改扩建、装修等再开发活动发生的相关支出,若再开发活动能延长投资性房地产的使用寿命,或者明显改良其使用性能,满足投资性房地产确认条件的,则发生的相关后续支出应处理资本化。若再开发活动完成后仍作为投资性房地产进行核算的,则在再开发期间应当继续作为投资性房地产,采用成本模式计量的投资性房地产,在再开发期间不计提折旧或摊销。

采用成本模式计量的投资性房地产在转入再开发时,应当转为在建投资性房地产,借记"投资性房地产——在建"科目,同时转出投资性房地产的账面价值;再开发期间发生的资本化的改扩建或装修等支出,通过"投资性房地产——在建"科目归集;改扩建或装修完成后,应当将在"投资性房地产——在建"科目归集的成本转回到"投资性房地产"账户。

采用公允价值模式计量的投资性房地产在转入再开发时,也应当借记"投资性房地产——在建"科目,同时转出投资性房地产的账面价值;再开发期间发生的满足资本化条件的改扩建或装修等支出,通过"投资性房地产——在建"科目归集;改扩建或装修完成后,再将在"投资性房地产——在建"科目归集的成本转回到"投资性房地产——成本"账户。

【例 5-6】 2017 年 12 月,江南公司与乙公司签订的一栋办公楼的经营租赁合同即将到期。江南公司对投资性房地产采用成本模式进行后续计量,该办公楼的原价为 5 000 万元,已计提折旧为 1 000 万元。为了提高办公楼的租金收入,江南公司决定在租赁期满后对办公楼进行装修,并与甲公司签订了经营租赁合同,约定自装修完工时将办公楼出租给甲公司。2017 年 12 月 15 日,江南公司与乙公司的租赁合同到期,随即对办公楼进行装修。2018 年 5 月 31 日工程完工,共计发生支出为 300 万元,当日按照租赁合同出租给甲公司。假定江南公司发生的装修支出符合资本化条件,应当计入投资性房地产的成本。江南公司的有关账务处理如下:

(1) 2017 年 12 月 15 日,投资性房地产转入装修工程

借:投资性房地产——在建　　　　　　　　　　　　40 000 000
　　投资性房地产累计折旧　　　　　　　　　　　　10 000 000
　　贷:投资性房地产　　　　　　　　　　　　　　　　　　50 000 000

(2) 装修期间发生相关支出

借:投资性房地产——在建　　　　　　　　　　　　 3 000 000
　　贷:银行存款等　　　　　　　　　　　　　　　　　　 3 000 000

(3) 2017 年 5 月 31 日,装修工程完工

借:投资性房地产 43 000 000
　　贷:投资性房地产——在建 43 000 000

【例 5-7】 假设【例 5-6】中江南公司对投资性房地产采用公允价值模式进行后续计量。2017 年 12 月 15 日,办公楼的账面余额为 4 400 万元,其中成本为 5 000 万元,累计公允价值变动为-600 万元。其他条件不变,江南公司的有关账务处理如下:

(1) 2017 年 12 月 15 日,投资性房地产转入装修工程

借:投资性房地产——在建 44 000 000
　　　　　　　　——公允价值变动 6 000 000
　　贷:投资性房地产——成本 50 000 000

(2) 装修期间发生相关支出

借:投资性房地产——在建 3 000 000
　　贷:银行存款等 3 000 000

(3) 2018 年 5 月 31 日,装修工程完工

借:投资性房地产——成本 47 000 000
　　贷:投资性房地产——在建 47 000 000

三、费用化的后续支出

与投资性房地产有关的后续支出,不满足投资性房地产确认条件的,应当在发生时计入当期损益,这类支出属于费用化的后续支出。例如,企业对投资性房地产进行日常维护所发生的支出,该支出的发生并不能导致流入企业的经济利益超过原先的估计,不能增加企业资产的价值,因此不满足投资性房地产的确认条件,只能进行费用化处理。

企业发生投资性房地产的费用化后续支出的,应当借记"其他业务成本"科目,贷记"银行存款"等科目。

第四节　投资性房地产的转换与处置

一、投资性房地产的转换形式和转换日

(一) 转换形式

投资性房地产的用途与企业自用的厂房、办公楼等作为生产经营场所的房地产和房地产开发企业用于销售的房地产不同,当企业持有的房地产的用途发生改变时,可能需要进行重新分类。此时,必须有确凿证据表明房地产的用途发生了改变,企业才能进行房地产分类的转换。这里的确凿证据包括两个方面:一是企业董事会或类似机构就改变房地产的用途形成正式的书面决议;二是房地产因用途改变而发生实际状态上的改变,如房地产从原先的出租状态转为自用状态。

投资性房地产与非投资性房地产的转换形式主要有：

(1) 投资性房地产转换为自用房地产。企业将持有的原先用于经营租赁出租或准备增值后转让的房地产改用于生产产品、经营管理活动的,投资性房地产相应地转换为固定资产或无形资产。例如,企业收回原用于出租的厂房,转而用于生产本企业的产品。

(2) 投资性房地产转换为存货。若房地产企业将原先用于经营出租的房地产重新开发并用于对外销售,则投资性房地产应转为存货(开发产品)。

(3) 自用房地产转换为投资性房地产。若企业停止自用原先自用的土地使用权,改为赚取租金或增值后转让,则原先自用土地使用权相应地由无形资产转换为投资性房地产;若企业停止自用原先自用的建筑物,改为对外出租,则原先自用的建筑物相应地由固定资产转换为投资性房地产。

(4) 作为存货的房地产转换为投资性房地产。这通常指房地产开发企业将持有的用于出售的房地产(即存货)改为出租,由此存货相应地转换为投资性房地产。

(二)转换日的确定

转换日是房地产的用途、状态发生改变的日期。转换日的确定标准主要包括以下三项：

(1) 投资性房地产转为自用房地产的,转换日为房地产达到自用状态,企业开始将房地产用作生产商品、经营管理场所的日期。

(2) 投资性房地产转换为存货的,转换日为租赁期届满、企业董事会或类似机构做出书面决议,明确表明将其重新开发用于对外销售的日期。

(3) 作为存货的房地产改为出租、自用建筑物或土地使用权停止自用改为出租的,转换日通常为租赁期开始日。租赁期开始日是指承租人有权行使其使用租赁资产权利的日期。但对于企业不再用于日常生产经营活动且经整理后达到可经营出租状态的房地产,若董事会或类似机构做出书面决议,明确表明原先自用的房地产转为经营出租且持有意图在短期内不再发生变化的,则应当视为转换为投资性房地产,转换日为董事会或类似机构做出书面决议的日期。

二、投资性房地产转换的会计处理

(一)投资性房地产转换为自用房地产

企业将投资性房地产转换为用于生产产品、提供劳务或者经营管理的自用房地产的,应当在转换日结转投资性房地产的账面价值。

企业将采用成本模式计量的投资性房地产转换为自用房地产的,应当将投资性房地产转换日的账面余额、累计折旧或摊销、减值准备等,分别转入"固定资产(或无形资产)""累计折旧(或累计摊销)""固定资产(或无形资产)减值准备"等账户。

企业将采用公允价值模式计量的投资性房地产转换为自用房地产的,应当以转换日的公允价值作为自用房地产的账面价值,公允价值与原账面价值的差额计入当期损益。在转换日,按投资性房地产的公允价值,借记"固定资产"或"无形资产"科目;按投资性房地产的成本,贷记"投资性房地产——成本"科目;按投资性房地产的累计公允价值变动,借记或贷记"投资性房地产——公允价值变动"科目;按公允价值与原账面价值的差额,借记或贷记"公允价值变动损益"科目。

【例 5-8】 2018 年 12 月 1 日,江南公司将出租在外的办公楼收回,改用作本企业管理部门的办公用房。江南公司对投资性房地产采用成本模式进行后续计量,该办公楼的原价为 3 600 万元,已提折旧为 800 万元,已提减值准备为 500 万元。江南公司在转换日的有关账务处理如下:

借:固定资产　　　　　　　　　　　　　　　　　　　　　36 000 000
　　投资性房地产累计折旧　　　　　　　　　　　　　　　　8 000 000
　　投资性房地产减值准备　　　　　　　　　　　　　　　　5 000 000
　贷:投资性房地产　　　　　　　　　　　　　　　　　　　36 000 000
　　　累计折旧　　　　　　　　　　　　　　　　　　　　　8 000 000
　　　固定资产减值准备　　　　　　　　　　　　　　　　　5 000 000

【例 5-9】 2018 年 12 月 1 日,江南公司将出租在外的土地使用权收回,用于建造本企业管理部门的办公用房。江南公司对投资性房地产采用公允价值模式进行后续计量,该土地使用权的账面价值为 4 100 万元,其中投资性房地产的成本为 3 600 万元,累计公允价值变动为 500 万元。2018 年 12 月 1 日,该土地使用权的公允价值为 3 900 万元。江南公司在转换日的有关账务处理如下:

借:无形资产　　　　　　　　　　　　　　　　　　　　　39 000 000
　　公允价值变动损益　　　　　　　　　　　　　　　　　　2 000 000
　贷:投资性房地产——成本　　　　　　　　　　　　　　　36 000 000
　　　　　　　　——公允价值变动　　　　　　　　　　　　5 000 000

(二)投资性房地产转换为存货

房地产开发企业将原先用于经营租赁的房地产改变用途,收回后用于对外销售的,应在转换日——租赁期届满、企业董事会或类似机构做出书面决议明确表明用于对外销售时,将投资性房地产转换为存货进行会计处理。

采用成本模式计量的投资性房地产转换为存货的,按该项房地产在转换日的账面价值,借记"开发产品"科目;按已计提的折旧或摊销额,借记"投资性房地产累计折旧(摊销)"科目;按已计提的减值准备金额,借记"投资性房地产减值准备"科目;按该项房地产的原值,贷记"投资性房地产"科目。

采用公允价值模式计量的投资性房地产转换为存货的,以房地产在转换日的公允价值作为存货的入账价值,公允价值与原账面价值的差额计入当期损益。具体的会计处理为:在转换日,按房地产的公允价值,借记"开发产品"科目;按投资性房地产的成本,贷记"投资性房地产——成本"科目;按投资性房地产的累计公允价值变动,借记或贷记"投资性房地产——公允价值变动"科目;按转换日公允价值与原账面价值的差额,借记或贷记"公允价值变动损益"科目。

【例 5-10】 甲公司从事房地产经营开发。2018 年 12 月 1 日,甲公司将出租在外的写字楼收回,公司董事会做出书面决议,将该写字楼重新开发用于对外销售。甲公司对投资性房地产采用成本模式进行后续计量,该写字楼的原值为 3 600 万元,已提折旧为 800 万元,已提减值准备为 500 万元。甲公司在转换日的有关账务处理如下:

借:开发产品 23 000 000
    投资性房地产累计折旧 8 000 000
    投资性房地产减值准备 5 000 000
  贷:投资性房地产 36 000 000

【例 5-11】 甲公司从事房地产经营开发。2018 年 12 月 1 日,甲公司将出租在外的写字楼收回,公司董事会做出书面决议,将该写字楼重新开发用于对外销售。甲公司对投资性房地产采用公允价值模式进行后续计量,该写字楼的账面价值为 4 100 万元,其中投资性房地产的成本为 3 600 万元,累计公允价值变动为 500 万元。2018 年 12 月 1 日,该写字楼的公允价值为 4 500 万元。甲公司在转换日的有关账务处理如下:

借:开发产品 45 000 000
  贷:投资性房地产——成本 36 000 000
         ——公允价值变动 5 000 000
     公允价值变动损益 4 000 000

(三)自用房地产转换为投资性房地产

企业将原先自用的房地产改为用于赚取租金或资本增值的,通常应于租赁期开始日或董事会、类似机构做出书面决议的日期,将相应的固定资产或无形资产转换为投资性房地产进行会计核算。

企业将自用建筑物或土地使用权转换为以成本模式计量的投资性房地产的,应当将相应的固定资产或无形资产在转换日的账面价值转作投资性房地产的入账价值。具体为会计处理的:对建筑物,按原值借记"投资性房地产"科目,贷记"固定资产"科目,按已计提折旧借记"累计折旧"科目,贷记"投资性房地产累计折旧"科目;对土地使用权,按成本借记"投资性房地产"科目,贷记"无形资产"科目,按已计提摊销额借记"累计摊销"科目,贷记"投资性房地产累计摊销"科目;原已计提减值准备的,借记"固定资产减值准备"或"无形资产减值准备"科目,贷记"投资性房地产减值准备"科目。

企业将自用建筑物或土地使用权转换为以公允价值模式计量的投资性房地产的,应当以相应的固定资产或无形资产在转换日的公允价值作为投资性房地产的入账价值。公允价值小于账面价值的差额,计入当期损益(公允价值变动损益);公允价值大于账面价值的差额,则计入其他综合收益。在转换日,按该项房地产的公允价值,借记"投资性房地产——成本"科目;按已计提的累计摊销或累计折旧,借记"累计摊销"或"累计折旧"科目;按已计提减值准备的金额,借记"无形资产减值准备"或"固定资产减值准备"科目;按原值或成本,贷记"固定资产"或"无形资产"科目。最后,转换日公允价值小于账面价值的差额,借记"公允价值变动损益"科目;转换日公允价值大于账面价值的差额,贷记"其他综合收益"科目。当该项投资性房地产被处置时,因转换而计入其他综合收益的部分应在处置日转入当期损益。

【例 5-12】 江南公司将闲置的一座仓库改为对外出租。2018 年 11 月 20 日,江南公司与 B 公司签订经营租赁协议,将仓库出租给 B 公司使用,租赁期开始日为 2018 年 12 月 1 日。2018 年 12 月 1 日,该项固定资产的账面价值为 1 000 万元,累计已提折旧为 400 万元。江南公司对投资性房地产采用成本模式计量,则转换日的相关账务处理如下:

  借:投资性房地产   10 000 000
    累计折旧   4 000 000
   贷:固定资产   10 000 000
    投资性房地产累计折旧   4 000 000

【例 5-13】 2017 年 3 月,江南公司搬迁至新建办公楼,将原办公楼用于对外出租。公司与甲公司签订了经营租赁协议,将原办公楼租赁给甲公司使用,租赁期开始日为 2017 年 4 月 1 日。2017 年 4 月 1 日,该项固定资产的原值为 3 000 万元,已提折旧为 1 200 万元,且当日该办公楼的公允价值为 2 600 万元。江南公司对投资性房地产采用公允价值模式计量,则转换日的相关账务处理如下:

  借:投资性房地产——成本   26 000 000
    累计折旧   12 000 000
   贷:固定资产   30 000 000
    其他综合收益   8 000 000

(四)作为存货的房地产转换为投资性房地产

房地产开发企业将原准备出售的开发产品改变用途,用于以经营租赁方式对外出租的,应当于租赁期开始日或董事会、类似机构做出书面决议的日期,将存货相应地转换为投资性房地产进行会计处理。

将作为存货核算的房地产转换为以成本模式计量的投资性房地产的,应当按该项存货在转换日的账面价值,借记"投资性房地产"科目;按存货的账面余额,贷记"开发产品"科目;按已计提减值准备的金额,借记"存货跌价准备"科目。

将作为存货核算的房地产转换为以公允价值模式计量的投资性房地产的,应当按该项房地产在转换日的公允价值,借记"投资性房地产——成本"科目;按其账面余额,贷记"开发产品"等科目;按原已计提跌价准备的金额,借记"存货跌价准备"科目。若转换日的公允价值小于账面价值,则按其差额借记"公允价值变动损益"科目;若转换日的公允价值大于账面价值,则按其差额贷记"其他综合收益"科目。当企业以后处置该项投资性房地产时,因转换而计入其他综合收益的部分在处置日转入当期损益。

【例 5-14】 甲公司从事房地产经营开发。2018 年 11 月,甲公司拟将其开发的原准备出售的一栋写字楼用于出租,并与 A 公司签订了经营租赁协议,租赁期开始日为 2018 年 12 月 1 日。2018 年 12 月 1 日,该写字楼的账面余额为 8 000 万元,未计提减值准备,当日的公允价值为 9 100 万元。2018 年 12 月 1 日,甲公司的账务处理如下:

```
借:投资性房地产——成本                    91 000 000
    贷:开发产品                           80 000 000
        其他综合收益                       11 000 000
```

三、投资性房地产的处置

处置投资性房地产是指因投资性房地产对外出售或转让、报废和毁损,以及对外投资、非货币性资产交换、债务重组等而减少的投资性房地产。当投资性房地产被处置或者永久退出使用且预计不能从处置中取得经济利益时,应当终止确认该项投资性房地产,并且将已实现的处置收入、结转出的投资房地产的账面价值以及发生的其他相关支出计入当期损益。

(一)采用成本模式计量的投资性房地产的处置

企业在处置采用成本模式进行后续计量的投资性房地产时,应当将实际收到的处置收入计入其他业务收入,将结转出的投资性房地产的账面价值计入其他业务成本。

【例 5-15】 江南公司对投资性房地产采用成本模式进行后续计量。2018 年 12 月 31 日,公司将原用于出租而当前租赁期届满的办公楼收回并对外出售,取得价款为 4 800 万元,存入银行存款账户。出售时,该办公楼的原值为 9 000 万元,已计提折旧为 3 600 万元,已提减值准备为 1 000 万元。假设不考虑相关税费,江南公司的有关账务处理如下

```
借:银行存款                              48 000 000
    贷:其他业务收入                        48 000 000
借:其他业务成本                            44 000 000
    投资性房地产累计折旧                    36 000 000
    投资性房地产减值准备                    10 000 000
    贷:投资性房地产                        90 000 000
```

(二)采用公允价值模式计量的投资性房地产的处置

企业在处置采用公允价值模式计量的投资性房地产时,应不将实际收到的处置收入计入其他业务收入,将结转出的投资性房地产的账面价值计入其他业务成本,同时将投资性房地产持有期间累计确认的公允价值变动损益转入其他业务成本。在原转换日计入其他综合收益的金额,也一并转入其他业务成本。

【例5-16】 沿用【例5-13】,2017年年末,江南公司出租给甲公司的办公楼的公允价值为2 900万元,2018年年末,该项投资性房地产的公允价值为3 000万元。2019年4月1日,江南公司将租赁期届满的办公楼收回并对外出售,取得价款3 200万元,存入银行存款账户。假设不考虑相关税费,江南公司的有关账务处理如下:

(1) 2017年年末,确认公允价值变动

借:投资性房地产——公允价值变动　　　　　　　　　　3 000 000
　　贷:公允价值变动损益　　　　　　　　　　　　　　　　　3 000 000

(2) 2018年年末,确认公允价值变动

借:投资性房地产——公允价值变动　　　　　　　　　　1 000 000
　　贷:公允价值变动损益　　　　　　　　　　　　　　　　　1 000 000

(3) 2019年4月1日,江南公司处置投资性房地产

借:银行存款　　　　　　　　　　　　　　　　　　　　32 000 000
　　贷:其他业务收入　　　　　　　　　　　　　　　　　　　32 000 000
借:其他业务成本　　　　　　　　　　　　　　　　　　30 000 000
　　贷:投资性房地产——成本　　　　　　　　　　　　　　　26 000 000
　　　　　　　　　　——公允价值变动　　　　　　　　　　　4 000 000

(4) 2019年4月1日,结转原先确认的公允价值变动损益和其他综合收益

借:公允价值变动损益　　　　　　　　　　　　　　　　4 000 000
　　其他综合收益　　　　　　　　　　　　　　　　　　8 000 000
　　贷:其他业务成本　　　　　　　　　　　　　　　　　　　12 000 000

▢ 核心概念

投资性房地产　　后续计量　　　成本模式　　　公允价值模式
投资性房地产与非投资性房地产的转换

▢ 思考题

1. 简述投资性房地产的特征和范围。
2. 当采用成本模式计量时,投资性房地产的核算内容主要有哪些?
3. 企业满足什么条件才能对投资性房地产采用公允价值模式进行后续计量? 公允价值模式与成本模式在核算方法上有何不同?
4. 投资性房地产与非投资性房地产的转换有哪几种情况? 各种情况下分别如何进行会计处理?
5. 企业在处置投资性房地产时如何进行会计处理?

练习题

1. 甲公司 2016—2019 年与投资性房地产有关的业务资料如下：

(1) 2016 年 1 月 31 日，甲公司购入一栋建筑物用于出租，取得的发票上注明的价款为 800 万元，款项以银行存款转账支付，不考虑其他相关税费。该栋建筑物自取得之日起即用于对外经营租赁，甲公司对该投资性房地产采用成本模式进行后续计量。

(2) 甲公司购入的上述用于出租的建筑物预计使用寿命为 15 年，预计净残值为 26 万元，采用年限平均法按月计提折旧。

(3) 甲公司该项建筑物 2016 年取得租金收入 90 万元，存入银行。假定不考虑其他相关税费。

(4) 2019 年 1 月 1 日，甲公司将原用于出租的该建筑物收回自用，作为企业管理部门的办公用房。

要求：

(1) 编制甲公司 2016 年 1 月 31 日取得该建筑物的会计分录。

(2) 计算 2016 年度甲公司对该建筑物计提的折旧额，并编制相应的会计分录。

(3) 编制甲公司 2016 年取得该建筑物租金收入的会计分录。

(4) 计算甲公司该投资性房地产 2018 年年末的账面价值。

(5) 编制甲公司 2019 年 1 月 1 日收回该建筑物作为自用的会计分录。

2. A 房地产开发公司对投资性房地产采用公允价值模式进行计量，该公司投资性房地产业务的相关资料如下：

(1) 2015 年 12 月，A 公司与 B 公司签订租赁协议，将 A 公司开发的一栋写字楼自开发完成日起租赁给 B 公司使用，租赁期 2 年，每年年末收取租金 400 万元。

(2) 2016 年 1 月 1 日，该写字楼开发完成并开始出租，写字楼的造价为 6 000 万元。

(3) 2016 年 12 月 31 日，该写字楼的公允价值为 6 600 万元。

(4) 2017 年 12 月 31 日，该写字楼的公允价值为 6 300 万元。

(5) 2018 年 1 月 1 日，租赁期届满，A 公司收回写字楼。为了提高租金收入，A 公司决定于当日起对该写字楼进行装修改良。

(6) 2018 年 5 月 31 日，该写字楼的改良工程完工，共发生支出 600 万元，均以银行存款支付完毕，完工当日根据租赁合同出租给 C 公司使用。

要求：编制 A 公司与该项投资性房地产有关的会计分录。

参考文献

1. 财政部，《企业会计准则第 3 号——投资性房地产》，http://www.mof.gov.cn/zhuantihuigu/kjsjzzfbh/kjzz/2018-10-27。

2. 财政部会计司编写组,《企业会计准则第 3 号——投资性房地产》应用指南 2018,北京:中国财政经济出版社,2018 年。

3. 葛家澍、窦家春、陈朝琳,财务会计计量模式的必然选择:双重计量,《会计研究》,2010,2。

4. 王福胜、程富,投资性房地产公允价值计量模式选择动因实证研究,《财经理论与实践》,2014,5。

5. 张奇峰、张鸣、戴佳君,投资性房地产公允价值计量的财务影响与决定因素:以北辰实业为例,《会计研究》,2011,8。

第六章 资产减值

【学习内容】

本章主要学习资产减值的含义、资产可收回金额的估计、资产减值损失的会计处理、资产组的认定与资产组减值的会计处理、总部资产减值测试与会计处理,详细介绍商誉减值测试与会计处理等。

【学习要点】

本章的重点是资产可收回金额的估计方法、资产减值损失的会计处理、资产组的认定与资产组减值的会计处理。

【学习目标】

通过本章的学习,要求做到:
- 掌握资产可收回金额的估计方法、资产减值损失的会计处理、资产组的认定与资产组减值的会计处理
- 掌握资产减值的含义、总部资产减值测试与会计处理
- 熟悉资产减值迹象的判断与测试、商誉减值测试与会计处理。

《企业会计准则第 8 号——资产减值》
扫码参阅

引导案例

申通快递计提 1.3 亿元资产减值损失

2018年4月24日,申通快递股份有限公司发布业绩快报修正公告。公告显示,由于快捷快递的业务目前基本处于半停滞状态,基于谨慎性原则,公司对持有的快捷快递的股权投资进行了减值测试,并对可能发生减值的股权投资计提了减值准备1.3亿元,同时确认资产减值损失。由于此次调整,公司2017年度的预计净利润由15.94亿元下调至14.88亿元。

根据申通快递2018年2月28日披露的《2017年度业绩快报》,原预计2017年度营业利润为20.3亿元,利润总额为21.26亿元,归属于上市公司股东的净利润为15.94亿元,公司归属于上市公司股东的所有者权益为68.59亿元。但因情况发生变化,申通快递预计2017年度财务数据与已披露的业绩快报数据存在差异,调整后的营业利润为18.94亿元,利润总额为19.89亿元,归属于上市公司股东的净利润为14.88亿元,归属于上市公司股东的所有者权益为67.53亿元。

▶ 请思考:

如何确定资产减值的金额?

资产减值的计提对企业的财务状况和经营成果会产生怎样的影响?

资料来源:王晓然,陈韵哲,受快捷停运影响 申通计提1.3亿元资产减值损失,《北京商报》,2018年4月24日。

第一节 资产减值概述

一、资产减值的含义

资产减值是指因外部环境因素、内部使用方式等发生变化而对资产产生不利影响,导致资产给企业带来的未来经济利益流入减少,低于其现有的账面价值。

资产是企业过去的交易或者事项形成的、由企业拥有或者控制的、预期会给企业带来经济利益的资源。资产的首要特征就是预期能给企业带来经济利益的流入,这一特征反映了资产的本质,说明企业持有资产是为了在将来获得经济利益。若资产预期带来的经济利益(可收回金额)低于其账面价值,说明该资产发生了减值,原账面价值已经无法正确地反映资产的真实价值,会导致企业资产、利润和净资产虚增。因此,当资产发生减值时,企业应当确认资产减值损失,并将资产的账面价值减记至能反映其实际价值的金额。

由于不同资产的特性不同,企业会计准则对各类资产减值的会计处理分别做出了相应的规定。《企业会计准则第 8 号——资产减值》主要规范下列非流动资产减值的会计处理:(1)对子公司、联营企业和合营企业的长期股权投资;(2)采用成本模式进行后续计量的投资性房地产;(3)固定资产;(4)生产性生物资产;(5)无形资产;(6)商誉;(7)探明石油、天然气矿区权益和井及相关设施等。

除此之外,其他资产的减值问题也分别在相应的具体准则中进行了规范,例如存货资产的减值适用《企业会计准则第 1 号——存货》,消耗性生物资产的减值适用《企业会计准则第 5 号——生物资产》,建造合同形成的资产的减值适用《企业会计准则第 15 号——建造合同》,递延所得税资产的减值适用《企业会计准则第 18 号——所得税》,《企业会计准则第 22 号——金融工具确认和计量》所规范的金融资产的减值适用《企业会计准则第 22 号——金融工具确认和计量》。本章主要阐述由资产减值会计准则所规范的相关资产减值的会计处理。

二、资产减值的迹象与测试

(一)资产减值迹象的判断

除了商誉和使用寿命不确定的无形资产,一般情况下,在确定某项资产是否发生减值时,必须先判断其是否存在减值的迹象。只有那些已经出现减值迹象的资产,企业才需要进行减值测试,并最终基于减值测试结果确定资产是否发生了减值。企业应当在资产负债表日基于外部信息来源和内部信息来源两方面判断资产是否存在减值迹象。

从企业外部信息来源来看,存在下列迹象的,表明资产可能发生了减值:

(1)资产的市价当期大幅下跌,跌幅明显高于因时间推移或者正常使用而预计的幅度。

(2)企业经营所处的经济、技术或者法律等环境,以及资产所处的市场在当期或者将在近期发生重大变化,从而对企业产生不利影响。

(3)市场利率或者其他市场投资报酬率当期已经上升,影响企业计算资产预计未来现金流量现值的折现率,导致资产可收回金额大幅减少。

从企业内部信息来源来看,存在下列迹象的,表明资产可能发生了减值:

(1)有证据表明资产已经陈旧过时或者其实体已经损坏。

(2)资产已经或者将被闲置、终止使用或者计划提前处置。

(3)企业内部报告的有关证据表明,资产的经济绩效已经低于或者将低于预期。例如,资产所创造的净现金流量或者实现的营业利润远远低于原来的预测或者预计金额,资产发生的营业损失远远高于原来的预测或者预计金额,资产在建造或者收购时所需的现金支出远远高于最初的预算,资产在经营或者维护中所需的现金支出远远高于最初的预算等。

(二)资产减值测试

当有确凿证据表明资产存在减值迹象时,企业应当在资产负债表日进行减值测试,估计资产的可收回金额。由此可见,一般情况下,资产存在减值迹象是对资产进行减值测试的前提条件,但有两项资产会计被排除在外,即企业合并形成的商誉和使用寿命不确定的无形资产。按照相关会计准则的规定,企业合并形成的商誉和使用寿命不确定的无形资产在后续计量中不需要进行摊销,但由于这两类资产的价值和所产生的未来经济利益具有较大的不确定性,为了避免资产价值被高估,及时确认商誉和使用寿命不确定的无形资产的减值损失,相关会计准则规定无论是否存在减值迹象,企业都至少应当于每年年度终了时进行相应的减值测试。

企业在进行减值测试时,应当遵循重要性原则的要求。如果出现下列情况,企业在资产负债表日可以不重新估计该资产的可收回金额:

(1)以前报告期间的计算结果表明,资产可收回金额显著高于其账面价值,之后并没有发生消除这一差异的交易或者事项的。

(2)以前报告期间的计算与分析表明,资产可收回金额对于准则所示的一种或多种减值迹象反应不敏感,在本报告期间又发生了这些减值迹象的。例如,虽然当期市场利率上升,但对计算资产未来现金流量的现值所采用的折现率的影响不大,因而不太可能导致该资产的可收回金额大幅减少的,可以不重新估计该资产的可收回金额。

第二节 资产可收回金额的估计

一、估计资产可收回金额的基本方法

如前所述,当有确凿证据表明资产存在减值迹象时,企业应当在资产负债表日进行减值测试,估计资产的可收回金额,并比较可收回金额与资产的账面价值,若资产的可收回金额小于其账面价值,则说明资产发生了减值,应当计提减值准备并确认资产减值损失。因此,要准确判断资产是否发生减值,首先要合理估计资产的可收回金额。企业在估计资产的可收回金额时,原则上应当以单项资产为基础。如果企业难以对单项资产的可收回金额进行估计,则应当以该资产所属的资产组为基础确定资产组的可收回金额。

资产的可收回金额是资产的公允价值减去处置费用后的净额与资产预计未来现金流量的现值两者中的较高者。因此,在估计资产的可收回金额时,企业通常需要同时估计该资产的公允价值减去处置费用后的净额及其预计未来现金流量的现值。但是下列情况可以例外或者做特殊考虑:

(1)资产的公允价值减去处置费用后的净额与资产预计未来现金流量的现值中,只要其中一项超过资产的账面价值,即表明资产没有发生减值,不需要再对另一项的金额进行估计。

(2)没有确凿证据或者理由表明资产预计未来现金流量的现值显著高于其公允价值减去处置费用后的净额的,可以将资产的公允价值减去处置费用后的净额视为资产

的可收回金额。例如企业持有待售的资产,这类资产在持有期间所产生的现金流量一般很少,其价值基本体现在处置资产所获得的净收入上,在这种情况下,以公允价值减去处置费用后的净额作为可收回金额是恰当的。

(3) 资产的公允价值减去处置费用后的净额如果无法可靠估计,则应当以该资产预计未来现金流量的现值作为可收回金额。

二、公允价值减去处置费用后的净额的估计

公允价值减去处置费用后的净额反映了资产如果被出售或处置可以收到的现金净流入。资产的公允价值是指市场参与者在计量日发生的有序交易中,出售一项资产所能得到的价格。处置费用是指可以直接归属于资产处置活动的增量成本,包括与资产处置相关的拆卸费、搬运费、相关税费等为使资产达到可销售状态所发生的直接费用。

企业在估计资产的公允价值减去处置费用后的净额时,应当按照下列顺序进行:

首先,应当根据公平交易中资产的销售协议价格减去可直接归属于该资产处置费用的金额确定。这是估计资产公允价值减去处置费用后净额的最佳方法,企业应当优先采用。然而在实务中,有些情况下取得资产的销售协议价格并不容易,有必要采用其他方法估计资产的公允价值减去处置费用后的净额。

其次,在资产不存在销售协议但存在活跃市场的情况下,应当根据该资产的市场价格减去处置费用后的净额确定。资产的市场价格通常应当按照资产的买方出价确定。如果难以获得资产在资产负债表日的买方出价,企业可以以资产最近的交易价格作为估计其公允价值的基础,但前提是在资产的最近交易日和公允价值的估计日之间,经济、市场环境等没有发生重大变化。

最后,在既不存在资产销售协议又不存在资产活跃市场的情况下,企业应当以可获取的最佳信息为基础,估计资产的公允价值减去处置费用后的净额。该净额可以参考同行业类似资产的最近交易价格或者结果进行估计。

企业按照上述要求处理但仍无法可靠估计资产的公允价值减去处置费用后的净额的,应当以该资产预计未来现金流量的现值作为可收回金额。

三、预计未来现金流量的现值的估计

资产预计未来现金流量的现值,是指资产在持续使用过程中和最终处置时所产生的预计未来现金流量,采用适当的折现率折现后的金额。

企业应当综合考虑以下因素估计资产的预计未来现金流量的现值:

(1) 资产的预计未来现金流量。

(2) 资产的使用寿命。使用寿命的估计方法与《企业会计准则第 4 号——固定资产》及《企业会计准则第 6 号——无形资产》对固定资产和无形资产的使用寿命规定的预计方法相同。

(3) 折现率。

(一)资产未来现金流量的预计

1. 预计资产未来现金流量的基础

为了预计资产的未来现金流量,企业管理层应当在合理和有依据的基础上对资产剩余使用寿命内的经济状况做出最佳估计,并且资产未来现金流量的预计应当建立在经企业管理层批准的最近财务预算或者预测数据之上。

出于数据的可靠性和便于操作等方面的考虑,以财务预算或者预测为基础预计的未来现金流量最多涵盖5年,除非企业管理层能证明更长的期间是合理的。若根据过去的经验和实践,管理层有能力并且能够对超过5年期间的经济状况做出较为准确的预测,那么就可以在此基础上对超过5年的资产未来现金流量进行估计。

对于最近财务预算期或者预测期之后的现金流量,企业应当以该预算期或者预测期之后年份稳定的或者递减的增长率为基础进行估计。当企业管理层能证明递增的增长率更加合理时,也可以以递增的增长率为基础进行估计。但是,企业所使用的增长率不应当超过其经营的产品、市场、所处的行业、所在国家或地区的长期平均增长率,或者该资产所处市场的长期平均增长率,除非企业能够证明更高的增长率是合理的。在恰当、合理的情况下,该增长率可以是0或者负数。

由于企业所处的环境经常发生变化,资产实际产生的现金流量与原先的预计数往往会有出入。因此,企业管理层在预计资产的未来现金流量时,应当分析以前期间现金流量的预计数与实际数之间的差异,分析差异产生的原因,并以此评判预计当期现金流量所依据假设的合理性。

2. 预计资产未来现金流量的构成内容

资产未来现金流量由以下三方面构成:

(1)资产持续使用过程中预计产生的现金流入。

(2)资产持续使用过程中预计为实现现金流入所必需的现金流出,包括为使资产达到预定可使用状态所发生的现金流出。该现金流出应当是可以直接归属于资产或者是可以通过合理且一致的基础分配到资产的现金流出,后者通常是指那些与资产直接相关的间接费用。

(3)在资产使用寿命结束时,处置资产所收到或者支付的净现金流量。该现金流量应当是企业预期通过有序交易对资产进行处置所获取的收入减去预计处置费用后的金额。

3. 预计资产未来现金流量应当考虑的因素

企业预计资产的未来现金流量时,还需要综合考虑以下因素:

(1)以资产的当前状况为基础预计资产未来现金流量。在预计资产未来现金流量时,企业应当以资产的当前状况为基础,不应当包括与将来可能发生的、尚未做出承诺的重组事项有关的预计未来现金流量,也不应当包括与资产改良有关的预计未来现金流量。但是,如果企业已经对重组做出承诺,预计的未来现金流入数和流出数就应当反映重组所能节约的费用与由重组所能带来的其他利益,以及重组所导致的未来现金流出估计数。其中,重组所能节约的费用和重组所带来的其他利益,通常应当根据企业管理层批准的最近财务预算或者预测数据进行估计。如果企业未来发生的现金流出是为了维持资产正常运转、资产正常产出水平而发生的必要支出或者属于资产维护支出,那么,在预计资产未来现金流量时也应当考虑在内。

(2) 预计资产未来现金流量不应当包括筹资活动和所得税收付产生的现金流量。预计资产未来现金流量不应当包括筹资活动产生的现金流入或者现金流出。因为筹资活动所产生的现金流量与企业经营活动无关,并且所筹资金的货币时间价值已经通过折现予以考虑,所以企业在估计资产未来现金流量时不应当再予以考虑。另外,预计资产未来现金流量的现值所使用的折现率是以税前为基础计算确定的,因此企业在预计资产未来现金流量时,不应当包括与所得税收付有关的现金流量。这样可以有效避免在计算资产未来现金流量现值的过程中可能出现的重复计算等问题,保证现值计算的正确性。

(3) 对通货膨胀因素的考虑应当与折现率一致。对资产未来现金流量的预计和折现率的预计应当采用一致的基础。如果折现率考虑了一般通货膨胀导致的物价上涨影响因素,那么在预计资产未来现金流量时也应当予以考虑;反之,如果折现率没有考虑一般通货膨胀导致的物价上涨影响因素,那么在预计资产时未来现金流量时也应当剔除这一影响因素。

(4) 内部转移价格应当予以调整。如果在预计资产的未来现金流量时,用于估计资产未来现金流量的交易价格或者结算价格是基于内部转移价格确定的,而内部转移价格很可能与市场交易价格不同,在这种情况下,为了如实测算资产的价值,企业不应当简单地以内部转移价格为基础预计资产未来现金流量,而应当采用在公平交易中能达成的最佳未来价格估计数进行预计。

4. 预计资产未来现金流量的方法

(1) 传统法。传统法根据资产未来每期最有可能产生的现金流量来预测资产未来现金流量。传统法使用单一的未来每期预计现金流量和单一的折现率,计算资产未来现金流量的现值。

【例6-1】 江南公司拥有的一项固定资产的剩余使用年限为3年。公司以管理层批准的最近财务预算或预测数据为基础,预计该固定资产未来3年可产生的净现金流量分别为第1年200万元、第2年100万元、第3年20万元。该现金流量即最有可能产生的现金流量。

分析:江南公司应当以该现金流量的预计数为基础计算资产未来现金流量的现值。该固定资产剩余使用年限内未来现金流量的预计数分别为第1年200万元、第2年100万元、第3年20万元。

(2) 期望现金流量法。期望现金流量法根据资产未来每期现金流量的期望值来预计资产未来现金流量。一些情况下,影响资产未来现金流量的不确定性因素较多,使用单一的现金流量并不能如实反映资产所产生现金流量的实际情况,采用期望现金流量法预计资产未来现金流量更为合理。在期望现金流量法下,资产未来每期现金流量的期望值应当根据在各种可能情况下的现金流量与各种情况的发生概率加权计算求得。

【例 6-2】 沿用【例 6-1】,假设江南公司利用该固定资产生产的产品受市场行情波动的影响较大,公司预计未来 3 年的现金流量如表 6-1 所示。

表 6-1　预计未来 3 年的现金流量　　　　　　　　　　　单位:万元

	产品行情好 (30%的可能性)	产品行情一般 (50%的可能性)	产品行情差 (20%的可能性)
第 1 年	400	200	100
第 2 年	200	120	40
第 3 年	80	40	0

根据表 6-1 的资料,江南公司计算各年的预计未来现金流量如下:

第 1 年的预计现金流量 $=400\times30\%+200\times50\%+100\times20\%=240$(万元)

第 2 年的预计现金流量 $=200\times30\%+120\times50\%+40\times20\%=128$(万元)

第 3 年的预计现金流量 $=80\times30\%+40\times50\%+0\times20\%=44$(万元)

(二)折现率的预计

计算资产未来现金流量现值所使用的折现率是反映当前市场货币时间价值和资产特定风险的税前利率。该折现率是企业在购置或者投资资产时所要求的必要报酬率。企业在预计资产的未来现金流量时,如果已经对资产特定风险的影响做出调整,那么在估计折现率就时不需要再考虑这些特定风险。如果用于估计折现率的基础是所得税后的,企业就应当将其调整为所得税前的折现率,以便与资产未来现金流量的估计基础相一致。

企业在确定折现率时,通常应当以该资产的市场利率为依据。如果该资产的市场利率无法从市场获得,可以使用替代利率估计折现率。在估计替代利率时,企业应当充分考虑资产剩余使用寿命期间的货币时间价值和其他相关因素,如资产未来现金流量金额及其时间的预计离散程度、资产内在不确定性的评判等。如果企业在预计资产未来现金流量时已经对这些因素做了调整,就应当予以剔除。

企业在估计替代利率时,可以根据企业的加权平均资金成本、增量借款利率或者其他相关市场借款利率做适当调整后确定。在调整时,应当考虑与资产预计现金流量有关的特定风险,以及其他有关的货币风险和价格风险等。

企业在估计资产未来现金流量现值时,通常应当使用单一的折现率。但是,如果资产未来现金流量的现值对未来不同期间的风险差异或者利率的期限结构反应敏感,那么企业在未来不同期间应当采用不同的折现率。

（三）资产未来现金流量现值的预计

在对资产的未来现金流量、使用寿命和折现率进行合理预计的基础上，企业将该资产的预计未来现金流量按照预计折现率在预计的资产使用期限内予以折现，即可确定该资产未来现金流量的现值。

【例6-3】 M公司经营国内货物运输业务。2017年12月31日，公司拥有的一艘货轮出现了减值迹象，并对其进行了减值测试，相关资料如下：

（1）该货轮采用平均年限法计提折旧，预计使用年限为20年，预计净残值率为5%。2017年12月31日，货轮已使用15年，尚可使用5年，账面价值为5 750万元，其中原值为20 000万元，已计提折旧为14 250万元。M公司拟继续经营使用该货轮直至报废。

（2）由于不存在活跃市场，M公司无法可靠估计该货轮的公允价值减去处置费用后的净额。

（3）在考虑了市场货币时间价值和相关特定风险等因素后，M公司以10%为折现率估计资产未来现金流量的现值。

（4）以管理层批准的最近财务预算或者预测数据为基础，M公司预计该货轮未来5年产生的净现金流量（假定剩余使用寿命内货轮产生的现金流量均发生在每年年末）如表6-2所示。

表6-2 预计未来现金流量　　　　　　　　　　　　　　　　　　单位：万元

	2018年	2019年	2020年	2021年	2022年
预计未来现金流量	2 000	1 600	1 300	1 100	1 000

由于M公司无法可靠估计货轮的公允价值减去处置费用后的净额，因此以该资产预计未来现金流量的现值作为可收回金额。M公司对该货轮未来现金流量的现值（可收回金额）的计算过程如表6-3所示。

表6-3 预计未来现金流量现值的计算　　　　　　　　　　　　　单位：万元

	未来现金流量预计数	折现率为10%的现值系数	预计未来现金流量的现值
2018年	2 000	0.9091	1 818
2019年	1 600	0.8264	1 322
2020年	1 300	0.7513	977
2021年	1 100	0.6830	751
2022年	1 000	0.6209	621
合计			5 489

分析：由于货轮 2017 年 12 月 31 日的账面价值为 5 750 万元，而预计未来现金流量的现值为 5 489 万元，可收回金额小于账面价值，因此 M 公司该项固定资产减值了 261 万元，应当计提相应的资产减值准备，并且确认资产减值损失。

（四）外币未来现金流量及其现值的预计

在经济全球化的背景下，我国企业日益融入世界经济体系，国际贸易量大幅增加，企业运用资产收到的未来现金流量有可能为外币。在这种情况下，企业应当按照以下顺序确定资产未来现金流量的现值和资产减值损失：

首先，计算外币未来现金流量的现值。以该资产所产生的未来现金流量的结算货币为基础预计未来现金流量，并按照该货币适用的折现率计算资产的现值。

其次，将以外币表示的未来现金流量的现值折算成以记账本位币表示的未来现金流量的现值。外币未来现金流量的现值乘以现值计算当日的即期汇率，从而折算出按照记账本位币表示的资产未来现金流量的现值。

最后，确定资产的可收回金额，并且与账面价值进行比较。将上一步骤计算出的现值与资产公允价值减去处置费用后的净额进行比较，确定资产的可收回金额；再将资产的可收回金额与账面价值进行比较，确定是否需要确认减值损失以及减值损失的数额。

第三节 资产减值损失的确认与计量

一、资产减值损失确认与计量的一般原则

在对资产进行减值测试并估算出资产的可收回金额后，如果资产的可收回金额低于账面价值，则应当将资产的账面价值减记至可收回金额。具体的会计处理为：按减记的金额确认资产减值损失，计入当期损益；同时，按减记的金额计提资产减值准备。企业将减值损失反映在利润表中，计提的资产减值准备则作为对相关资产价值的抵减，被反映在资产负债表中，这样避免了资产与利润的虚增，并且能如实反映企业的财务状况和经营成果。

企业在确认资产减值损失后，应当在未来期间调整发生减值的资产的折旧额或摊销额，目的是将调整后的账面价值减去预计净残值的金额，在剩余使用寿命内系统地分摊。在计提减值准备后，需要计提折旧的资产在未来期间计算折旧额时，应当按照抵减后的新账面价值及尚可使用寿命重新计算确定折旧率和折旧额。已计提减值准备的需要摊销的无形资产，也应当按照抵减后的账面价值及尚可使用寿命重新计算确定摊销额。

资产减值会计准则规定，资产减值损失一经确认，在以后会计期间不得转回。这主要是考虑到固定资产、无形资产、商誉等资产发生减值后，价值回升的可能性较小。另外，从会计信息披露要求的角度考虑，这也是为了避免企业利用资产减值的转回进行利润操纵。因此，对于已计提的资产减值准备而言，其价值即使在以后期间得以恢复也不

可以转回,但在资产因出售、对外投资、以非货币性资产交换方式换出及抵偿债务等转出账面价值时,企业则应当将已计提的资产减值准备予以转出。

二、资产减值损失的账务处理

为了正确核算所确认的资产减值损失和计提的资产减值准备,企业应当设置"资产减值损失"科目,该科目为损益类账户,反映资产在当期确认的资产减值损失的金额;还应当根据资产的类别分别设置"固定资产减值准备""在建工程减值准备""投资性房地产减值准备""无形资产减值准备""商誉减值准备""长期股权投资减值准备""生产性生物资产减值准备"等科目作为发生减值的各类资产的备抵账户。

企业在确认资产发生减值时,应当按资产减值的金额,借记"资产减值损失"科目,贷记"固定资产减值准备""在建工程减值准备""投资性房地产减值准备""无形资产减值准备""商誉减值准备""长期股权投资减值准备""生产性生物资产减值准备"等科目。资产负债表日,各资产减值准备账户的贷方余额为累计已计提的资产减值准备金额。直至企业在处理资产时,各资产减值准备账户累计计提的资产减值准备金额才能予以转出。

【例6-4】 沿用【例6-3】,M公司的这艘货轮2017年12月31日的账面价值为5 750万元,可收回金额为5 489万元,该项固定资产减值261万元,应当计提资产减值准备并确认资产减值损失。M公司2017年12月31日的相关账务处理如下:

借:资产减值损失　　　　　　　　　　　　　　　　　2 610 000
　　贷:固定资产减值准备　　　　　　　　　　　　　　2 610 000

分析:在计提减值准备后,固定资产的账面价值为5 489万元,预计使用寿命为5年,假设预计净残值率仍为5%,且仍采用年限平均法计提折旧,则该项固定资产2018年应计提折旧额为1 042.91万元[5 489×(1−5%)÷5],2018年1月末该项固定资产应计提折旧额为86.91万元(1 042.91÷12)。

第四节　资产组的认定与减值处理

一、资产组的认定

（一）资产组的概念

资产组是企业可以认定的最小资产组合,由创造现金流入的相关资产组成,其产生的现金流入应当基本上独立于其他资产或者资产组。

按照资产减值会计准则的规定,在估计资产的可收回金额时,原则上应当以单项资产为基础。如果企业难以对单项资产的可收回金额进行估计,应当以该资产所属的资产组为基础确定资产组的可收回金额。

（二）资产组认定应当考虑的因素

企业在认定资产组时应当考虑以下因素：

(1) 能否独立产生现金流入是认定资产组的关键因素。企业应当以资产组产生的主要现金流入是否独立于其他资产或者资产组作为认定资产组的依据，即资产组能否独立产生现金流入是认定资产组的关键因素。例如，某企业有一个营业网点，如果该营业网点能够独立于其他部门或者单位创造收入、产生现金流，或者其创造的收入和现金流绝大部分独立于其他部门或者单位，并且该网点属于可认定的最小资产组合，则企业应认定该营业网点为一个资产组。

在资产组的认定中，若由几项资产构成的资产组合生产的产品（或者其他产出）存在活跃市场，则无论这些产品或者其他产出是用于对外出售还是仅供企业内部使用，均表明该资产组合能独立产生现金流入，在符合其他相关条件的情况下，企业应当将其认定为资产组。例如，某汽车制造企业有一条专门生产汽车发动机的生产线，该生产线由若干设备构成，生产的汽车发动机全部用于本企业的汽车装配，并不对外销售。假设该生产线生产的汽车发动机存在活跃市场，那么即使该生产线生产的产品不对外出售产生现金流入，也表明该生产线能独立产生现金流入，在符合其他相关条件的情况下，企业应当将该生产线认定为资产组。

(2) 企业管理层对生产经营活动的管理或监控方式，以及对资产使用或者处置的决策方式等。

在资产组的认定中，企业一方面应当考虑管理层对生产经营活动的管理或者监控方式，如企业是按照业务种类、生产线还是按照地区或区域等对生产经营活动进行管理和监控；另一方面应当考虑管理层对资产的持续使用或者处置的决策方式。例如，如果各生产线都是独立生产、管理和监控的，那么各生产线就很可能应当被分别认定为单独的资产组；如果某些生产线是相互关联、互相依存的，其使用和处置由企业进行一体化决策，那么这些生产线就很可能应当被认定为一个资产组。

【例 6-5】 某矿业公司拥有一个铁矿，为了与铁矿的生产和运输相配套，企业建有一条专用铁路。该铁路除非自身报废出售，否则在持续使用的过程中难以脱离公司相关的其他资产而产生单独的现金流入。

分析：由于企业难以单独估计该专用铁路的可收回金额，因此该铁路必须与公司其他相关资产结合成为一个资产组，并以该资产组为基础估计可收回金额。

【例 6-6】 S公司生产汽车，拥有甲、乙、丙三家分别位于中国、美国和德国的工厂。甲工厂生产组件，该组件存在活跃市场。乙工厂或丙工厂对甲工厂生产的组件进行组装，最终产品由乙工厂或丙工厂销往世界各地。其中，乙工厂的产品既可以在其所在地销售，也可以在丙工厂所在地销售；丙工厂生产的产品也是如此。假设乙工厂和丙工厂的生产能力合在一起没有被完全利用，并且两家工厂生产能力的利用程度依赖于S公司对于产品销售在两地之间的分配。

分析：由于甲工厂生产的产品（组件）存在活跃市场，在这种情况下，尽管甲工厂生产的产品为内部使用，并不对外出售，但应认为其可以产生独立的现金流入。因此，甲工厂很可能被认定为一个单独的资产组，并且在确定该资产组未来现金流量的现值时，S公司应当调整财务预算或预测，采用在公平交易中能达成的未来价格的最佳估计数预计未来现金流量，而不能简单地以内部转移价格为基础预计资产（甲工厂生产的产品）的未来现金流量。

对于乙工厂和丙工厂而言，由于乙工厂和丙工厂的现金流入依赖于S公司对于产品销售在两地之间的分配，即使乙工厂和丙工厂组装的产品存在活跃市场，乙工厂和丙工厂的未来现金流入也不能单独地确定，只有将乙工厂和丙工厂组合在一起才能产生基本上独立于其他资产或者资产组的现金流入，并且两者在产能和销售上的管理是统一的，因此乙工厂和丙工厂应当被认定为一个资产组。在确定该资产组未来现金流量的现值时，S公司也应当调整财务预算或预测，采用在公平交易中能达成的未来价格的最佳估计数预计未来现金流量，而不能简单地以内部转移价格为基础预计资产（乙工厂和丙工厂生产的产品）的未来现金流量。

【例6-7】 沿用【例6-6】，假定甲工厂生产的产品不存在活跃市场。

分析：在这种情况下，甲工厂的现金流入依赖于乙工厂或丙工厂生产的最终产品的销售，因此甲工厂难以单独产生现金流入，其可收回金额很可能难以单独估计。

对于乙工厂和丙工厂而言，同前例分析，乙工厂、丙工厂生产的产品虽然存在活跃市场，但其现金流入依赖于产品销售在两个工厂之间的分配，两者在产能和销售上的管理是统一的，因此乙工厂、丙工厂也难以单独估计可收回金额。

通过以上分析，只有将甲、乙、丙三家工厂组合在一起，才很可能形成一个可以认定的、能够基本上独立产生现金流入的最小资产组合，因此S公司应当将甲、乙、丙三家工厂的组合认定为一个资产组。

（三）资产组认定后不得随意变更

资产组一经确定，在各个会计期间应当保持一致，不得随意变更。如果由于企业重组、变更资产用途等导致资产组的构成确实需要变更的，企业可以变更资产组，但企业管理层应当证明该变更是合理的，并且在财务报表附注中予以说明。

二、资产组减值测试

资产组减值测试的原理与单项资产减值测试的原理一致。当资产组发生减值迹象时，企业应当合理估计资产组的可收回金额，计算资产组的账面价值，并对两者进行比较。若资产组的可收回金额低于账面价值，则表明资产组发生了减值损失，企业应当予以确认。

（一）资产组账面价值和可收回金额的确定基础

资产组账面价值的确定基础应当与其可收回金额的确定基础一致，因为只有将两者在相同的基础上进行估计和比较,才能正确估算资产组的减值损失。

资产组的可收回金额应当按照该资产组的公允价值减去处置费用后的净额与预计未来现金流量的现值两者中较高者确定。资产组的账面价值应当包括可直接归属于资产组与可以合理、一致地分摊至资产组的相关资产的账面价值(主要指分摊至资产组的商誉或总部资产的账面价值),通常不应当包括已确认负债的账面价值,但如不考虑该负债金额就无法确定资产组可收回金额的除外。

资产组在被处置时,如果要求购买者承担一项负债(如环境恢复负债等),而且该负债金额已经确认并计入相关资产账面价值,企业只能取得包括上述资产和负债在内的单一公允价值减去处置费用后的净额的,为了比较资产组的账面价值和可收回金额,企业在确定资产组的账面价值及其预计未来现金流量的现值时,应当将已确认的负债金额从中扣除。

【例 6-8】 甲公司从事矿业生产,在山区经营一座有色金属矿山。按照相关规定,矿产企业在完成开采后必须将该地区恢复原貌,恢复费用主要用于复原山体表土覆盖层。因此,甲公司在移走山体表土覆盖层开始开采矿产时,确认了一项预计负债,并将有关费用计入矿山成本。

2018 年 12 月 31 日,甲公司发现矿山中的有色金属储量远远低于预期,遂对该矿山进行减值测试,考虑到矿山的现金流量状况,公司将整座矿山认定为一个资产组。该资产组的账面价值为 4 800 万元,其中包括基于恢复费用而确认的预计负债的账面金额为 1 000 万元。

甲公司如果将该矿山于 2018 年 12 月 31 日出售,那么买方愿意出价 3 520 万元(包括恢复山体原貌成本,即已经扣减这一成本因素),预计处置费用为 20 万元。因此,该矿山的公允价值减去处置费用后的净额为 3 500 万元。

矿山预计未来现金流量的现值为 4 600 万元,不包括恢复费用。

分析:根据相关准则的规定,在此情况下,为了比较资产组的账面价值和可收回金额,企业在确定资产组的账面价值及其预计未来现金流量的现值时,应当将已确认的负债金额从中扣除。本例中,资产组的公允价值减去处置费用后的净额为 3 500 万元,该金额考虑了恢复费用;而预计未来现金流量的现值 4 600 万元未考虑恢复费用,考虑恢复费用后的金额仅为 3 600 万元;资产组的账面价值在扣除已确认的恢复原貌预计负债后的金额为 3 800 万元(4 800－1 000)。因此,甲公司该资产组的可收回金额为 3 600 万元,账面价值为 3 800 万元,该资产组发生了减值损失,应计提资产减值准备 200 万元。

(二)资产组减值的会计处理

企业通过减值测试确定资产组的可收回金额后,如果资产组的可收回金额低于账面价值,则需要确认相应的减值损失。减值损失金额应当按照以下顺序分摊:

(1) 抵减分摊至资产组中商誉的账面价值。

(2) 根据资产组中除商誉之外的其他各项资产的账面价值占比,按比例分摊其他各项资产应抵减的金额。

以上资产账面价值的抵减,应当作为各单项资产(包括商誉)的减值损失处理,分别计提各单项资产减值准备,并确认资产减值损失。

需要注意的是抵减后各单项资产的账面价值不得低于以下三者中最高者:(1)该资产的公允价值减去处置费用后的净额(如可确定);(2)该资产预计未来现金流量的现值(如可确定);(3)0。由此导致的未能分摊的减值损失金额,应当按照相关资产组中其他各项资产的账面价值占比进行分摊。

【例6-9】 江南公司有一条专门用于生产甲产品的生产线,该生产线由A设备、B设备及C设备组成,生产线生产的甲产品经公司的Y包装机进行外包装后对外出售。江南公司按照不同的生产线对生产经营活动进行管理,甲产品存在活跃市场。

2018年12月31日,甲产品生产线及Y包装机的有关资料如下:

(1) 设备A、B和C是为生产甲产品而专门订购的,除生产甲产品外,无其他用途。2018年12月31日,A设备账面原值为800万元,已计提折旧为80万元,B设备账面原值为1 000万元,已计提折旧为100万元,C设备账面原值为1 200万元,已计提折旧为120万元。

(2) Y包装机用于对江南公司生产的部分产品(包括甲产品)进行外包装,由独立核算的包装车间使用。江南公司生产的产品在进行包装时需按照市场价格向包装车间内部结算包装费,除用于本公司产品的包装外,江南公司还利用Y包装机承接其他企业的产品外包装业务并收取包装费。Y包装机账面原值为100万元,已计提折旧为20万元。

2018年年末,市场上出现甲产品的替代产品,甲产品的市场价格下跌,销量下降,出现减值迹象。2018年12月31日,江南公司对相关资产进行减值测试。

(1) 2018年12月31日,A设备的公允价值为708万元,若处置则预计将发生相关费用8万元,公司无法独立确定其未来现金流量的现值;B设备和C设备的公允价值减去处置费用后的净额及其预计未来现金流量的现值均无法确定;Y包装机的公允价值为80万元,预计处置费用为2万元,根据Y包装机提供包装服务的情况估计,其未来现金流量现值为90万元。

(2) 以管理层批准的最近财务预算或者预测数据为基础,江南公司预计甲产品生产线未来现金流量的现值为2 400万元。

(3) 江南公司与生产甲产品相关的资产在2018年以前未发生减值,公司不存在可分摊至甲产品生产线的总部资产和商誉价值。

分析: 根据上述资料,江南公司关于资产组认定、资产减值损失的计算及相关会计分录的编制如下:

(1) 资产组的认定。由于 A 设备、B 设备和 C 设备除共同用于生产甲产品外无其他用途,因此它们难以单独产生现金流入,各自的可收回金额难以单独估计。江南公司按照不同的生产线对生产经营活动进行管理,甲产品经包装后对外出售且存在活跃市场,甲产品生产线能独立产生现金流量。因此,A 设备、B 设备和 C 设备组成的甲产品生产线构成一个资产组。

另外,Y 包装机除用于本公司产品的包装外,还承接其他企业的产品外包装业务,能独立产生现金流量,因此 Y 包装机应单独进行减值测试。

(2) 资产组减值测试。本例中,甲产品生产线出现了减值迹象,江南公司应当对该资产组进行减值测试,估计资产组的可收回金额,并与其账面价值进行比较。

由于 B 设备和 C 设备的公允价值减去处置费用后的净额无法确定,因此江南公司无法确定该资产组公允价值减去处置费用后的净额,而应当以预计未来现金流量的现值 2 400 万元作为资产组的可收回金额。

资产组的账面价值=(800-80)+(1 000-100)+(1 200-120)=2 700(万元)

计算结果表明,该资产组的可收回金额低于账面价值,资产组发生了减值,江南公司应当确认相应的资产减值损失。

(3) 分摊资产减值损失金额。江南公司分摊资产减值损失的计算过程如表 6-4 所示。

表 6-4 资产减值损失的分摊

项目	A 设备	B 设备	C 设备	甲产品生产线(资产组)
账面价值(万元)	720	900	1 080	2 700
资产组可收回金额(万元)	—	—	—	2 400
资产组减值损失(万元)				300
减值损失分摊比例	8/30	10/30	12/30	100%
分摊减值损失(万元)	20	100	120	
分摊后账面价值(万元)	700	800	960	2 460
尚未分摊的资产组减值损失(万元)	—	—	—	60
二次分摊比例	0	10/22	12/22	100%
二次分摊减值损失(万元)	0	27.27	32.73	60
二次分摊后应确认减值损失总额(万元)	20	127.27	152.73	300
二次分摊后账面价值(万元)	700	772.73	927.27	2 400

(4) 2018 年 12 月 31 日,Y 包装机公允价值减处置费用后的净额为 78 万元(80-2),预计未来现金流量的现值为 90 万元,即 Y 包装机的可收回金额为 90 万元。由于 Y 包装机当日的账面价值为 80 万元(100-20),小于可收回金额,因此 Y 包装机未发生减值损失,不需计提减值准备。

(5) 2018 年 12 月 31 日,江南公司确认资产减值损失的账务处理如下:

借:资产减值损失	3 000 000
贷:固定资产减值准备——A 设备	200 000
——B 设备	1 272 700
——C 设备	1 527 300

三、总部资产的减值测试

总部资产是指企业集团及其事业部门的办公楼、电子数据处理设备、研发中心等资产。总部资产的显著特征是难以脱离其他资产或者资产组而独立地产生现金流入,并且其账面价值难以完全归属于某一资产组。因此通常情况下,企业很难对总部资产单独进行减值测试,需要结合其他相关资产组或者资产组组合进行。

资产组组合是指由若干个资产组组成的最小资产组组合,包括资产组或者资产组组合,以及按合理方法分摊的总部资产部分。

当某项总部资产存在减值迹象时,企业应当在资产负债表日计算确定该总部资产所归属的资产组或者资产组组合的可收回金额,然后与相应的账面价值进行比较,据此判断是否需要确认减值损失。

由此可见,企业对某一资产组进行减值测试时,应当先认定所有与该资产组相关的总部资产,然后根据相关总部资产能否按照合理和一致的基础分摊至该资产组,对下列情况分别进行处理:

(1) 对于相关总部资产能按照合理和一致的基础分摊至该资产组的部分,应当将该部分总部资产的账面价值分摊至该资产组,分摊标准是各资产组的账面价值和剩余使用寿命加权平均计算的账面价值,再据此比较该资产组的账面价值(包括已分摊的总部资产的账面价值部分)和可收回金额,并按照前述有关资产组减值测试的顺序和方法处理。

(2) 对于相关总部资产中部分资产难以按照合理和一致的基础分摊至该资产组的,应当按照下列步骤处理:

首先,在不考虑相关总部资产的情况下,估计和比较资产组的账面价值和可收回金额,并按照前述有关资产组减值测试的顺序和方法处理。

其次,认定由若干个资产组组成的最小资产组组合,该资产组组合应当包括所测试的资产组的账面价值与能按照合理和一致的基础将该部分总部资产的账面价值分摊至该资产组的部分。

最后,比较所认定的资产组组合的账面价值(包括已分摊的总部资产的账面价值部分)和可收回金额,并按照前述有关资产组减值测试的顺序和方法处理。

对于各资产组应确认的减值损失,应当按照资产组内各项资产的账面价值,将其分配至各项资产,并以此为依据分别对各项资产进行资产减值的账务处理。而总部资产所确认的减值损失,也应当按照总部资产所包含的各项资产的账面价值,将其分配至各项资产,并进行计提资产减值的账务处理。

【例 6-10】 江南公司拥有公司总部和 A、B、C 三家分公司,这三家分公司的经营活动由公司总部负责运作。由于 A、B、C 三家分公司均能独立产生现金流入,江南公司将它们确定为三个资产组。2018 年年末,江南公司的竞争对手基于技术创新推出新产品并受到市场欢迎,对公司产品产生了重大不利影响。因此,江南公司需要对各资产组进行减值测试。

假设公司总部资产与三个资产组相关,能按照合理和一致的基础分摊至各资产组,A、B、C 三家分公司的剩余使用寿命分别为 20 年、20 年、10 年。在进行减值测试时,公司总部资产的账面价值为 200 万元,A、B、C 三个资产组的账面价值分别为 320 万元、160 万元和 320 万元,没有商誉。江南公司计算得出 A 分公司资产的可收回金额为 420 万元,B 分公司资产的可收回金额为 170 万元,C 分公司资产的可收回金额为 350 万元。

根据上述资料,江南公司关于总部资产账面价值的分配及资产减值损失的计算过程如下:

(1) 将总部资产分摊至各资产组,计算过程如表 6-5 所示。

表 6-5 总部资产账面价值分摊计算

项目	A 分公司	B 分公司	C 分公司	合计
各资产组账面价值(万元)	320	160	320	800
各资产组剩余使用寿命(年)	20	20	10	
按使用寿命计算的权重	2	2	1	
加权计算后的账面价值(万元)	640	320	320	
总部资产分摊比例(%)	50	25	25	
总部资产账面价值分摊额(万元)	100	50	50	200
分摊后各资产组账面价值(万元)	420	210	370	1 000

(2) 将各资产组账面价值与可收回金额进行比较。

A 资产组的账面价值为 420 万元,可收回金额为 420 万元,没有发生减值。
B 资产组的账面价值为 210 万元,可收回金额为 170 万元,发生减值 40 万元。
C 资产组的账面价值为 370 万元,可收回金额为 350 万元,发生减值 20 万元。

(3) 将各资产组的减值额在总部资产和各资产组之间进行分配。

B 资产组减值额分配给总部资产的数额 $=40\times50\div210=9.5$(万元)
B 资产组减值额分配给 B 资产组本身的数额 $=40\times160\div210=30.5$(万元)
C 资产组减值额分配给总部资产的数额 $=20\times50\div370=2.7$(万元)
C 资产组减值额分配给 C 资产组本身的数额 $=20\times320\div70=17.3$(万元)

A 资产组没有发生减值,B 资产组发生减值 30.5 万元,C 资产组发生减值 17.3 万元,公司总部资产发生减值 12.2 万元(9.5+2.7)。

四、商誉减值测试与处理

因企业合并而形成的商誉,无论是否存在减值迹象,企业都至少应当于每年年度终了进行减值测试。由于商誉无法独立地产生现金流,企业应当将商誉与相关的资产组或者资产组组合结合起来进行减值测试。

企业应当将商誉的账面价值按照合理的方法分摊至相关的资产组,难以分摊至资产组的,应当分摊至相关的资产组组合。分摊的标准是各资产组或者资产组组合的公允价值占相关资产组或者资产组组合公允价值总额的比例。若公允价值难以可靠计量,则按照各资产组或者资产组组合的账面价值占相关资产组或者资产组组合账面价值总额的比例进行分摊。

对包含商誉的相关资产组或者资产组组合进行减值测试的方法是,当与商誉相关的资产组或者资产组组合存在减值迹象时,应当按照比例步骤处理:

首先,对不包含商誉的资产组或者资产组组合进行减值测试,计算可收回金额,将可收回金额与账面价值进行比较,确认该资产组或者资产组组合的减值损失。

其次,对包含商誉的资产组或者资产组组合进行减值测试,比较资产组或者资产组组合的账面价值(包括所分摊的商誉的账面价值)与可收回金额。应当确认减值损失的,减值损失金额首先抵减分摊至资产组或者资产组组合的商誉的账面价值。

最后,根据资产组或者资产组组合中除商誉之外的其他各项资产的账面价值,按比例抵减其他各项资产的账面价值。抵减后的各资产的账面价值不得低于以下三者中最高者:(1)该资产的公允价值减去处置费用后的净额(如能确定);(2)该资产预计未来现金流量的现值(如能确定);(3)0。未能分摊的减值损失金额,应当按照相关资产组或者资产组组合中其他各项资产的账面价值占比进行分摊。

需要注意的是,由于根据上述方法计算的商誉减值损失包含应当由少数股股东承担的部分,而归属于少数股股东权益的商誉及其减值损失并不在合并财务报表中反映,因此企业还需要还原商誉减值损失,即在归属于母公司和少数股股东之间按比例分摊,以确认应归属于母公司的商誉减值损失。

□ 核心概念

资产减值	资产减值测试	预计未来现金流量的现值
商誉减值测试	可收回金额	公允价值减去处置费用后的净额
资产组	总部资产	

□ 思考题

1. 资产减值的含义是什么?如何确定资产是否发生减值?
2. 如何确定资产的可收回金额?

3. 资产发生减值时应如何进行会计处理？

4. 如何认定资产组？如何确定资产组减值损失？如何进行资产组减值损失的会计处理？

5. 什么是总部资产？如何确定总部资产的减值损失？

练习题

1. 2018年12月31日，华南公司的一条生产线出现减值迹象，公司进行了减值测试。

（1）如果企业将该生产线对外出售，估计公允价值减去处置费用后的净额为1 900万。

（2）如果继续使用，该生产线在未来4年的预计现金流量净额分别为200万元、300万元、400万元和600万元，假设各年现金流量均为在年末取得。在2022年年末使用寿命结束时，预计处置该资产产生的现金流量净额为800万元。

（3）采用5%的折现率。2018年年末该生产线的账面原值为3 000万元，已计提折旧为1 000万元，利率为5%、期数1—5期的复利现值系数分别为0.9524、0.9070、0.8638、0.8227和0.7835。

要求：

(1) 计算该资产预计未来现金流量的现值。

(2) 计算该资产的可收回金额。

(3) 计算该资产应计提减值准备的金额并编制相关的会计分录。

2. H公司有一条生产光学器材的生产线，由甲、乙、丙三台机器构成。三台机器的原始价值分别为100万元、160万元和240万元，预计使用年限均为10年，均已使用5年，预计净残值均为0，以年限平均法计提折旧。三台机器均无法单独产生现金流量，但整条生产线构成完整的产销单位，属于一个资产组。2018年，由于该生产线生产的产品在市场上出现了替代产品，削弱了企业产品的竞争力，导致企业销售锐减30%。因此，H公司于年末对该条生产线进行减值测试。H公司估计生产线未来5年现金流量及其折现率，预计其未来现金流量的现值为150万元，而且无法合理估计生产线公允价值减去处置费用后的净额。因此，H公司以预计未来现金流量的现值作为该生产线的可收回金额。2018年年末，乙机器的公允价值减去处置费用后的净额为60万元，公司都无法合理估计甲机器和丙机器的公允价值减去处置费用后的净额及其未来现金流量的现值。整条生产线预计尚可使用5年。

要求：

(1) 确定2018年12月31日资产组的账面价值。

(2) 计算资产组中各项资产应计提的减值金额。

(3) 编制计提资产减值损失的会计分录。

参考文献

1. IAS 36 Impairment of Assets，http://www.ifrs.org/issued-standards/list-of-standards/2018-10-27.

2. 财政部,《企业会计准则第 8 号——资产减值》,http://www.mof.gov.cn /zhuan tihuigu/kjsjzzf-bh/kjzz/。

3. 财政部会计司编写组,《企业会计准则第 8 号——资产减值》应用指南 2018,北京:中国财政经济出版社,2018 年。

4. 毛新述、戴德明、姚淑瑜,资产减值会计计量问题研究,《会计研究》,2005,10。

5. 张海平、吕长江,上市公司股权激励与会计政策选择:基于资产减值会计的分析,《财经研究》,2011,7。

第七章 负债和职工薪酬

【学习内容】

本章介绍负债的性质及其处理方法,包括流动负债和非流动负债。流动负债主要有短期借款、应付账款、应付票据、应交税费和应付职工薪酬等;非流动负债有长期借款、应付债券和长期应付款等。

【学习要点】

本章的重点是职工薪酬、应交税费、应付债券的内容及其会计处理方法,以及借款费用资本化金额的计算及处理;本章的难点是职工薪酬、应付债券、借款费用资本化的会计处理。

【学习目标】

通过本章的学习,要求做到:
- 了解各种流动负债的性质及处理方法
- 理解以长期借款、应付债券为主的非流动负债的会计处理
- 了解职工薪酬、借款费用的内容
- 掌握职工薪酬、借款费用资本化的会计处理

《企业会计准则第 9 号——职工薪酬》
扫码参阅

引导案例

一面是海水,一面是火焰

珠海格力电器股份有限公司披露的 2017 年年报显示:2017 年实现营业收入达 1 482.86 亿元,同比增长 36.92%;归属于上市公司股东净利润达 224.02 亿元,同比增长 44.87%,两项指标均创历史新高。公司同期股东权益为 668.35 亿元,同比增长 21.62%;但负债总额为 1 481.33 亿元,同比增长 16.25%,其中流动负债高达 1 474.91 亿元,同比增长 16.27%。公司的负债总额和当年营业收入相当,是当期归属于上市公司净利润的 6.61 倍。我们不禁存有疑惑:

▶ 请思考:

公司的财务状况和经营成果如何?

公司的负债比例是否正常?

公司的负债是否过多了?

资料来源:根据珠海格力电器股份有限公司 2017 年年报数据整理。

第一节 流动负债

负债(Liability)是指企业过去的交易或者事项形成的,预期会导致经济利益流出企业的现时义务。负债的一般特征是:

(1) 基于企业过去的交易或者事项而产生的。也就是说,只有过去的交易或者事项才形成负债,企业在未来发生的承诺、签订的合同等交易或者事项,不形成负债。

(2) 负债预期会导致经济利益流出企业。企业在履行现时义务清偿负债时,可以采用的形式有:以现金或实物资产的形式偿还;以提供劳务的形式偿还;以部分转移资产、部分提供劳务的形式偿还;将负债转为资本等。

(3) 负债是企业承担的现时义务。现时义务是指企业在现行条件下已承担的义务,未来发生的交易或者事项形成的义务,不属于现时义务,不应当确认为负债。

将一项现时义务确认为负债,既要符合负债的定义,还要同时满足以下两个条件:

一是与该义务有关的经济利益很可能流出企业。负债的确认应当与经济利益流出的不确定性程度的判断结合起来,如果有确凿证据表明,与现时义务有关的经济利益很可能流出企业,就应当作为负债予以确认;反之,如果企业承担了现时义务,但是导致经济利益流出企业的可能性很小,就不符合负债的确认条件,不应当作为负债予以确认。

二是未来流出的经济利益的金额能够可靠地计量。企业应当能够可靠计量未来流出的经济利益的金额。由于与现时义务有关的经济利益的流出通常在未来期间,有时未来期间还比较长,因此相关金额的计量必须综合考虑有关货币时间价值、风险等因素的影响。

通常,我们按负债的流动性将负债划分为流动负债和非流动负债。流动负债(Current Liability)是指将在1年或者超过1年的一个营业周期内偿还的债务,包括短期借款、应付利息、应付票据、应付账款、预收账款、应付职工薪酬、应交税费、应付股利、其他应交款和其他应付款、1年内到期的长期借款和其他流动负债等。非流动负债(Non-current Liability)是指偿还期在1年或者超过1年的一个营业周期以上的债务,包括长期借款、应付债券、长期应付款等。

一、短期借款

短期借款是指企业向银行或其他金融机构等借入的期限在1年以内(含1年)的各种借款。这部分借款一般是企业用来维持正常生产经营所需的资金或者为抵偿某项债务而借入的款项。企业向银行或其他金融机构等借入的各种借款,不论是用于企业的生产经营过程,还是用于购建固定资产或者其他方面,只要借款期限在1年以内(含1年),都属于短期借款的内容。

短期借款的会计处理包括三个方面的内容:一是取得借款的核算;二是借款利息的核算;三是归还借款的核算。企业应设置"短期借款"科目核算短期借款的借入、归还及结存情况,并按债权人户名和借款种类设置明细账。本科目的贷方登记企业借入的各种短期借款,借方登记企业按期归还的各种短期借款,期末贷方余额反映企业尚未到期归还的各种短期借款金额。

二、应付票据

流动负债中的应付票据仅指应付商业汇票,是企业在经济往来活动中因采用商业汇票结算方式而形成的债务或在借贷活动中形成的债务。我国票据法律规定,商业汇票的最长付款期限为6个月,因而将应付票据划归流动负债进行管理和核算。

商业汇票按承兑人的不同,分为商业承兑汇票与银行承兑汇票。商业承兑汇票的承兑人为付款人,承兑人承诺在未来一定时期内支付该项债务,并作为企业的一项负债予以记录。若企业采用银行承兑汇票,首先应持汇票和商品交易合同向开户银行申请承兑,经银行审查同意并交付承兑手续费后,企业方可持银行已承兑的票据进行商品交易。由银行承兑的汇票对付款人来讲,只是为收款方收回债权提供可靠的信用保证,不会因银行的承兑而使企业的这项负债消失。应付票据按带息和不带息,分为不带息票据和带息票据。

三、应付账款

(一)应付账款的内容

应付账款是指因购买材料、商品或接受劳务等而发生的债务。这是买卖双方因取得物资或服务与支付货款在时间上不一致而形成的负债。凡不是因购买货物或接受劳务而发生的其他应付款项,不属于应付账款的核算范围。另外,虽然应付账款与应付票据都属于流动负债,但两者的性质不同。应付票据是一种承诺未来付款的期票,是延期付款的书面证明;应付账款则是尚未结清的债务。

(二)应付账款的会计处理

为了核算因购进货物或接受劳务而发生的应付账款的增减变动情况,企业应设置"应付账款"账户,并按债权人设置明细账户进行明细分类核算。应付账款核算中的两个关键的问题是,确定应付账款的入账时间和应付账款的入账金额。

1. 应付账款的入账时间

应付账款入账时间的确定,应以与所购买物资所有权有关的风险和报酬已经转移或劳务已经接受为标志。但在实际工作中,一般应区别下列情况分别处理:(1)当所购物资与发票账单同时到达时,应付账款一般在物资验收入库以后才按发票价格登记入账。(2)当所购物资与发票账单不同时到达时,如发票账单已到但物资未到,则按"在途物资"确认并记录应付账款;如物资已到而发票账单月末仍未到达,为了客观地反映企业所拥有的资产和所承担的债务,则在月末将所购物资和应付账款暂估入账,到下月初再用红字予以冲回,待收到发票账单时,再按正常手续办理。

2. 应付账款的入账金额

应付账款的入账金额主要涉及货币的时间价值和购货折扣两个问题。由于应付账款的结算期较短,通常为 30—60 天,因此一般按到期偿付金额或者加上由供货单位代垫的运杂费登记入账,而不是按到期应付金额的现值计价。企业在购货时享有的商业折扣应予以扣除。对于企业享有的现金折扣,应按总价法处理,即购货时按发票上记载的全部应付金额,借记有关科目,贷记"应付账款"科目,获得现金折扣时冲减财务费用。

四、预收账款

预收账款是指企业按合同规定向购货单位或个人预先收取的部分或全部货款。企业在向客户提供商品或劳务前预先收取的款项,因商品销售合同或劳务服务合同尚未执行,不能作为企业的收入入账,只能确认为企业的一项负债。企业必须在收款后 1 年或一个营业周期内向客户发送商品或提供劳务,如果不能履行合同条款按期交货或提供劳务,就要承担如数退还预收货款及相关的责任。在企业按合同要求向客户如期交货或提供劳务后,预收账款才转为营业收入,债务也随之解除。因而,预收账款既是企业未履行的义务,同时也是企业未实现的收益。

五、应交税费

应交税费是指企业在一定时期内取得营业收入、实现利润或发生特定经营行为,按规定应当向国家缴纳各种税金。这些应交税金,应当按照权责发生制原则确认;应交纳税费在尚未缴纳之前暂时停留在企业,形成一项负债。

企业应依法缴纳的各种税金主要有增值税、消费税、资源税、环境保护税、土地增值税、房产税、车船税、城镇土地使用税、印花税、城市维护建设税、所得税、耕地占用税等。为了总括反映各种税费的缴纳情况,会计实务中应设置"应交税费"科目进行核算,并按税种设置明细账。

(一)增值税

增值税是以商品(含应税劳务)在流转过程中产生的增值额作为计税依据而征收的一种流转税。按我国现行增值税法的规定,增值税是对在我国境内销售或者提供加工、修理修配劳务以及进口货物的企业单位和个人,就货物销售或提供劳务的增值额和货物进口金额为计税依据而课征的一种流转税。

1. 增值税纳税人

根据《中华人民共和国增值税暂行条例》的规定,凡在中华人民共和国境内销售或者进口货物、提供应税劳务的单位和个人都是增值税纳税义务人。

为了既简化增值税的计算和征收,也有利于减少税收征管漏洞,增值税法规将增值税纳税人按会计核算水平与经营规模分为一般纳税人和小规模纳税人两类纳税人,分别采取不同的增值税计税方法。

财政部、国家税务总局2018年4月4日发布的《关于统一增值税小规模纳税人标准的通知》规定,增值税小规模纳税人的标准为年应税销售额500万元及以下,从2018年5月1日起执行。也就是说,增值税一般纳税人标准为年应税销售额500万元以上,小规模纳税人年应征增值税销售额标准统一为500万元以下,不再区分工业、商业和服务业。

2. 增值税税率和征收率

一般纳税人和小规模纳税人采用不同的税率与征收率。对一般纳税人实行比例税率。从2019年4月1日起调整基本税率为13%,为照顾一些特殊行业或产品还增设9%和6%的低税率;对小规模纳税人实行简易征收,征收率为3%;对出口货物实行零税率,但国务院另有规定的除外。

3. 增值税应纳税额的计算

(1)一般纳税人应纳税额的计算。一般纳税人销售货物或提供应税劳务的应纳税额,应该等于当期销项税额抵扣当期进项税额的余额,计算公式为:

$$当期应纳税额 = 当期销项税额 - 当期进项税额$$
$$= 当期销售额 \times 适用税率 - 当期进项税额$$

(2)小规模纳税人应纳税额的计算。小规模纳税人销售货物或者提供应税劳务,实行按照销售额和征收率计算应纳税额的简易办法,不得抵扣进项税额,计算公式为:

$$应纳税税额 = 销售额 \times 征收率$$

小规模纳税人的销售额不包括应纳税额。当小规模纳税人销售货物或提供应税劳

务采用销售额和应纳税额合并定价时,按以下公式计算销售额:

销售额＝含税销售额÷(1＋征收率)

4. 增值税的会计处理

(1) 一般纳税人一般购销业务的会计处理。对于一般纳税人,在销售货物或提供劳务时可以开具增值税专用发票,购入货物取得的增值税专用发票上注明的增值税进项税额可以用销项税额抵扣。

【例7-1】 云盛公司为增值税一般纳税人,2019年6月购入一批生产用原材料,增值税专用发票上注明价款为100 000元、增值税税额为13 000元。材料已到并验收入库,货款尚未支付。云盛公司当期销售产品一批,不含增值税的销售价格为200 000元,符合收入确认条件,货款尚未收到。假设该产品的增值税税率为13%。根据上述业务,云盛公司的账务处理如下:

(1) 购进原材料

借:原材料　　　　　　　　　　　　　　　　　　　　　　　　100 000
　　应交税费——应交增值税(进项税额)　　　　　　　　　　　13 000
　　贷:应付账款　　　　　　　　　　　　　　　　　　　　　　　　113 000

(2) 销售产品

借:应收账款　　　　　　　　　　　　　　　　　　　　　　　　226 000
　　贷:主营业务收入　　　　　　　　　　　　　　　　　　　　　　200 000
　　　　应交税费——应交增值税(销项税额)　　　　　　　　　　　26 000

(2) 一般纳税人购入免税产品的会计处理。企业销售免征增值税项目的货物,不能开具增值税专用发票,只能开具普通发票。因此,一般纳税人企业购入免税产品,不会取得增值税专用发票。但按税法规定,企业购入免税农产品、收购废旧物资等,可以按买价(收购价)和规定的扣除率计算进项税额,并准予从销项税额中抵扣,买价扣除规定的进项税额后的余额计入所购农产品的成本。这里购入免税农产品的买价是指企业购进免税农产品支付给农业生产者的价款。

(3) 视同销售的会计处理。按照增值税暂行条例实施细则的规定,企业将自产、委托加工或购买的货物分配给股东或投资者,将自产、委托加工的货物用于集体福利或个人消费等行为,视同销售货物,应计算并缴纳增值税。对于税法上某些视同销售的行为,如以自产产品对外投资,从会计角度看属于非货币性资产交换,应遵照非货币性资产交换会计准则进行会计处理。但是,无论会计上如何处理,只要税法规定需要缴纳增值税的,就应当计算缴纳增值税销项税额,并记入"应交税费——应交增值税"科目中的"销项税额"明细栏。

(4) 不予抵扣项目的会计处理。按照《中华人民共和国增值税暂行条例》及其实施细则的规定,企业购进用于集体福利或个人消费的货物、用于非应税项目的购进货物或者应税劳务等,按规定不予抵扣增值税进项税额。如果购进货物时即能认定进项税额不能抵扣的(如购入的货物直接用于免税项目、非应税项目,或者直接用于集体福利和个人消费),则其增值税专用发票上注明的增值税税额直接计入购进货物或接受劳务的成本。如果购进货物时不能直接认定进项税额能否抵扣的,则其增值税专用发票上注明的增值税税额,按照增值税会计处理方法记入"应交税费——应交增值税(进项税额)"科目。当这部分货物以后用于按规定不得抵扣进项税额的项目时,应将原已计入的进项税额通过"应交税费——应交增值税(进项税额转出)"科目转入有关的"在建工程""应付职工薪酬——职工福利""待处理财产损溢"等科目。

(5) 小规模纳税人的会计处理。一般情况下,小规模纳税人购进货物所支付的增值税税额不能抵扣,其应纳增值税的计算采用简易办法。在会计实务中,小规模纳税人应设置"应交税费——应交增值税"科目核算应纳增值税。

【例 7-2】 佳福公司被核定为小规模纳税人,2019 年 6 月购入一批原材料,增值税专用发票上记载的原材料价款为 20 万元,支付的增值税税额为 0.6 万元,材料已验收入库,货款未付。该公司本月销售产品一批,含税价格总额为 41.2 万元,假定符合收入确认条件,货款尚未收到。根据上述资料,佳福公司应的账务处理如下:

(1) 购入材料

借:原材料　　　　　　　　　　　　　　　　　　　　　　　206 000
　　贷:应付账款　　　　　　　　　　　　　　　　　　　　　　　206 000

(2) 销售产品

不含税销售额 = 412 000 ÷ (1+3%) = 400 000(元)

应交增值税 = 400 000 × 3% = 12 000(元)

借:应收账款　　　　　　　　　　　　　　　　　　　　　　　412 000
　　贷:主营业务收入　　　　　　　　　　　　　　　　　　　　　400 000
　　　　应交税费——应交增值税　　　　　　　　　　　　　　　　12 000

(二) 消费税

消费税是对在我国境内生产、委托加工和进口应税消费品(如烟、酒、饮料、高档次及高能耗的消费品)征收的一种流转税,目的在于调节产品结构、引导消费方向。简单地说,消费税是对特定的消费品和消费行为征收的一种税。

1. 消费税的计算

消费税采用比例税率和定额税率两种形式,以适应针对不同应税消费品征税的实际情况;同时,对卷烟、白酒两类消费品采用复合税率计税。因此,消费税的计算方法有三类:

(1) 从价计征,计算公式为:

应纳税额 = 销售额 × 适用税率

(2) 从量计征,计算公式为:

应纳税额 = 销售数量 × 单位税额

(3) 复合计征,计算公式为:

$$应纳税额＝销售额\times 适用税率＋销售数量\times 单位税额$$

应税消费品在缴纳消费税的同时,与一般货物一样,还应缴纳增值税。按照规定,应税消费品的销售额,不包括应向购货方收取的增值税销项税额。如果企业应税消费品的销售额中未扣除增值税税额,或者因不能开具增值税专用发票而发生价款和增值税税额合并收取的,在计算消费税时,应将含增值税的销售额换算为不含增值税税额的销售额。在实行从量计征时,应纳税额的销售数量是指应税消费品的数量。其中,属于销售应税消费品的,为应税消费品的销售数量;属于自产自用应税消费品的,为应税消费品的移送使用数量;属于委托加工应税消费品的,为纳税人收回的应税消费品数量;属于进口的应税消费品的,为海关核定的应税消费品进口征税数量。

2. 产品销售应交消费税的处理

企业在销售产品时应交纳的消费税,应分别以下情况进行处理:

(1)税法上视同销售,会计上也作为销售处理的有:企业将生产的应税消费品直接对外销售的;企业将生产的应税消费品换取生产资料、消费资料的;抵偿债务等。这类业务涉及的应纳消费税,通过"税金及附加"科目核算,企业按规定计算出应交的消费税,借记"税金及附加"科目,贷记"应交税费——应交消费税"科目。

【例7-3】 云盛公司为增值税一般纳税人,本期销售生产的应纳消费税产品,应纳消费税产品的售价为40万元(不含应向购买者收取的增值税税额),产品成本为30万元。该产品的增值税税率为13%,消费税税率为10%。产品已经发出,符合收入确认条件,款项尚未收到。根据上述资料,云盛公司的账务处理如下:

$$应交的消费税＝400\,000\times 10\%＝40\,000(元)$$

借:应收账款	452 000
贷:主营业务收入	400 000
应交税费——应交增值税(销项税额)	52 000
借:税金及附加	40 000
贷:应交税费——应交消费税	40 000
借:主营业务成本	300 000
贷:库存商品	300 000

(2)税法上视同销售,但会计上不作为销售处理的有:企业用生产的应税消费品对外投资;用于在建工程、非生产机构等其他方面。按规定应交纳的消费税,应计入有关的成本。例如,企业以应税消费品对外投资,应交的消费税计入投资的初始投资成本;企业以应税消费品用于在建工程项目,应交的消费税则计入在建工程成本。

(三)其他应交税费

1. 资源税

资源税是对在我国境内开采应税资源矿产品、生产盐的单位和个人,就其取得的级差收入征收的一种流转税。资源税的主要作用是通过征税调整资源之间的级差收入，使不同的企业在同一水平上展开竞争。资源税主要采用从量定额征收的办法，计税依据是课税数量。资源税的应纳税额，按照应税产品的课税数量和规定的单位税额，计算公式为：

应纳税额＝课税数量×单位税额

公式中的课税数量为：开采或者生产应税产品销售的，以销售数量为课税数量；开采或者生产应税产品自用的，以自用数量为课税数量。资源税法除采用从量定额征收办法以外，自2010年6月1日起，在新疆开采原油、天然气缴纳资源税的纳税人，对原油、天然气征收资源税实行从价计征的办法，计算公式为：

应纳税额＝销售额×比例税率(5％)

其中，销售额应该是不含增值税的销售额。

2. 土地增值税

土地增值税是对有偿转让国有土地使用权、地上建筑物及其他附着物产权的单位和个人，就其取得的增值额征收的一种税。开征土地增值税既有利于增加财政收入，又可在一定程度上抑制房地产的炒作，对防止国有土地收益的流失也起着重要的作用。土地增值税实行超额累进税率并按次征收，按照转让房地产所取得的增值额和规定的税率计算征收。这里的增值额是指转让房地产所取得的收入减去规定扣除项目金额后的余额。计算土地增值额的主要扣除项目有：(1)取得土地使用权所支付的金额；(2)开发土地的成本、费用；(3)新建房屋及配套设施的成本、费用，或者旧房及建筑物的评估价格；(4)与转让房地产有关的税金。企业缴纳的土地增值税通过"应交税费——应交土地增值税"科目核算。

3. 房产税

房产税是以房产为征税对象，依据房产价格或房产租金收入向房产所有人或经营人征收的一种税。房产税的计税依据是房产的计税价值或房产的租金收入。按照房产的计税价值征税的，称为从价计征；按照房产的租金收入计征的，称为从租计征。按规定，实行从价计征房产税的，依照房产原值一次减除10％—30％后的余值计算缴纳。各地的扣除比例由当地省、自治区、直辖市人民政府确定。没有房产原值作为依据的，由房产所在地税务机关参考同类房产核定。纳税人出租房产的，以房产的租金收入为房产税的计税依据。我国现行房产税采用的是比例税率。由于房产税的计税依据分为从价计征和从租计征两种形式，房产税应纳税额的计算也有两种：

(1) 按房产原值一次减除10％—30％后的余值计征的，税率为1.2％。房产税应纳税额的计算公式为：

应纳税额＝应税房产原值×(1－扣除比例)×1.2％

这里的房产原值是"固定资产"科目中记载的房屋原价。

(2) 按房产出租的租金收入计征的，税率为12％。从2001年11月1日起，对个人按市场价格出租的居民住房,用于居住的,可暂按4%的税率征收房产税。另外,根据《关于廉租住房、经济适用住房和住房租赁有关税收政策的通知》的规定,对于个人出租住房,不区分用途,按4%的税率征收房产税;对企事业单位、社会团体及其他组织按市场价格向个人出租用于居住的住房,减按4%的税率征收房产税。房产税应纳税额的计算公式为:

应纳税额＝租金收入×12%(或4%)

企业按规定缴纳的房产税,应在"管理费用"账户中据实列支。对于企业按月缴纳或者按季、半年或一年为期间缴纳房产税且税款数额相对不大的,可以直接计入缴纳当期的管理费用中。按月计算出应交的房产税时,借记"管理费用"科目,贷记"应交税费——应交房产税"科目;实际以银行存款缴纳房产税时,借记"应交税费——应交房产税"科目,贷记"银行存款"科目。对于企业按季度、半年或一年期间缴纳相关房产税且金额比较大的,可以采用分期待摊的办法。

4.城镇土地使用税、车船税和印花税

城镇土地使用税是以城镇土地为征税对象,对拥有土地使用权的单位和个人征收的一种税。开征城镇土地使用税,有利于通过经济手段,调节土地级差收入,提高土地使用效益,理顺国家和土地使用者的分配关系。城镇土地使用税的计税依据为纳税人实际占用的土地面积。税务机关依照纳税人实际占用的土地面积,按照规定的固定税额计算应纳税额,向纳税人征收土地使用税。

车船税是对在中华人民共和国境内的车辆、船舶的所有人或者管理人,按照《中华人民共和国车船税暂行条例》的规定征收的一种财产税。车船税实行有幅度的定额税率。

印花税是对经济活动和经济交往中书立、使用、领受具法律效力的凭证的单位和个人征收的一种税。印花税是一种具有行为税性质的凭证税。印花税的税率有比例税率和定额税率两种。各类合同以及具有合同性质的凭证、产权转移书据、营业账簿中记载资金的账簿等适用比例税率,比率分别为0.05‰、0.3‰、0.5‰、1‰;权利许可证照、营业账簿中的其他账簿适用定额税率,均按件贴花,税额为5元。

企业按规定缴纳的城镇土地使用税和车船税,应在"管理费用"账户中列支。企业按规定计算应交的城镇土地使用税、车船税时,借记"管理费用"科目,贷记"应交税费——应交城镇土地使用税(或车船税)"科目;实际以银行存款缴纳时,借记"应交税费——应交城镇土地使用税(或车船税)"科目,贷记"银行存款"科目。

印花税属于一次性缴纳的税种,不存在税务机关清算和结算的问题,因此印花税可以不通过"应交税费"科目核算。企业在每次缴纳印花税的时候,不必预提,可设置"税金及附加——印花税"科目,核算印花税的缴纳情况。

5.城市维护建设税

城市维护建设税是国家对缴纳增值税、消费税的单位和个人,以其实际缴纳的"两税"税额为计税依据而征收的一种税。国家开征城市维护建设税的主要目的是为城市的维护建设提供稳定的资金来源。城市维护建设税按照纳税人所在地的不同,分别设置三档地区差别比例税率,即市区为7%,县城和镇为5%,不在市区、县城建制镇的为1%。城市维护建设税应纳税额的计算公式为:

应纳税额＝(纳税人实际缴纳的增值税税额＋消费税税额)×适用税率

在时行会计核算时,企业按规定计算出应纳城市维护建设税,借记"税金及附加"科目,贷记"应交税费——应交城市维护建设税"科目;实际缴纳时,借记"应交税费——应交城市维护建设税"科目,贷记"银行存款"科目。

6. 教育费附加

教育费附加是对缴纳增值税、消费税的单位和个人,以其实际缴纳的"两税"为计税依据而征收的一种附加费。教育费附加是为发展教育事业而征收的一种专项资金。教育费附加费率为3%,计算公式为:

应纳教育费附加＝(纳税人实际缴纳的增值税税额＋消费税税额)×教育费附加费率

教育费附加的核算与城市维护建设税相同,企业应设置"应交税费——应交教育费附加"明细账户。企业按规定计算出应纳教育费附加时,借记"税金及附加"科目,贷记"应交税费——应交教育费附加"科目;实际缴纳时,借记"应交税费——应交教育费附加"科目,贷记"银行存款"科目。

【例7-4】 云盛公司本月应交的增值税为700 000元,应交消费税为50 000元,城市维护建设税税率为7%,教育费附加费率为3%。计算本月应交的城建税和教育费附加,并作相应的会计处理。

(1) 云盛公司计算应交城市维护建设税和教育费附加

云盛公司本月应交城市维护建设税＝(700 000＋50 000)×7%＝52 500(元)

云盛公司本月应交教育费附加＝(700 000＋50 000)×3%＝22 500(元)

借:税金及附加　　　　　　　　　　　　　　　　　　　75 000
　　贷:应交税费——应交城市维护建设税　　　　　　　　　　52 500
　　　　　　　　——应交教育费附加　　　　　　　　　　　　22 500

(2) 下月初缴纳城市维护建设税和教育费附加

借:应交税费——应交城市维护建设税　　　　　　　　　52 500
　　　　　　——应交教育费附加　　　　　　　　　　　22 500
　　贷:银行存款　　　　　　　　　　　　　　　　　　　75 000

7. 耕地占用税

耕地占用税是国家为了利用土地资源、加强土地管理、保护农用耕地而征收的一种税。耕地占用税以实际占用的耕地面积计税,按照规定税额一次征收。企业缴纳的耕地占用税,不需要通过"应交税费"科目核算。企业按规定计算缴纳耕地占用税时,借记"在建工程"科目,贷记"银行存款"科目。

8. 环境保护税

根据《中华人民共和国环境保护税法》和《中华人民共和国环境保护税法实施条例》的规定,从2018年1月1日起对在中华人民共和国领域和中华人民共和国管辖的其他海域,直接向环境排放应税污染物的企事业单位和其他生产经营者征收环境保护税,不再征收排污费。应税污染物是指《环境保护税税目税额表》与《应税污染物和当量值表》规定的大气污染物、水污染物、固体废物和噪声。环境保护税按照下列方法计算:(1)应税大气污染物的应纳税额为污染当量数乘以具体适用税额;(2)应税水污染物的应纳税额为污染当量数乘以具体适用税额;(3)固体废物的应纳税额为固体废物排放量数乘以具体适用税额;(4)应税噪声的应纳税额为超过国家规定标准的分贝数对应的具体适用税额。企业按规定应交的环境保护税,在"应交税费"科目下设置"应交环境保护税"明细科目核算。

9. 企业所得税

企业生产所得、经营所得和其他所得,依照《中华人民共和国所得税暂行条例》及其实施细则的有关规定需要交纳所得税。企业应交纳的所得税,在"应交税费"科目下设置"应交所得税"明细科目核算;当期应计入损益的所得税,作为一项费用,在净收益前扣除。企业按照一定方法计算出的计入当期损益的所得税,借记"所得税费用"等科目,贷记"应交税费——应交所得税"科目。

六、应付股利

应付股利是指企业经股东大会或类似机构审议批准分配的现金股利或利润。企业股东大会或类似机构审议批准的利润分配方案、宣告分派的现金股利或利润,在实际支付前形成企业的负债;但是,企业董事会或类似机构通过的利润分配方案不应确认为负债,应在附注中披露。

股利分配的方式有现金股利和股票股利。企业股东大会或类似机构审议批准的利润分配方案,按应支付的现金股利或利润,借记"利润分配"科目,贷记"应付股利"科目;实际支付现金股利或利润时,借记"应付股利"科目,贷记"银行存款"等科目。

七、其他应付款

企业除了应付票据、应付账款、预收账款、应付职工薪酬、应付利息、应付股利、应交税费等,还会发生一些应付、暂收其他单位或个人的款项。例如,应付租入固定资产(指经营性租赁方式租入,若为融资租赁方式租入,则作为非流动负债)和包装物的租金、职工未按期领取的工资、存入保证金(如出租包装物押金)、应付统筹退休金等。这些暂收款、应付款构成企业的一项流动负债,在我国会计核算中,设置"其他应付款"账户进行核算。企业发生的其他各种应付、暂收款项,借记"管理费用"等科目,贷记"其他应付款"科目;支付的其他各种应付、暂收款项,借记"其他应付款"科目,贷记"银行存款"等科目。

第二节 非流动负债

非流动负债是指偿还期在1年或者超过1年的一个营业周期以上的债务。非流动负债和流动负债的主要区别在于偿还期,即在1年以内偿还的债务为流动负债,超过1年以上期限偿还的则为非流动负债。非流动负债主要包括长期借款、应付债券、长期应付款等。非流动负债除具有负债的共同特征外,还具有债务金额比较大、偿还期限比较长、可以采用分期偿还方式等特征。

企业筹措长期资金一般是为了购买大型设备,增建或扩建厂房、办公楼等。企业发生长期负债通常要负担一种长期的、固定的、数额较大的利息费用,因此要提前做好财务安排,以免发生财务危机。

根据《企业会计准则第22号——金融工具确认和计量》的规定,长期负债应当按照公允价值进行初始计量,采用摊余成本进行后续计量。实际利率与合同利率差别较小的,也可以按合同利率计算利息费用。

一、长期借款

长期借款是指企业从银行或其他金融机构借入的期限在1年以上(不含1年)的款项。企业在借款的使用期间,应当按期支付利息、到期偿还本金。

企业从银行借入长期借款,应与银行签订借款合同,约定借款本金和利息的偿还方式,并在使用过程中正确核算借款的取得、计息和归还情况。因此,长期借款的会计处理主要包括三方面:一是长期借款的借入;二是长期借款计提利息或支付利息;三是长期借款的归还。

企业应设置"长期借款"科目。该账户的贷方登记取得的长期借款本金和定期计提的长期借款利息,借方登记归还的本金和利息,期末余额在贷方,反映尚未归还的本金和利息。为方便核算,企业还设置"本金""应计利息"和"利息调整"等明细科目。

二、应付债券

(一)债券的性质

债券是一种金融契约,是政府、金融机构、工商企业等直接向社会借债筹措资金时,向投资者发行,同时承诺按一定利率支付利息并按约定条件偿还本金的债权/债务凭证。债券的本质是债的证明书,具有法律效力。债券购买者或投资者与发行者之间是一种债权债务关系,债券发行人即债务人,投资者(债券购买者)即债权人。按照发行主体,债券包括政府债券、金融债券和企业债券。企业发行的债券称为企业债券。债券持有人因持有债券而有权向债券发行人定期索取本息,从而构成债券发行企业的一项负债。企业发行的超过1年期以上的债券,构成企业的非流动负债,应作为"应付债券"核算。

(二)应付债券的会计处理

应付债券的会计处理主要包括三方面：一是债券发行；二是债券存续期间计提或支付利息；三是债券到期偿还。

1. 债券发行的会计处理

企业债券的发行方式有面值发行、溢价发行和折价发行三种。企业债券的发行价格受同期市场利率(在我国，一般指同期银行存款利率)的影响较大。债券的发行价格随同期市场利率的变动而反方向变动。当市场利率上升时，债券的价格下跌；当同期市场利率下降时，债券的价格则上升。如果债券的票面利率与同期市场利率一致，则为面值发行；如果债券的票面利率高于同期市场利率，则为溢价发行，而溢价是企业为以后多付利息而预先求得的补偿；如果债券的票面利率低于同期市场利率，则为折价发行，折价是企业为以后少付利息而预先给予投资者的补偿。因此，债券的溢价或折价是债券发行企业在债券存续期内对债券利息费用的一种调整。

如果债券发行价格等于债券面值，我们称之为面值发行；如果债券发行价格高于债券面值，我们称之为溢价发行；如果债券发行价格低于债券面值，我们称之为折价发行。

无论债券是按面值发行、溢价发行还是按折价发行，均按债券的票面价值记入"应付债券——面值"科目，将实际收到的款项与面值的差额记入"应付债券——利息调整"科目。

【例 7-5】 2013年12月31日，云盛公司经批准发行5年期一次还本、分期付息的公司债券5 000万元，债券利息在每年12月31日支付，票面年利率为6%。假定债券发行时的市场利率为4%，筹集的资金用于日常经营(已知：5期4%的1元复利现值系数为0.822，5期4%的1元年金现值系数为4.452)。

云盛公司该批债券发行价格 = 50 000 000 × 0.822 + 50 000 000 × 6% × 4.452
= 54 456 000(元)

根据上述资料，云盛公司2013年12月31日发行债券时的账务处理如下：

借：银行存款　　　　　　　　　　　　　　　　　　54 456 000
　　贷：应付债券——面值　　　　　　　　　　　　　50 000 000
　　　　　　　——利息调整　　　　　　　　　　　　 4 456 000

2. 债券存续期间的会计处理

应付债券存续期间的会计处理包括利息的计提、利息调整的摊销和利息的支付等。债券发行价格不同，相关利息的处理方法也不一样。

(1) 面值发行债券存续期间的会计处理。当企业按面值发行债券时，债券存续期内利息的处理有两种方式。对于到期一次还本付息的债券，可以每半年或一年计提一次利息，每次计提利息时，按应计利息，借记"财务费用"或"在建工程"科目，贷记"应付债券——应计利息"科目。对于分期付息到期还本的债券，借记"财务费用"或"在建工程"科目，贷记"应付利息"科目；实际支付利息时，借记"应付利息"科目，贷记"银行存款"等科目。

【例 7-6】 云盛公司 2018 年 1 月 1 日发行 5 年期、面值为 1 000 万元的债券用于建造厂房,票面年利率为 6%,发行价格为 1 000 万元,每半年付息一次。

(1) 假设不考虑发行相关费用等,相关的账务处理如下:

每半年应计提并支付的利息金额 = 10 000 000 × 6% ÷ 2 = 300 000(元)

借:在建工程　　　　　　　　　　　　　　　　　　300 000
　　贷:应付利息　　　　　　　　　　　　　　　　　　　300 000
借:应付利息　　　　　　　　　　　　　　　　　　300 000
　　贷:银行存款　　　　　　　　　　　　　　　　　　　300 000

(2) 如果云盛公司每年计提利息,到期一次还本付息,则账务处理如下:

每年应计提的利息金额 = 10 000 000 × 6% = 600 000(元)

① 每年计提利息

借:在建工程　　　　　　　　　　　　　　　　　　600 000
　　贷:应付债券——应计利息　　　　　　　　　　　　　600 000

② 到期还本

借:应付债券——债券面值　　　　　　　　　　10 000 000
　　　应付债券——应计利息　　　　　　　　　　3 000 000
　　贷:银行存款　　　　　　　　　　　　　　　　　13 000 000

(2) 溢价发行债券存续期间的会计处理。在债券存续期间,企业实际承担的各期利息费用,不仅要考虑每期支付的利息,还要考虑债券溢价和折价的摊销。

债券发行企业每期利息费用的计算公式为:

$$利息费用 = 支付的利息 - 溢价的摊销$$

$$利息费用 = 支付的利息 + 折价的摊销$$

债券溢价、折价的摊销有直线法和实际利率法两种。债券发行后,应编制"债券溢价(或折价)摊销表",据以进行每期的摊销。我国《企业会计准则第 17 号——借款费用》规定,应当采用实际利率法摊销债券的溢价、折价。

实际利率法是指按照应付债券的实际利率计算摊余成本及各期利息费用的方法。实际利率是指将应付债券在债券存续期间的未来现金流量,折现为债券当前账面价值所使用的利率,即市场利率。

实际利率法以债券发行时的市场利率乘以每期期初债券的账面价值,求得该期的财务费用,而财务费用与实际支付利息的差额即该期溢价、折价摊销额,计算公式为:

$$溢价摊销额 = 应支付的利息 - 当期财务费用$$

$$折价摊销额 = 当期财务费用 - 应支付的利息$$

其中,**当期财务费用 = 债券当期期初摊余成本 × 市场利率**

资产负债表日,对于分期付息、一次还本的债券,企业应按应付债券的摊余成本和实际利率计算确定的债券利息费用,借记"财务费用"或"在建工程"科目;按溢价金额的摊销额,借记"应付债券——利息调整"科目;按应计利息,贷记"应付利息"科目核算。

若为到期一次还本付息的债券,则通过"应付债券——应计利息"科目核算。

【例 7-7】 沿用【例 7-5】,云盛公司采用实际利率法和摊余成本计算确定的利息费用,如表 7-1 所示。

表 7-1 利息费用一览　　　　　　　　　　　　　　　　　单位:元

付息日期	支付利息 ①＝面值×票面利率6%	利息费用 ②＝④×实际利率4%	摊销的利息调整 ③＝①－②	应付债券摊余成本 本期④＝上期期末④－③
2013 年 12 月 31 日				54 456 000.0
2014 年 12 月 31 日	3 000 000	2 178 240.0	821 760.0	5 3634 240.0
2015 年 12 月 31 日	3 000 000	2 145 369.6	854 630.4	52 779 609.6
2016 年 12 月 31 日	3 000 000	2 111 184.4	888 815.6	51 890 794.0
2017 年 12 月 31 日	3 000 000	2 075 631.8	924 368.2	50 966 425.8
2018 年 12 月 31 日	3 000 000	2 033 574.2*	966 425.8	50 000 000.0

注:*尾数调整。

根据表 7-1 的资料,云盛公司的账务处理如下:

(1) 2014 年 12 月 31 日,确认利息费用

借:财务费用　　　　　　　　　　　　　　　　　　　　　　2 178 240
　　应付债券——利息调整　　　　　　　　　　　　　　　　　821 760
　　贷:应付利息　　　　　　　　　　　　　　　　　　　　　　　　3 000 000

(2) 支付利息费用

借:应付利息　　　　　　　　　　　　　　　　　　　　　　3 000 000
　　贷:银行存款　　　　　　　　　　　　　　　　　　　　　　　　3 000 000

2015 年、2016 年、2017 年确认及支付利息费用的会计处理同 2014 年。

(3) 折价发行债券存续期间的会计处理。对于折价发行的分期付息、一次还本的债券,资产负债表日,企业应按应付债券的摊余成本和实际利率计算确定的债券利息费用,借记"财务费用"或"在建工程"科目;按折价的摊销额,贷记"应付债券——利息调整"科目;按应计利息,贷记"应付利息"科目。若为到期一次还本付息的债券,则通过"应付债券——应计利息"科目核算。

3. 债券偿还的会计处理

若企业发行的债券是分期付息、一次还本方式的,则在每期支付利息时,借记"应付利息"科目,贷记"银行存款"科目;债券到期偿还本金并支付最后一期利息时,借记"应付债券——面值""在建工程""财务费用"等科目,贷记"银行存款"科目;按借贷双方之间的差额,借记或贷记"应付债券——利息调整"科目。

如为到期一次还本付息方式的,企业应于债券到期支付债券本息时,借记"应付债券——面值"、"应付债券——应计利息"科目,贷记"银行存款"科目。

【例 7-8】 沿用【例 7-5】,云盛公司2018年12月31日归还债券本金及确认和支付最后一期利息费用的相关账务处理如下:

借:财务费用　　　　　　　　　　　　　　2 033 574.2
　　应付债券——面值　　　　　　　　　　50 000 000
　　　　　　——利息调整　　　　　　　　　　966 425.8
　　贷:银行存款　　　　　　　　　　　　　53 000 000

第三节　职工薪酬

一、职工薪酬的内容

职工薪酬(Payroll)是指企业为了获得职工提供的服务或解除劳动关系而给予的各种形式的报酬或补偿。职工薪酬包括短期薪酬、离职后福利、辞退福利和其他长期职工福利。企业提供给职工配偶、子女、受赡养人、已故员工遗属及其他受益人等的福利,也属于职工薪酬。这里所指的"职工",是指与企业订立劳动合同的所有人员,含全职、兼职和临时职工,也包括未与企业订立劳动合同但由企业正式任命的人员。未与企业订立劳动合同,或者未由企业正式任命但向企业提供服务以及与职工所提供服务类似的人员,也属于职工的范畴,包括与劳动中介公司签订用工合同而向企业提供服务的人员。

1. 短期薪酬

短期薪酬是指企业在职工提供相关服务的年度报告期间结束后十二个月内需要全部予以支付的职工薪酬,因解除与职工的劳动关系给予的补偿除外。短期薪酬具体包括职工工资、奖金、津贴和补贴,职工福利费,医疗保险费、工伤保险费和生育保险费等社会保险费,住房公积金,工会经费和职工教育经费,短期带薪缺勤,短期利润分享计划,非货币性福利及其他短期薪酬。

短期带薪缺勤是指企业支付工资或提供补偿的职工缺勤,包括年休假、病假、短期伤残、婚假、产假、丧假、探亲假等。短期利润分享计划是指因职工提供服务而与职工达成的基于利润或其他经营成果提供薪酬的协议。

2. 离职后福利

离职后福利是指企业为获得职工提供的服务而在职工退休或与企业解除劳动关系后,提供的各种形式的报酬和福利,短期薪酬和辞退福利除外。

3. 辞退福利

辞退福利是指企业在职工劳动合同到期之前解除与职工的劳动关系,或者为鼓励职工自愿接受裁员而给予职工的补偿。

4. 其他长期职工福利

其他长期职工福利是指除短期薪酬、离职后福利、辞退福利之外所有的职工薪酬,包括长期带薪缺勤、长期残疾福利、长期利润分享计划等。

对于职工薪酬企业在设置"应付职工薪酬"科目进行核算,并可根据职工薪酬的种类设置明细账进行分类核算。企业在计提职工薪酬时,记入"应付职工薪酬"的贷方;实际发放时,记入"应付职工薪酬"的借方。贷方余额反映企业应付未付的职工薪酬,借方余额反映多支付的职工薪酬。

二、短期薪酬的确认与计量

企业应当在职工提供服务的会计期间,将实际发生的短期薪酬确认为负债,并计入当期损益,其他会计准则要求或允许计入资产成本的除外。

(一)货币性短期薪酬

货币性短期薪酬一般包括职工工资、奖金、津贴和补贴,大部分的职工福利费,医疗保险费、工伤保险费和生育保险费等社会保险费,住房公积金,工会经费和职工教育经费。

企业应当根据职工提供服务情况和工资标准计算应计入职工薪酬的工资总额,按照受益对象计入当期损益或相关资产的成本。

企业为职工交纳的医疗保险费、工伤保险费、生育保险费等社会保险费和住房公积金,以及按规定提取的工会经费和职工教育经费,应当在职工提供服务的会计期间,根据规定的计提基础和计提比例计算确定相应的职工薪酬金额并确认相应负债,按照受益对象计入当期损益或相关资产的成本。

企业发生的职工福利费,应当在实际发生时根据实际发生额计入当期损益或相关资产的成本。职工福利费为非货币性福利的,应当按照公允价值计量。

【例 7-9】 2019 年 8 月,云盛公司当月应发工资为 500 万元,其中生产工人工资为 200 万元,生产部门管理人员工资为 40 万元,公司管理部门人员工资为 60 万元,专设销售部门人员工资为 20 万元,内部开发人员工资为 80 万元(符合资本化条件),建造厂房人员工资为 100 万元,均已通过银行支付。按照所在地政府的规定,分别按照工资总额的 10%、12%、2% 和 10.5% 计提医疗保险费、养老保险费、失业保险费和住房公积金;以银行存款向社会保险机构等交纳相关的社会保险费和住房公积金。云盛公司分别按照工资总额的 2% 和 1.5% 计提工会经费和职工教育经费。

应计入生产成本的职工薪酬 = 200 + 200 × (10% + 12% + 2% + 10.5% + 2% + 1.5%)
= 276(万元)

应计入制造费用的职工薪酬 = 40 + 40 × (10% + 12% + 2% + 10.5% + 2% + 1.5%)
= 55.2(万元)

应计入管理费用的职工薪酬 = 60 + 60 × (10% + 12% + 2% + 10.5% + 2% + 1.5%)
= 82.8(万元)

应计入销售费用的职工薪酬＝20＋20×(10％＋12％＋2％＋10.5％＋2％＋1.5％)
＝27.6(万元)

应计入研发支出的职工薪酬＝80＋80×(10％＋12％＋2％＋10.5％＋2％＋1.5％)
＝110.4(万元)

应计入在建工程成本的职工薪酬＝100＋100×(10％＋12％＋2％＋10.5％＋2％＋1.5％)
＝138(万元)

应交纳的社会保险费＝500×(10％＋12％＋2％)＝120(万元)

应交纳的职工住房公积金＝500×10.5％＝52.5(万元)

应计提的工会经费＝500×2％＝10(万元)

应计提的职工教育经费＝500×1.5％＝7.5(万元)

(1) 公司在分配工资、各种社会保险费、住房公积金、工会经费和职工教育经费等职工薪酬时,相关的账务处理如下:

借:生产成本	2 760 000
制造费用	552 000
管理费用	828 000
销售费用	276 000
研发支出——资本化支出	1 104 000
在建工程	1 380 000
贷:应付职工薪酬——工资	5 000 000
——社会保险费	1 200 000
——住房公积金	525 000
——工会经费	100 000
——职工教育经费	75 000

(2) 公司以银行存款向员工支付工资并向社会保险机构交纳相关的社会保险费和住房公积金时,相关的账务处理如下:

借:应付职工薪酬——工资	5 000 000
——社会保险费	1 200 000
——住房公积金	525 000
贷:银行存款	6 725 000

(二) 带薪缺勤

带薪缺勤是指企业对各种原因导致的缺勤进行补偿,包括年休假、病假、短期伤残假、婚假、产假、丧假、探亲假等。

带薪缺勤分为累积带薪缺勤和非累积带薪缺勤。累积带薪缺勤,是指带薪缺勤权利可以结转下期的带薪缺勤,本期尚未用完的带薪缺勤权利可以在未来期间使用。非累积带薪缺勤,是指带薪缺勤权利不能结转下期的带薪缺勤,本期尚未用完的带薪缺勤权利将被取消,并且职工离开企业时也无权获得现金支付。

企业应当在职工提供服务从而增加其未来享有的带薪缺勤权利时,确认与累积带薪缺勤相关的职工薪酬,并以累积未行使权利而增加的预期支付金额计量。我国企业职工休婚假、产假、丧假、探亲假、病假期间的工资通常属于非累积带薪缺勤。企业应当在职工实际缺勤的会计期间确认与非累积带薪缺勤相关的职工薪酬。

【例 7-10】 佳达公司共有 800 名职工,公司从 2017 年 1 月 1 日起实行累积带薪缺勤制度。该制度规定,每个职工每年可享受 9 个工作日的带薪年休假,未使用的年休假只能向后结转一个公历年度,超过 1 年未使用的权利作废,职工在离开公司时不能获得现金支付;职工休年休假以后进先出为基础,即首先从当年可享受的权利中扣除,再从上年结转的带薪年休假余额中扣除;当职工离开公司时,公司对职工未使用的累积带薪年休假不支付现金。

2017 年 12 月 31 日,公司预计 2018 年有 780 名职工将享受不超过 9 天的带薪年休假,其余 20 名职工每人将平均享受 10 天年休假,假定这 20 名职工全部为总部各部门经理,该公司平均每名职工每个工作日的工资为 500 元。

(1) 佳达公司在 2017 年 12 月 31 日应当预计因职工累积未使用的带薪年休假权利而导致预期将支付的工资负债,即相当于 20 天(20×1)的年休假工资 10 000 元(20×500),相关的账务处理如下:

借:管理费用   10 000
　　贷:应付职工薪酬——累积带薪缺勤   10 000

(2) 2018 年,如果 20 名职工均未享受累积未使用的带薪年休假,则冲回上年度确认的费用,相关的账务处理如下:

借:应付职工薪酬——累积带薪缺勤   10 000
　　贷:管理费用   10 000

(3) 2018 年,如果 20 名职工均享受了累积未使用的带薪年休假,则 2018 年确认的工资费用应扣除上年度已确认的累积带薪费用。

(三)短期利润分享计划

短期利润分享计划是指因职工提供服务而与职工达成的基于利润或其他经营成果提供薪酬的协议。

利润分享计划同时满足下列条件的,企业应当确认相关的应付职工薪酬,并计入当期损益或相关资产成本。(1)企业因过去事项导致现在负有支付职工薪酬的法定义务或推定义务;(2)因利润分享计划所产生的应付职工薪酬义务金额能够可靠估计。

属于下列三种情形之一的,视为义务金额能够可靠估计:(1)在财务报告批准报出之前,企业已确定应支付的薪酬金额;(2)短期利润分享计划的正式条款中包括确定薪酬金额的方式;(3)过去的惯例为企业确定推定义务金额提供了明显证据。

企业根据自身经济效益增长的实际情况提取的奖金,属于奖金计划,应当比照利润分享计划进行会计处理。

职工只有在企业工作一段特定时间才能分享利润的,企业在计量利润分享计划产生的应付职工薪酬时,应当反映职工因离职而无法享受利润分享计划福利的可能性。

如果企业在职工提供相关服务的年度报告期间结束后 12 个月内,不需要全部支付利润分享计划产生的应付职工薪酬,该利润分享计划应当适用本准则其他长期职工福利的有关规定。

【例 7-11】 云盛公司制订了一项利润分享计划,将公司截至 2017 年 12 月 31 日会计年度税前利润的指定比例支付给在 2017 年 7 月 1 日至 2018 年 6 月 30 日为公司提供服务的职工,于 2018 年 6 月 30 日支付。截至 2017 年 12 月 31 日财务年度的税前利润为 5 000 万元。如果云盛公司在 2017 年 7 月 1 日至 2018 年 6 月 30 日期间没有职工离职,则当年的利润分享支付总额为税前利润的 5%。云盛公司估计职工离职将使支付额降至税前利润的 3%,其中直接参与生产的职工享有 1%,总部管理人员享有 2%。不考虑个人所得税影响。

分析: 虽然支付额是按照截至 2017 年 12 月 31 日会计年度税前利润的 5% 计量,但业绩却是基于职工在 2017 年 7 月 1 日至 2018 年 6 月 30 日期间提供的服务。因此,云盛公司在 2017 年 12 月 31 日应按照税前利润的 50% 的 3% 确认负债和成本及费用,金额为 750 000 元(50 000 000×50%×3%),余下的利润分享金额连同针对估计金额与实际支付金额之间的差额做出的调整额在 2018 年确认。

(1) 2017 年 12 月 31 日,计提利润分享支付额

借:生产成本　　　　　　　　　　　　　　　　　　　　　　250 000
　　管理费用　　　　　　　　　　　　　　　　　　　　　　500 000
　贷:应付职工薪酬——利润分享计划　　　　　　　　　　　750 000

分析: 2018 年 6 月 30 日,云盛公司的职工离职使得应支付的利润分享金额为 2017 年度税前利润的 3.5%(直接参加生产的职工享有 1.2%,总部管理人员享有 2.3%),在 2018 年确认余下的利润分享金额,连同针对估计金额与实际支付金额之间的差额做出的调整额合计为 1 000 000 元(50 000 000×3.5%−750 000)。其中,计入生产成本的利润分享计划金额为 350 000 元(50 000 000×1.2%−250 000)。计入管理费用的利润分享计划金额为 650 000 元(50 000 000×2.3%−500 000)。

(2) 2018 年 6 月 30 日,计提利润分享支付额

借:生产成本　　　　　　　　　　　　　　　　　　　　　　350 000
　　管理费用　　　　　　　　　　　　　　　　　　　　　　650 000
　贷:应付职工薪酬——利润分享计划　　　　　　　　　　1 000 000

(四)非货币性福利

非货币性福利是指企业以自产产品或外购商品发放给职工作为福利,将自己拥有的资产或租赁资产无偿提供给职工使用。

企业发放非货币性福利的,应当按公允价值计量。公允价值不能可靠计量的,可以采用成本计量。

1. 企业以自产产品或外购商品作为非货币性福利发放给职工

企业应当根据受益对象,按照产品的公允价值,将非货币性福利计入相关资产成本或当期损益,同时确认应付职工薪酬。其中,企业以自产产品作为非货币性福利发放给职工的,应当按照该产品的公允价值和相关税费,计量应计入成本费用的职工薪酬金额,并确认为主营业务收入,其销售成本的结转和相关税费的处理与正常商品销售相同。

【例7-12】 云华公司生产彩电,有职工500名,其中一线生产工人为450名,总部管理人员为50名。2018年6月,云华公司决定以自产的彩电作为福利发放给职工,每人一台。彩电的单位成本为3 500元,单位计税价格(公允价值)为4 000元,适用的增值税税率为16%。云华公司的财务处理如下:

彩电的售价总额=4 000×450+4 000×50=1 800 000+200 000=2 000 000(元)

彩电的增值税销项税额=1 800 000×16%+2 000 000×16%=320 000(元)

(1) 决定发放非货币性福利

借:生产成本　　　　　　　　　　　　　　　　　　2 088 000
　　管理费用　　　　　　　　　　　　　　　　　　　 232 000
　　贷:应付职工薪酬——非货币性福利　　　　　　　　　　 2 320 000

(2) 实际发放非货币性福利

借:应付职工薪酬——非货币性福利　　　　　　　　 2 320 000
　　贷:主营业务收入　　　　　　　　　　　　　　　　　　 2 000 000
　　　　应交税费——应交增值税(销项税额)　　　　　　　　 320 000
借:主营业务成本　　　　　　　　　　　　　　　　 1 750 000
　　贷:库存商品　　　　　　　　　　　　　　　　　　　　 1 750 000

2. 企业将自己拥有的资产或租赁资产无偿提供给职工使用

企业应当根据受益对象,将自有住房每期应计提的折旧计入相关资产成本或费用,同时确认应付职工薪酬。企业租赁住房供职工无偿使用的,应当根据受益对象,将每期应付的租金计入相关资产成本或费用,并确认应付职工薪酬;难以认定受益对象的,直接计入当期损益,并确认应付职工薪酬。

三、离职后福利的确认与计量

离职后福利是指企业为获得职工提供的服务而在职工退休或与企业解除劳动关系后提供的各种形式的报酬和福利,短期薪酬和辞退福利除外。

离职后福利计划是指企业与职工就离职后福利达成的协议,或者企业为向职工提供离职后福利而制定的规章或办法等。企业应当将离职后福利计划分类为设定提存计划和设定受益计划。

(一)设定提存计划

设定提存计划是指向独立的基金缴存固定费用后,企业不再承担进一步支付义务的离职后福利计划。企业应在资产负债表日确认为了换取职工在会计期间内为企业提供的服务而应付给设定提存计划的提存金,作为应付职工薪酬负债计入相关资产成本或当期损益。在设定提存计划下,企业的法定义务以企业同意支付给基金的缴存额为限,职工取得的离职后福利金额取决于企业向离职后福利计划或保险公司支付的提存金金额,以及提存金所产生的投资回报。在这种情况下,职工承担了精算风险(福利将少于预期)和投资风险(投资的资产将不足以支付预期的福利)。

【例7-13】 云盛公司为员工设立了一项企业年金,每月按每个员工工资的8%向独立的年金基金缴存企业年金,年金基金将其记入员工个人账户并负责资金的运作。员工在退休时可以一次性获得个人账户的累积额,包括云盛公司历年来的缴存额以及相应的投资收益。云盛公司除按约定向年金基金缴存年金之外不再负有其他义务,既不享有缴存资金产生的收益,也不承担投资风险。因此,该福利计划为设定提存计划。2018年,按照福利计划的安排,云盛公司向年金基金缴存的金额为350万元。其账务处理如下:

借:管理费用　　　　　　　　　　　　　　　　　3 500 000
　　贷:应付职工薪酬　　　　　　　　　　　　　　　　　3 500 000
借:应付职工薪酬　　　　　　　　　　　　　　　3 500 000
　　贷:银行存款　　　　　　　　　　　　　　　　　　　3 500 000

(二)设定受益计划

设定受益计划是指除设定提存计划以外的离职后福利计划,该福利归属于提供设定受益计划义务发生的期间。这一期间是指从职工提供服务以获取企业在未来报告期间预计支付的设定受益计划福利开始,至职工的继续服务不会导致这一福利金额显著增加之日为止。当职工后续年度的服务将导致其享有的设定受益计划福利水平显著高于以前年度时,企业应当按直线法将累计设定受益计划义务,在职工提供服务而导致企业第一次产生设定受益计划福利义务至职工提供服务不再导致该福利义务显著增加的期间分摊确认。在确定该归属期间时,不应考虑因未来工资水平提高而导致设定受益计划义务显著增加的情况。

企业可以采用以下步骤进行会计核算:

1. 确定设定受益计划义务的现值和当期服务成本

根据预期累计福利单位法,采用无偏且相互一致的精算假设对有关人口统计变量和财务变量等做出估计,计量设定受益计划所产生的义务,并确定相关义务的归属期间。根据资产负债表日与设定受益计划义务期限和币种相匹配的国债或活跃市场上高质量公司债券的市场收益率确定折现率,将设定受益计划所产生的义务予以折现,以确定设定受益计划义务的现值和当期服务成本。在预期累计福利单位法下,每一服务期间会增加一个单位的福利权利,并且对每一个单位单独计量以形成最终义务。企业应当对所有设定受益计划义务予以折现,包括预期在职工提供服务的年度报告期间结束后的12个月内支付的义务。

2. 确定设定受益计划净负债或净资产

设定受益计划存在资产的,企业应当将设定受益计划义务现值减去设定受益计划资产公允价值所形成的赤字或盈余确认为一项设定受益计划净负债或净资产;设定受益计划存在盈余的,企业应当以设定受益计划的盈余和资产上限两项中孰低者计量设定受益计划净资产。其中,资产上限是指企业可从设定受益计划退款,或者减少未来对设定受益计划缴存资金而获得的经济利益的现值。

3. 确定应当计入当期损益的金额

报告期末,企业应当将设定受益计划产生的职工薪酬成本确认为下列组成部分:(1)服务成本;(2)设定受益计划净负债或净资产的利息净额;(3)重新计量设定受益计划净负债或净资产所发生的变动。其中,服务成本、设定受益计划净负债或净资产的利息净额直接计入当期损益,除非其他会计准则要求或允许职工福利成本计入资产成本。

服务成本包括当期服务成本、过去服务成本和结算利得或损失。其中,当期服务成本是指职工当期提供服务所导致的设定受益计划义务现值的增加额;过去服务成本是指设定受益计划修改所导致的与以前期间职工服务相关的设定受益计划义务现值的增加或减少。设定受益计划结算利得或损失是下列两项的差额:(1)在结算日确定的设定受益计划义务现值;(2)结算价格,包括转移的计划资产的公允价值和企业直接发生的与结算相关的支付。企业应当在下列日期中的孰早日将过去服务成本确认为当期费用:(1)修改设定受益计划时;(2)企业确认相关重组费用或辞退福利时。企业应当在设定受益计划结算时,确认一项结算利得或损失。设定受益计划结算,是指企业为了消除设定受益计划所产生的部分或所有未来义务而进行的交易,而不是根据计划条款和所包含的精算假设向职工支付的福利。

设定受益计划净负债或净资产的利息净额包括计划资产的利息收益、设定受益计划义务的利息费用及资产上限的利息。

4. 确定应当计入其他综合收益的金额

报告期末,企业应当根据重新计量设定受益计划净负债或净资产所发生的变动,计入其他综合收益,并且在后续会计期间不允许转回至损益;但是,企业可以在权益范围内转移这些在其他综合收益中确认的金额。

重新计量设定受益计划净负债或净资产所发生的变动包括:(1)精算利得或损失,即由于精算假设和经验调整导致之前计量的设定受益计划义务现值的增加或减少;(2)计划资产回报,扣除包括在设定受益计划净负债或净资产的利息净额中的金额;(3)资产上限影响的变动,扣除包括在设定受益计划净负债或净资产的利息净额中的金额。

在设定受益计划下,企业的法定义务是为现在及以前的职工提供约定的福利,企业承担了精算风险和投资风险。

四、辞退福利的确认与计量

辞退福利是指企业在职工劳动合同到期之前解除与职工的劳动关系(不论职工本人是否愿意),或者为鼓励职工自愿接受裁减(职工有权选择继续在职或接受补偿离职)而给予职工的补偿。

(一)辞退福利的确认

企业向职工提供辞退福利的,应当在下列两者中孰早日确认辞退福利产生的职工薪酬负债,并计入当期损益:(1)企业不能单方面撤回因解除劳动关系计划或裁减建议所提供的辞退福利时;(2)企业确认涉及支付辞退福利重组的相关成本或费用时。

对于分期或分阶段实施的解除劳动关系计划或自愿裁减建议,企业应当将整个计划看作由各单项解除劳动关系计划或自愿裁减建议组成,在每期或每阶段计划符合预计负债确认条件时,将该期或该阶段计划中因提供辞退福利而产生的预计负债予以确认,计入该部分计划满足预计负债确认条件的当期管理费用,不能延至全部计划都符合确认条件时再予以确认。

对于企业实施的职工内部退休计划,由于这部分职工不再为企业带来经济利益,企业应当比照辞退福利处理。具体来说,在内部退休计划符合职工薪酬会计准则规定的确认条件时,企业按照内部退休计划的规定,将自职工停止提供服务日至正常退休日期间拟支付的内部退休人员工资和应交纳的社会保险费等确认为预计负债,一次性计入当期管理费用,不能在职工内部退休后分期确认因支付内部退休职工工资和缴纳社会保险费而产生的义务。

(二)辞退福利的计量

对于职工没有选择权的辞退计划,企业应当根据计划条款规定拟解除劳动关系的职工数量、每一职位的辞退补偿等计提应付职工薪酬。对于自愿接受裁减的建议,因接受裁减的职工数量不确定,企业应当根据《企业会计准则第13号——或有事项》的规定,预计将接受裁减建议的职工数量,根据预计的职工数量和每一职位的辞退补偿等计提应付职工薪酬。企业应当按照辞退计划条款的规定,合理预计并确认辞退福利产生的应付职工薪酬。辞退福利预期在确认的年度报告期后12个月内完全支付的,适用短期薪酬的相关规定;辞退福利预期在确认的年度报告期末后12个月内不能完全支付的,适用其他长期职工福利的相关规定。也就是说,实质性辞退工作在一年内实施完毕但补偿款项超过一年支付的辞退计划,企业应当选择恰当的折现率,按折现后的金额计量应计入当期损益的辞退福利金额。

【例7-14】 2017年5月,台纳公司管理层制订了一项辞退计划。对于辞退计划的详细内容,公司工会与员工经充分沟通,达成一致意见,辞退计划于2017年8月5日经董事会正式批准。计划规定从 2018 年 1 月 1 日起,公司将以员工自愿的方式,辞退第二分公司的员工,该辞退计划预计在 2018 年度内实施完毕。按照《企业会计准则第 13 号——或有事项》有关计算最佳估计数的方法,预计接受辞退的员工数量可以根据最可能发生的数量确定。该辞退计划的内容如表 7-2 所示。

表 7-2　2018 年公司辞退计划

部门	职位	辞退数量(人)	工龄(年)	补偿(万元/人)
第二分公司	第二分公司经理	1	15—30	50
	第二分公司副经理	3	1—15	22
			16—30	40
	核心员工	20	1—15	16
			16—30	30
	普通员工	60	1—15	10
			16—30	25
合计		84		

2017 年 12 月 31 日,公司预计各级别员工拟接受辞退的员工数量最佳估计数(最可能发生数)以及应支付的补偿如表 7-3 所示。

表 7-3　预计补偿

部门	职位	辞退数量(人)	工龄(年)	接受辞退员工(人)	补偿(万元/人)	补偿金额(万元)
第二分公司	第二分公司经理	1	15—30	1	50	50
	第二分公司副经理	3	1—15	1	22	22
			16—30	1	40	40
	核心员工	20	1—15	8	16	128
			16—30	8	30	240
	普通员工	60	1—15	40	10	400
			16—30	12	25	375
合计		84		71		1 255

根据表 7-3 的计算结果,愿意接受辞退员工的最可能数量为 71 名,预计补偿总额为 1 255 万元。公司 2018 年的账务处理如下:

　　借:管理费用　　　　　　　　　　　　　　　　　　　　12 550 000
　　　贷:应计职工薪酬——辞退福利　　　　　　　　　　　　12 550 000

五、其他长期职工福利的确认与计量

其他长期职工福利是指除短期薪酬、离职后福利、辞退福利之外所有的职工薪酬,

包括长期带薪缺勤、长期残疾福利、长期利润分享计划等。

企业向职工提供的其他长期职工福利,符合设定提存计划条件的,应当按设定提存计划相同的原则处理。此外,企业应当采用设定受益计划的有关规定,确认和计量其他长期职工福利净负债或净资产。在报告期末,企业应当将其他长期职工福利产生的职工薪酬成本确认为三个组成部分,即服务成本、其他长期职工福利净负债或净资产的利息净额、重新计量其他长期职工福利净负债或净资产所产生的变动。

长期残疾福利水平取决于职工提供服务期间长短的,企业应当在职工提供服务的期间确认应付长期残疾福利义务,计量时应当考虑长期残疾福利支付的可能性和预期支付的期限;长期残疾福利与职工提供服务期间长短无关的,企业应当在导致职工长期残疾的事件发生的当期确认应付长期残疾福利义务。

□ 核心概念

流动负债　　　非流动负债　　　职工薪酬　　　非货币性职工薪酬
公司债券　　　辞退福利　　　　离职后福利

□ 思考题

1. 什么是流动负债?什么是非流动负债?非流动负债相对于流动负债有什么优缺点?
2. 如何认定增值税小规模纳税人和增值税一般纳税人?两者对增值税的会计处理有什么不同?
3. 职工薪酬包括哪些内容?
4. 非货币性职工薪酬应如何计量?
5. 什么是辞退福利?会计上如何确认和计量辞退福利?
6. 债券的溢价、折价为什么需要在债券的存续期间进行摊销?如何摊销?

□ 练习题

1. 云盛公司为增值税一般纳税人,适用的增值税税率为13%。2019年7月发生与职工薪酬有关的交易或事项如下:

(1) 对行政管理部门使用的设备进行维修,应付企业内部维修人员工资为1.2万元。

(2) 为公司总部下属25名部门经理每人配备一辆免费使用的汽车,假定每辆汽车每月折旧为0.08万元。

(3) 将50台自产的洗衣机作为福利分配给本公司行政管理人员。该洗衣机每台的生产成本为3 000元,市场销售价格为5 000元(不含增值税)。

(4) 月末,分配职工工资200万元,其中直接生产产品人员工资为100万元,车间管理人员工资为20万元,企业行政管理人员工资为70万元,专设销售机构人员工资为10万元。

(5) 以银行存款交纳职工医疗保险费10万元。

(6) 按规定计算代扣代缴职工个人所得税1万元。

(7) 以现金支付职工李某生活困难补助0.5万元。

要求:编制云盛公司2019年7月上述业务的会计分录("应交税费"科目要求写出明细科目和专栏名称,答案中的金额单位用"万元"表示)。

2. 云盛公司为增值税一般纳税人,该公司2019年6月初"应交税费"账户余额为0,存货采用实际成本法核算,当月发生下列相关业务:

(1) 购入库存商品,价款为400 000元,增值税税额为52 000元,款项以银行存款支付,商品已验收入库。

(2) 销售应税消费品,价款为800 000元,增值税税额为104 000元,已收款并存入银行,消费税适用税率为10%。

(3) 月末,按照当月应交纳的增值税和消费税的一定比例计提城市维护建设税与教育费附加,计提比例分别为7%和3%。

要求:编制以上业务的会计分录并列示业务(3)的计算过程。

参考文献

1. IAS 19 Employee Benefitshttps,http://www.ifrs.org/issued-standards/list-of-standards/2018-10-27.

2. IAS 26 Accounting and Reporting by Retirement Benefit Plans,http://www.ifrs.org/issued-standards/list-of-standards/2018-10-27.

3. 财政部,《企业会计准则——基本准则》,http://www.mof.gov.cn/mofhome/tfs/zhengwuxinxi/caizhengbuling/201407/t20140729_1119494.html/208-10-27。

4. 财政部,《企业会计准则第17号——借款费用》,http://kjs.mof.gov.cn/zhuantilanmu/kuaijizhuanzeshishi/200806/t20080618_46231.html/208-10-27。

5. 财政部,《企业会计准则第9号——职工薪酬》,http://kjs.mof.gov.cn/zhengwuxinxi/zhengcefabu/201401/t20140129_1040561.html/208-10-27。

6. 财政部,《增值税会计处理规定》,http://kjs.mof.gov.cn/zhengwuxinxi/zhengcefabu/201612/t20161212_2479869.html/208-10-27。

7. 财政部、国家税务总局,《中华人民共和国增值税暂行条例实施细则》,http://www.chinatax.gov.cn/n810341/n810765/n812171/n812675/c1190739/content.html/208-10-27。

8. 财政部会计司编写组,《企业会计准则第9号——职工薪酬》应用指南2018,北京,中国财政经济出版社,2014年。

第八章 金融工具

【学习内容】

本章介绍金融工具的概念和内容,学习金融资产和金融负债的分类,认识金融负债和权益工具的区分,掌握金融工具的计量,学习金融资产和金融负债的披露。

【学习要点】

本章的重点是各类金融资产的划分,金融资产的初始计量和后续计量;以公允价值计量且其变动计入当期损益的金融资产的核算;实际利率法的应用和会计处理,即实际利率的计算、摊余成本的计算及每期实际利息收益的计算;以公允价值计量且其变动计入其他综合收益的金融资产的核算,包括在处置时的损益影响金额的计算;权益工具与金融负债的区分,结合相关的定义加以理解;金融负债,主要掌握公司债券的会计处理。

【学习目标】

通过本章的学习,要求做到:
- 认识金融资产和金融负债的性质和内容
- 学习金融资产和金融负债的分类
- 理解如何区分融资工具中的金融负债和权益工具
- 掌握金融资产和金融负债的计量
- 掌握金融工具的披露方式

《企业会计准则第 22 号——金融工具确认和计量》
扫码参阅

引导案例

网贷"爆雷"愈演愈烈，P2P公司终于迎来监管"救市"

2018年6月以来，网贷行业"爆雷"事件接连不断，处于"爆发"集中期。新闻媒体几乎每天都会曝光网贷平台违约关门甚至跑路的消息，给广大投资者的投资安全带来较大的压力，也在很大程度上引发社会对网贷平台经营前景的广泛担忧。中国银保监会主席郭树清在2018年6月的"陆家嘴论坛"上提醒投资者："收益率超过6%的就要打问号，超过8%的就很危险，10%以上的就要准备损失全部本金。"2018年7月，中国银保监会发布一则会议通讯稿，主题是"疏通货币政策传导机制——做好民营企业和小微企业融资服务"，监管部门开始重视P2P行业频频"爆雷"引发的对传统银行、股票市场等金融和社会领域的冲击与不良影响。会议摘要如下：监管层重视小微企业融资；与传统的金融机构相比，网贷平台能较高效地解决很多小微企业融资难的问题；虽然网贷平台具有灵活便捷的优点，但融资风险较大，如果缺乏有力的监督和管理，就可能引发巨大的金融和社会信用危机；同时，如果P2P机构大量破产，行业资金链断裂，小微企业也会面临更大的融资困难。

2018年7月19日，北京互联网金融风险专项整治工作领导小组办公室召开座谈会，提出近期将重点推动多项风险防范举措，包括强化推进数据管理机制建设、支持推进网贷机构良性退出机制建设、加快推进行业风险缓释机制建设、加快推进"白名单"机制建设等。该会议精神表明，政府未来将动态监测网贷机构合规性，进入"白名单"的网贷平台是目前被监管机构认定为合规的平台，能够正常开展业务；对于造成不良影响的网贷平台，将按照分类处置的要求，报送相关部门进行处理，构成犯罪的，报送公安机关立案侦查。中国银保监会拟出台措施，明确全国统一的现场检查标准，并对经检查的机构进行分类名单式管理，分别确定相应的管理措施；将按照国家统一部署，继续开展P2P网贷现场检查工作。去伪存真，让真正从事P2P网贷业务的合规平台健康发展。

现代经济的核心是金融，随着信息技术和互联网的普及和快速发展，互联网金融和金融工具不断地创新发展，一系列的金融创新工具在给金融市场与现代经济的发展带来滋润的血液和动力，保障经济运行、促进社会发展的同时，也使得金融体系的稳定性下降、风险增大，削弱了传统金融监管的有效性，对新形势下的金融监管提出了更高的要求。在现代市场经济环境下，金融创新与金融监管是一对动态博弈的有机体，特别是2007—2008年金融危机发生以来，会计理论和实务界对金融工具监管的重视不断加强。鉴于IAS 39对金融工具的分类和计量过于复杂、盈余管理操纵空间较大，因此IASB于2009年11月发布了《国际财务报告准则第9号：金融工具》(IFRS 9)，对金融资产分类和计量重新进行了规定，将原有的金融资产四分类改为两分类。2017年3月，我国财政部修订发布了《企业会计准则第22号——金融工具确认和计量》等。

▶ 请思考：

在当前我国经济高度资本化和证券化发展的环境下，会计准则应该如何变革和发展，从而在适应现代金融工具快速创新发展需要的同时符合金融监管的要求？

资料来源：张姝欣，一波 P2P 爆雷潮过后　幸存平台迎来监管"救市"，《新京报》，2018 年 7 月 23 日。

第一节　金融工具概述

任何金融工具都是标准化的资本证券。标准化的目的是增强流动性，一般情况下，期限、交易条款和交易金额是标准化的，交易价格由市场决定。金融工具是指形成一个企业的金融资产并形成其他单位的金融负债或权益工具的合同或契约。从构成金融合同的两个方面来看，金融工具包括金融资产、金融负债（或权益工具）。金融资产和金融负债（或权益工具）是金融工具的两个方面，对投资方或持有方是金融资产，对筹资方或融资方则是金融负债或权益工具。其中，金融资产是投资方以金融工具形式存在的资产，通常指企业的现金、银行存款、应收账款、应收票据、贷款、股权投资、债权投资等资产；金融负债是融资方以金融工具形式存在的负债，通常指应付账款、应付票据、应付债券等负债；如果是以权益工具融资，则构成权益工具。从发行方来看，权益工具通常指企业发行的普通股、在资本公积项下核算的认股权等。

一、基本金融工具

基本金融工具（Primary Financial Instrument）是指一切能证明债权、权益、债务关系的一定格式的合法书面文件，既包括具有广泛应用性的现金，也包括具有限制性应用的票据和有价证券。基本金融工具也称传统金融工具，是衍生金融工具产生和运用的基础。在市场经济环境下，货币发挥着支付手段的职能，伴随着信用关系的发展，金融工具相应发展。基本金融工具通常包括企业持有的现金、存放于金融机构的款项、普通股，以及代表在未来期间收取或支付金融资产的合同权利或义务等，如应收款项、应付账款、其他应收款、其他应付款、存出保证金、存入保证金、客户贷款、客户存款、债券投资、应付债券等。

二、衍生金融工具

衍生金融工具（Derivative Financial Instrument）又称金融衍生产品，是与基础金融工具相对应的一个概念。它是指建立在基础产品或基础变量之上，价格随基础金融产品价格（或数值）的变动而变动的派生金融产品。衍生金融工具的基础变量包括利率、汇率、各类价格指数、通货膨胀率等。衍生金融工具是在货币、债券、股票等传统金融工具的基础上衍化和派生的,是以杠杆和信用交易为特征的金融工具。会计上的衍生金融工具,是指属于金融工具会计准则范围,同时具备下列特征的金融合同或其他合同:

(一)价格随其他特定金融工具价格的变动而变动

衍生金融工具衍生于原生商品(Underlying Commodity),自身并不具有价值,其价值随原生商品的价格(如利率、商品价格、汇率、价格指数、费率指数、信用等级、信用指数等)的变动而变动。因衍生金融工具的价格是基础商品价格变动的函数,故可以用来规避和转移风险。同时,衍生金融产品对价格变动的敏感性比传统的金融工具更强,波动幅度也比传统的金融工具大,从而加大了风险系数,带来更大的价格波动风险。

(二)具有财务杠杆作用

衍生金融产品的交易要求的初始净投资很少,甚至可以没有。初始净投资通常表现为少量的保证金,而保证金相对于实际交易金额来说是很少的一部分,参与者仅凭信用或只需动用少量的资金即可进行数额巨大的交易,发挥"四两拨千斤"的以小博大的杠杆效应。在某些情况下,参与者在签订合同时支付某种货币计量的款项,但同时会收到以另一种货币计量的等值的款项,如货币互换。这时,从交易双方的角度看,初始净投资均为0。在传统的会计报表上,衍生金融工具披露得不够充分,因为高度的不确定性说明其属于高风险和高收益型的金融产品。

(三)结算期在未来

衍生金融工具的结算通常需要经历一段时间,美式衍生工具既可能在未来某一个日期结算,也可能在未来多个日期结算,例如美式期权和欧式期权的结算日的设计是不同的。另外,在某些情况下,有些价外期权到期时买方可能不行权。从签订衍生金融合同到行权,中间都有一段间隔期。

三、金融资产、金融负债和权益工具

(一)金融资产

金融资产(Financial Asset)是指企业以金融工具形式持有的资产,包括企业持有的现金、其他方的权益工具和部分资产。具体而言,金融资产是指符合下列条件之一的资产:

1. 持有或在潜在有利条件下从其他方交换金融资产或金融负债的合同权利

金融资产可能是企业未来有权收取现金或其他金融资产的权利,例如企业的库存现金、银行存款、应收账款、应收票据和贷款等;也可能是在潜在有利条件下,与其他方交换金融资产或金融负债的合同权利,例如企业作为买方持有的看涨期权或看跌期权等。

【例8-1】 2018年1月1日,A上市公司的股票价格为每股100元。A公司与B公司签订6个月后结算的看涨期权合同。合同规定:A公司以每股5元的期权费买入6

个月后执行价格为每股 105 元的 C 公司股票的看涨期权。2018 年 6 月 30 日,如果 C 公司股票的实际价格高于 105 元,A 公司就会选择执行该期权。

分析:在本例中,A 公司享有在潜在有利条件下与 B 公司交换金融资产的合同权利,应当确认为一项衍生金融资产。

2. 将来须用或可用自身权益工具进行结算的金融工具合同

企业将来须用或可用自己发行的权益工具进行结算的非衍生工具合同,可以根据该合同收到可变数量的自身权益工具;或者,企业将来须用或可用企业自身权益工具进行结算的衍生工具合同,但不包括以固定数量的自身权益工具交换固定金额的现金或其他金融资产的衍生工具合同。

【例 8-2】 2018 年 1 月 1 日,A 上市公司为回购普通股股份,与 B 公司签订合同,向其支付 1 000 万元。根据合同,A 公司将于 2018 年 6 月 30 日从 B 公司处取得 1 000 万元等值的 A 公司的普通股。A 公司可获取的普通股的具体数量以 2018 年 6 月 30 日 A 公司股票的市场价格确定。

分析:在本例中,A 公司收到的自身普通股的数量随着公司普通股票市场价格的变动而变动,在这种情况下,A 公司应当确认一项金融资产。

金融资产的范围很广,除了本章的内容,广义地讲,长期股权投资和投资性房地产等也属于金融资产。

(二)金融负债

金融负债(Financial Liability)是指以金融工具形式存在的负债,必须符合下列条件之一:

一是具有交付或在潜在不利条件下交换金融资产或金融负债的义务。这是指在未来需要交付现金或其他金融资产偿还;或者在潜在不利条件下,负有交付金融资产或交换金融负债的合同义务。

二是将来须用或可用自身权益工具进行结算的金融合同。根据合同的约定,既可以交付可变数量的自身权益工具,也可以选择衍生工具合同,但不包括以固定数量的自身权益工具交换固定金额的现金或其他金融资产的衍生工具合同。例如,企业对全部普通股的持有方按原来的比例发行配股权,原有股东可以按持股比例以固定金额换取固定数量的股份,该类配股权属于权益工具,不属于金融负债。

(三)权益工具

权益工具(Equity Instrument)是指证明投资者在企业中投资权益的证明文件,是拥有被投资企业资产扣除负债后的净资产或剩余权益的合同。金融工具分类为权益工具,应当同时满足下列两个条件:

一是区别于金融负债,权益工具不包括交付金融资产或在潜在不利条件下负有交换金融资产或金融负债的合同义务。

二是将来须用或可用自身的权益工具结算。若为非衍生工具,则不包括交付可变数量的自身权益工具进行结算的合同义务;若为衍生工具,则只能以固定数量的自身权益工具交换固定金额的现金或其他金融资产结算该金融工具,如认股权证。

第二节 金融工具的分类

分类是确认和计量的基础。金融资产和金融负债(或权益工具)是金融契约的两个方面。从金融资产的角度来看,企业应当根据所管理金融资产的业务模式和金融资产合同现金流量的特征进行合理的分类。金融资产一般分为以下三类:以摊余成本计量的金融资产、以公允价值计量且其变动计入其他综合收益的金融资产、以公允价值计量且其变动计入当期损益的金融资产。金融资产和金融负债的分类一经确定,不得随意变更。

一、金融资产的分类

(一)企业管理金融资产的业务模式

1. 管理金融资产业务模式的认定

企业管理金融资产的业务模式,是指企业管理金融资产从而产生现金流量的方式。例如,企业管理金融资产所取得的现金流量的来源是收取合同现金流量,还是出售金融资产,或者两者兼有。在确定所管理金融资产的业务模式时,企业应当注意以下三个方面的要点:

(1)应当在管理金融资产组合的层次上确定业务模式。企业在确定管理业务模式时,应该基于金融资产组合,而非按照单个金融资产逐项地确定业务模式,该组合应当反映所管理金融资产的层次。在有些情况下,可能会将组合分拆为更小的组合,以合理反映企业管理该金融资产的层次。例如,企业持有一组应收账款抵押贷款组合,以收取合同现金流量为目标管理其中的部分贷款;同时,以出售为目标管理该组合中的另外一部分。再如,在同一时期,企业持有一组以收取合同现金流量为目标的投资组合,还持有一组既以收取合同现金流量为目标又以出售金融资产为目标的投资组合等。

(2)业务模式的确定是基于客观事实而不是自愿指定。业务模式通常可以从企业为实现战略和经营目标而开展的经济活动中得到反映,应当基于在业务模式评估日可获得的相关的客观证据。例如,向关键管理人员报告金融资产业绩的方式,影响金融资产业绩的风险及管理方式,相关业务管理人员获得报酬的方式是基于所管理资产的公允价值的变化,还是所收取的合同现金流量的大小,等等。

(3)应当以关键管理人员确定的特定管理目标为基础。关键管理人员是指拥有权力并负责计划、指挥和控制企业活动的人员。关键管理人员包括公司的董事会成员、总经理、财务负责人、董事会秘书和公司章程规定的其他人员。关键管理人员对整个组织的管理负有全面责任,他们的主要职责是制定组织的总目标和总战略,掌握组织的战略目标和经营决策,评价组织的绩效。

对于一些合理预期不会发生的情形,企业不得以此为基础确定业务模式。例如,企业预期仅会在一些特殊压力情形下才会出售的金融资产组合。如果在合理预期假设下该压力情形不会发生,那么该压力情形不能作为影响企业评估该类金融资产的业务模式的考虑因素。此外,在持续期间,金融资产实际现金流量的实现方式与评估业务模式时的预期可能有所不同,如果在评估业务模式时已经考虑了当时所有的可获得的相关信息,那么这一差异不构成财务报告的前期差错,也不改变企业在该业务模式下持有的剩余金融资产的分类。但是,企业在评估新的金融资产的业务模式时,应当根据新的信息做出判断。

2. 以收取合同现金流量为目标的业务模式

在这种业务模式下,企业管理金融资产的目标主要是在金融资产存续期内收取合同付款以实现现金流量,而不是持有并出售金融资产以获取整体回报。尽管企业持有金融资产是以收取合同现金流量为目标,但无须将所有此类金融资产持有至到期。也就是说,即使出售金融资产或者预计未来会出售金融资产,此类金融资产的业务模式仍然可能是以收取合同现金流量为目标。企业在评估金融资产的业务模式时,应当考虑此前出售金融资产的原因、时间、频率和价值,以及对未来出售的预期等。在以收取合同现金流量为目标的业务模式下,金融资产的信用质量影响企业收取合同现金流量的能力。为减少因信用恶化所导致的潜在信用损失而进行的风险管理活动,与以收取合同现金流量为目标的业务模式并不矛盾。因此,即使企业在金融资产的信用风险增大时为减少信用损失而予以出售,金融资产的业务模式仍然可能是以收取合同现金流量为目标。

【例8-3】 A商业银行购买一个应收账款保理贷款组合。该组合包含已发生信用减值的贷款,如果借款人在到期时不能按时偿付,A银行就应当通过邮件、电话或其他方式与客户联系催收。

分析:在本例中,A银行管理该贷款组合的业务模式是以收取合同现金流量为目标的。虽然部分贷款已发生信用减值,预期无法收取全部合同现金流量,但并不影响该金融资产的业务模式。

3. 以收取合同现金流量和出售金融资产为目标的业务模式

在该业务模式下,为了实现管理目标,收取合同现金流量和出售金融资产都是不可或缺的。企业通常要在维持资产日常流动性的同时,保持一定的收益率,有时会考虑合理匹配金融资产的持有期与相关负债的偿付期。与持有和出售两种极端的模式相比,该业务模式金融资产出售的金额或频率并不存在明确的界限,只是与以收取合同现金流量为目标的业务模式相比,通常该业务模式下的出售频率更高、出售金额更大。

【例8-4】 C保险公司为偿付保险合同负债提供资金,持有某种金融资产组合,公司利用金融资产产生的合同现金流量收入偿付到期的保险合同负债。为了确保合同现金流量流入能够足以偿付保险的合同负债,C保险公司定期进行重大的金融资产的购入和出售活动,以平衡资产组合,满足偿付到期保险合同负债所需的现金流量。

分析:在本例中,C保险公司管理该金融资产组合的业务模式以收取合同现金流量和出售金融资产为目标。

4. 其他业务模式

企业管理金融资产的业务模式不是以收取合同现金流量为目标,也不是以收取合同现金流量和出售金融资产为目标。例如,若企业持有金融资产的目标是短期获利或进行交易,则该金融资产的计量属性是公允价值;若企业管理金融资产的目标是出售金融资产以实现现金流量,在这种业务模式下,收取合同现金流量只是附带性质的,则该金融资产分类为以公允价值计量且其变动计入损益的金融资产。这类金融资产受关注的重点是公允价值信息,投资者应利用公允价值信息来评估企业管理业绩并做出决策。

(二) 金融资产合同现金流量的特征

该特征是指金融工具合同约定的并反映其经济特征的现金流量属性。例如,分类为以摊余成本计量的金融资产和以公允价值计量且其变动计入其他综合收益的金融资产,其合同现金流量特征应当与基本借贷安排相一致。该金融资产的合同条款规定的特定日期产生的现金流量,仅为支付本金和以未偿付本金金额为基础的利息;无论金融资产的法律形式是否为一项贷款,都可能是一项基本借贷安排。若企业持有的被投资公司的普通股股票的合同现金流量是收取未来股利及被投资公司清算时剩余收益的权益,则分类为以公允价值计量且其变动计入当期损益的金融资产。

1. 金融资产的本金和利息

本金(Principal)是指金融资产在初始确认时的公允价值,是借款人向贷款人借用的资本现值,计算公式为:

贷款本金＝已偿还的本金＋未偿还的本金

其中,未偿还的本金就是当前贷款本金余额,简称贷款余额,本金余额可能因还款等在存续期内发生变动。

利息(Interest)是指债权人因贷出货币资本而从债务人手中获得的报酬,内容上包括货币的时间价值、相关的信用风险、其他风险、成本和相应的利润等。企业应当使用金融资产的计价货币来评估金融资产的合同现金流量特征。此外,即使一项贷款具有完全追索权并有抵押品作为担保,该事实也不影响企业对合同现金流量特征的评估。在基本借贷安排中,利息的构成要素中最重要的通常是货币时间价值和信用风险的对价,而利息金额是以未偿付本金金额为基础的货币时间价值的对价。

2. 货币时间价值要素及调整

企业应当对相关的估计进行调整和修正,如通货膨胀因素等,以确定金融资产是否符合本金加利息的合同现金流量特征。企业可以使用定性或定量的方式进行评估并做出判断,有时金融资产还包含可能导致合同现金流量的时间分布或金额发生变更的合同条款(例如可提前还款或者可展期等),企业应当对相关条款进行评估,以确定该金融资产是否符合本金加利息的合同现金流量特征。企业应当同时评估变更之前和变更之后可能产生的合同现金流量,还应当评估导致合同现金流量的时间分布或金额发生变更的所有或有事项的性质。例如,合同规定当债务人拖欠的款项达到特定金额时,利率将重设为较高利率;或者当指定的权益指数达到特定水平时,利率将重设为较高利率。企业在对上述两种金融资产的合同现金流量特征进行评估和比较时,考虑或有事项的性质能够在一定程度上为评估合同现金流量特征提供参考。

(三)金融资产的分类

1. 以摊余成本计量的金融资产

摊余成本(Amortized Cost)是指以实际利率(同期市场利率)作为利息的计算基础,即投资成本减去利息后的金额。金融资产的摊余成本是用初始确认金额扣除已偿还的本金,加上(或减去)采用实际利率法将该初始确认金额与到期日金额之间的差额进行摊销形成的累计摊销额,扣除已发生的减值损失的余额。该摊余成本实际上相当于持有债权的账面价值,计算公式为:

期末摊余成本＝初始确认金额－已偿还的本金±累计摊销额－已发生的减值损失

摊余成本是持有债权在某个时点上未来现金流量的折现值。金融资产或金融负债的摊余成本,是指该金融资产或金融负债的初始确认金额经调整后的结果。金融资产同时符合以下两个条件的,应当分类为以摊余成本计量的金融资产:一是管理该金融资产的业务模式是以收取合同现金流量为目标;二是该金融资产的合同条款规定,在特定日期产生的现金流量,仅为对本金和以未偿付本金金额为基础的利息的支付。例如,商业银行向企业发放以固定利率计息的商业贷款,在没有其他特殊安排的情况下,通常同时满足以上两个条件,则该贷款可以分类为以摊余成本计量的金融资产。另外,企业发行的约定利率的债券,在没有其他特殊安排的情况下,通常也符合本金加利息的合同现金流量特征。如果企业管理债券的业务模式是以收取合同现金流量为目标,则该债券可以分类为以摊余成本计量的金融资产。再如,企业在正常商业往来中赊销商品所形成的应收账款,如果准备根据合同现金流量收取现金,不打算提前处置或转让该应收账款,则该应收账款也可以分类为以摊余成本计量的金融资产。

2. 以公允价值计量的金融资产

公允价值是指市场参与者在计量日发生的有序交易中,出售一项资产所能收到或者转移一项负债所需支付的价格。公允价值计量的基本要求是以公允价值计量金融资产,一般应用于金融资产能够用公允价值计量的有序交易条件。有序交易一般发生在主要市场或最有利市场中。其中,主要市场是指该金融资产交易量最大和交易活跃程度最高的市场;最有利市场则是指在考虑交易费用和运输费用后,能够以最高金额出售该金融资产的市场,一般指交易该金融资产的资本市场。市场参与者是指在金融资产的主要市场(在不存在主要市场情况下为最有利市场)中,相互独立的、熟悉该金融资产情况的、能够且愿意进行交易的买方和卖方。

(1) 以公允价值计量且其变动计入其他综合收益的金融资产(FVTOCI)。金融资产同时符合以下两个条件的,应当分类为以公允价值计量且其变动计入其他综合收益的金融资产:一是管理金融资产的业务模式既以收取合同现金流量为目标,又以出售该金融资产为目标;二是金融资产的合同条款规定,在特定日期产生的现金流量仅为对本金和以未偿付本金金额为基础的利息的支付。

例如,企业赊销商品给客户需形成应收账款,为了加快资金周转,企业与商业银行签订应收账款无追索权的保理协议,在银行授信额度内,企业可以随时向银行转让其应收账款。再如,投资企业持有的被投资企业发行的长期债券,管理该长期债券的业务模式通常是既以收取合同现金流量为目标又以出售该债券为目标。因此,以上均应当分类为以公允价值计量且其变动计入其他综合收益的金融资产。

【例 8-5】 A 公司赊销商品给客户而形成应收账款。为加快资金周转,公司与某商业银行签订应收账款无追索权的保理协议,在银行的授信额度内,A 公司可以随时向银行转让其应收账款。

分析:在本例中,应收账款的业务模式同时符合以上两个条件,应当分类为以公允价值计量且其变动计入其他综合收益的金融资产。

(2) 以公允价值计量且其变动计入当期损益的金融资产(FVTPL)。除以上分类为以摊余成本计量的金融资产和以公允价值计量且其变动计入其他综合收益的金融资产之外的,应当分类为以公允价值计量且其变动计入当期损益的金融资产。例如,企业持有的普通股股票,其合同现金流量源自收取被投资企业未来股利分配及其清算时获得剩余收益的权利,股利及获得剩余收益的权利均不符合以上本金和利息的定义。股票不符合本金加利息的合同现金流量特征,企业持有的股票一般应当分类为以公允价值计量且其变动计入当期损益的金融资产。另外,企业持有的常见的股票型基金、债券型基金、货币基金或混合基金和可转换债券等,通常也应当分类为以公允价值计量且其变动计入当期损益的金融资产。此外,在初始确认时,如果能够消除或显著减少会计错配,企业可以将金融资产指定为以公允价值计量且其变动计入当期损益的金融资产;而且,该指定一经确认,不得撤销。

(四) 金融资产分类的特殊规定

权益性投资通常不符合本金加利息的合同现金流量特征,因此分类为以公允价值计量且其变动计入当期损益的金融资产。然而在初始确认时,企业可以将非交易性权益工具投资指定为以公允价值计量且其变动计入其他综合收益的金融资产,并确认股利收入;而且,该指定一经确认,不得撤销。企业投资其他上市公司股票或者非上市公司股权的,都可能属于这种情形。

金融资产或金融负债满足下列条件之一的,表明企业持有该金融资产或承担该金融负债的目的是交易性的:

1. 取得金融资产是为了近期出售或回购

例如,企业以赚取差价为目的从二级市场购入的股票、债券和基金等,或者发行企业计划根据公允价值变动在近期回购的债券等。

2. 以近期短期获利模式集中管理的可辨认金融工具组合的一部分

在初始确认时就属于集中管理的可辨认金融工具组合的一部分,并且有客观证据表明近期是按短期获利模式管理的,即使组合中某个组成项目的持有期限稍长也不受影响。

3. 相关的衍生工具

除符合财务担保合同定义的衍生工具和被指定为有效套期工具的衍生工具外,其他的衍生工具符合交易性的特征,例如期货合约和期权合约。随着资本市场的发展,对衍生工具的利用不但是为了担保、对冲和有效套期,而且是为了大量的投资交易与投机性交易。衍生产品的基本特征为:(1)跨期性,即未来某个约定时间的交易;(2)杠杆性,利用保证金制度放大交易;(3)关联性,衍生工具的价格变动从根本上取决于标的资产的价格变动;(4)风险的复合性,由于衍生产品的价格与标的资产的价格不是线性关系,因此风险很难确定。

只有不符合上述条件的非交易性权益工具投资才可以被指定为以公允价值计量且其变动计入当期损益的金融资产。

企业在初始确认金融资产时,可基于单项非交易性权益工具投资,将其指定为以公允价值计量且其变动计入其他综合收益的金融资产,其公允价值的后续变动计入其他综合收益,无须计提减值准备。除了获得的股利收入计入当期损益外,其他相关的利得和损失均应计入其他综合收益且后续不得转入损益。企业在终止确认金融资产时,之前计入其他综合收益的累计利得或损失应当从其他综合收益中转出,计入留存收益。

在非同一控制下的企业合并中确认的或者由对价构成金融资产的,应当分类为以公允价值计量且其变动计入当期损益的金融资产,不得指定为以公允价值计量且其变动计入其他综合收益的金融资产。

二、金融负债的分类

企业应当结合自身业务的特点和风险管理的要求,对金融负债进行合理的分类。

(一)以摊余成本计量的金融负债

除下列各项外,企业应当将金融负债分类为以摊余成本计量的金融负债。

1. 以公允价值计量且其变动计入当期损益的金融负债

这包括交易性金融负债和指定为以公允价值计量且其变动计入当期损益的金融负债。

2. 继续涉入被转移金融资产形成的金融负债

这是指金融资产转移不符合终止确认条件,或者继续涉入被转移金融资产所形成的金融负债。对此类金融负债,应当按照金融资产转移会计准则的相关规定进行计量。

3. 相关的财务担保合同和低利率贷款承诺

这是指不属于以上两项情形的财务担保合同,以及不属于以公允价值计量且其变动计入当期损益的、以低于市场利率贷款的贷款承诺。此类金融负债应当在初始确认后按照确定的损失准备金额,以及初始确认金额扣除依据收入会计准则相关规定确定的累计摊销额后的余额孰高进行计量。

在非同一控制下的企业合并中,企业作为购买方确认的或由对价形成金融负债的,该金融负债应当按照以公允价值计量且其变动计入当期损益进行会计处理。

(二)公允价值选择权

为了提供相关的会计信息,企业在初始确认时,可以将一项(或一组)金融工具指定为以公允价值计量且其变动计入当期损益的金融资产或金融负债。该指定应当满足下列条件之一:

1. 能够消除或显著减少会计错配

有些金融资产被分类为以公允价值计量且其变动计入当期损益的金融资产,但与之直接相关的金融负债却被划分为以摊余成本进行后续计量的金融负债,从而导致会计错配。在这种情形下,如果企业将以上金融负债直接指定为以公允价值计量且其变动计入当期损益类,就能够消除这种会计错配。

例如,企业拥有某些金融资产,同时承担一些金融负债,这些金融资产和金融负债承担某种相同的风险,并且各自公允价值的变动方向相反,可以趋于相互抵消;但是,其中只有部分金融资产或金融负债以公允价值计量且变动计入当期损益。在这种情况下,如果企业将所有这些金融资产和金融负债均以公允价值计量且变动计入当期损益,就可以消除会计错配现象。

2. 风险管理和投资策略是以公允价值为基础进行管理、做出业绩评价

这是指正式的书面文件载明了企业的风险管理和投资策略是以公允价值为基础对相关的资产组合进行管理、做出业绩评价,并以此为基础向关键管理人员报告。

以公允价值为基础进行管理的金融资产组合,按照规定已经被分类为以公允价值计量且其变动计入损益的金融资产,因此企业不需要将满足此条件的公允价值选择权应用于这类金融资产。此项条件不是注重金融工具组合中各组成部分的性质,而是强调关注企业日常管理和业绩评价的方式。

企业将一项金融资产、金融负债或者金融工具组合指定为以公允价值计量且其变动计入当期损益,一经做出不得撤销。

第三节 金融负债和权益工具的区分

一、金融负债和权益工具的区分

（一）区分金融负债和权益工具应考虑的因素

企业应当按照金融工具的合同条款及其反映的经济实质而非法律形式，结合金融负债和权益工具的性质，在初始确认时将金融工具分类为金融负债或权益工具。在区分金融负债和权益工具时，企业应考虑以下两个因素：一是合同所反映的经济实质，应当基于合同的具体条款，以相关合同条款所反映的经济实质而非仅以法律形式为依据做出判断；二是金融工具的特征。企业应当具体分析金融工具各组成部分的合同条款，从而确定其特征是属于金融负债还是属于权益工具；企业还应当从整体上进行评估，以判定该金融工具是应该划分为金融负债还是权益工具，有些则是既包括金融负债又包括权益工具的复合金融工具。

（二）区分金融负债和权益工具的基本原则

1. 是否存在无条件地避免交付金融资产的合同义务

（1）金融负债是将来必须以交付金融资产来履行的一项合同义务。企业不能无条件地避免以交付金融资产来履行的一项合同义务。一是不能无条件地避免被赎回，发行方承担了以金融资产回购自身权益工具的义务。即使回购义务取决于合同对手方是否行使回售权，发行方也应当在初始确认时将该义务确认为一项金融负债，其金额等于回购所需支付金额的现值，如远期回购价格和期权行权价格的现值等。二是强制付息。发行方被强制要求支付利息，从而承担了支付未来每年利息的合同义务。

（2）权益工具是企业能无条件地避免交付金融资产结算的金融工具。例如，企业可以根据相应的议事机制，自主决定是否支付股利，无论股利是累积股利还是非累积股利；同时，所发行的金融工具没有到期日，持有方没有回售权；或者，虽然有固定期限，但发行方有权无限期递延。

【例8-6】 A公司发行一只年利率为6%的不可累积永续债。该债券无固定的还款期限，A公司可自主决定是否支付利息，合同中附有相关的保护投资者权益的条款，即当发行人未能清偿到期应付的其他债务融资工具、企业债或任何金融机构贷款的本金或利息时，发行人必须立即启动投资者保护机制，主承销商于20个工作日内召开永续债持有人会议，永续债持有人有权对如下处理方案进行表决：①无条件地豁免违反约定；②有条件地豁免违反约定，即如果发行人采取了增加担保等补救方案，并在30日内完成相关法律手续的，则豁免违反约定。

若上述豁免方案经表决生效，则发行人应无条件地接受债权人会议做出的决议，并于30个工作日内完成相关法律手续。若上述豁免方案未获表决通过，则永续债本息应在债权人会议召开日的次日立即到期支付。

分析：首先，受市场和生产经营等因素的影响，能否有足够的资金支付到期的债务不在 A 公司的控制范围内，即 A 公司无法控制是否会对债务产生违约；其次，当 A 公司对债务产生违约时，无法控制债权人大会通过或不通过上述豁免方案；最后，当债权人大会的表决结果为不豁免时，永续债本金和利息就必须到期应付。因此，A 公司不能无条件地避免以交付现金或其他金融资产来履行该项合同义务，该永续债符合金融负债的定义，应当被分类为金融负债而非权益工具。

2. 是否通过交付固定数量的自身权益工具结算

对于将来必须交付企业自身权益工具来结算的，如果未来结算时交付的权益工具数量是可变的，或者收到的对价金额是可变的，该金融工具的结算就会给其他权益工具所代表的剩余权益带来不确定性，不符合权益工具的定义。一项必须用或可用企业自身权益工具结算的金融工具是否给其他权益工具的价值带来不确定性，通常与金融工具的交易目的相关。如果自身权益工具是作为现金或其他金融资产的替代品，那么该自身权益工具的接收方在交收时具有确定的公允价值，以便得到与接受现金或其他金融资产的同等收益，因此企业所交付的自身权益工具数量是根据交付时的公允价值计算的，是可变的；反之，如果自身权益工具是为了使持有方作为投资人享有企业资产扣除负债的剩余权益，那么需要交付的自身权益工具数量通常在一开始就已商定，而非在交付时计算确定。因此，如果一项金融工具必须用或可用自身权益工具进行结算，企业就要考虑用于结算的自身权益工具是作为现金或其他金融资产的替代品，还是为了使该工具持有方享有在发行方扣除所有负债后的净资产的剩余权益。如果是前者，该工具就是发行方的金融负债；如果是后者，该工具就是发行方的权益工具。因此，对于以企业自身权益工具结算的金融工具，其分类需要考虑所交付的自身权益工具的数量是可变的还是固定的。

（1）基于自身权益工具的非衍生工具。如果发行方未来有义务交付可变数量的自身权益工具进行结算，则该非衍生工具是金融负债；否则，该非衍生工具是权益工具。企业可能承担以交付一定数量的自身股票或其他权益工具的合同义务，如果所交付的自身权益工具的数量是变化的——将来交付的自身权益工具的数量乘以结算时的公允价值恰好等于合同义务的金额，则无论该合同义务的金额是固定的还是基于利率、某种商品的价格或某项金融工具的市场价格等变量的变动而变，该合同都应当分类为金融负债。

【例 8-7】 A 公司与 B 公司签订合同，约定 A 公司以 10 000 万元等值的自身普通股偿还所欠 B 公司的债务。

分析：在本例中，A 公司将来应偿还 B 公司的债务金额 10 000 万元是固定的，但需交付的自身普通股的股份数量将随结算日 A 公司股票市场价格的变动而变动，在这种情况下，A 公司发行的该金融工具应当划分为金融负债。

(2) 基于自身权益工具的衍生工具。如果发行方只能以固定数量的自身权益工具交换固定金额的金融资产进行结算,则该衍生工具应当确认为权益工具;如果发行方以可变数量的自身权益工具交换固定金额或可变金额的金融资产,则该衍生工具应当确认为衍生金融负债或衍生金融资产。因此,权益工具满足"固定换固定"条件,衍生金融负债或衍生金融资产将来须用或可用自身权益工具来结算。例如,发行的股票期权赋予持有方以固定价格购买固定数量的公司股票的权利,尽管该合同的公允价值会随着股票价格及市场利率的波动而变动,但是不影响将来需交付的权益工具的数量,因此应当将该股票期权作为一项权益工具进行会计处理。

根据上述"固定换固定"原则判断,常见的金融工具有可转换债券、具备转股条款的永续债和优先股等。转股条款呈现的形式可能纷繁复杂,发行方应审查合同条款及其所反映的经济实质,以判断能否满足"固定换固定"原则。

【例 8-8】 A 公司(看涨期权的卖方)于 2018 年 2 月 1 日向 B 公司(看涨期权的买方)出售以自身普通股为标的的看涨期权。根据期权合同,若 B 公司行权,则 A 公司有义务以每股 90 元的价格向 B 公司出售自身普通股 10 000 股。其他有关资料如下:

① 合同签订日　　　　　　　　　　　　2018 年 2 月 1 日
② 行权日(假设为欧式期权)　　　　　　2019 年 1 月 31 日
③ 2018 年 1 月 1 日每股市场价格　　　　80 元
④ 2018 年 12 月 31 日每股市场价格　　　96 元
⑤ 2019 年 1 月 31 日每股市场价格　　　 96 元
⑥ 2019 年 1 月 31 日应支付的固定行权价格　90 元
⑦ 期权合同中的普通股数量　　　　　　10 000 股
⑧ 2018 年 2 月 1 日期权的公允价值　　　100 000 元
⑨ 2018 年 12 月 31 日期权的公允价值　　80 000 元
⑩ 2019 年 1 月 31 日期权的公允价值　　 60 000 元[(96-90)×10 000]

不考虑其他因素,A 公司的账务处理如下:

情形 1:假定合同中约定期权将来以现金净额结算。

(1) 2018 年 2 月 1 日,确认发行看涨期权

借:银行存款　　　　　　　　　　　　　　　　　　　　100 000
　　贷:衍生工具——看涨期权　　　　　　　　　　　　　　　10 000

"衍生工具"是共同类科目,具有双重性质。通过"衍生工具"科目核算的业务,既可以是金融资产,也可以是金融负债。"衍生工具"期末若为借方余额,则表示金融资产;若为贷方余额,则表示金融负债。"衍生工具"不会是权益工具。衍生工具若表示金融负债,则属于以公允价值计量且其变动计入当期损益的金融负债。

(2) 2018 年 12 月 31 日,确认期权公允价值减少 20 000 元

借:衍生工具——看涨期权　　　　　　　　　　　　　　20 000
　　贷:公允价值变动损益　　　　　　　　　　　　　　　　　20 000

(3) 2019年1月31日,期权的公允价值为80 000元,确认期权公允价值减少20 000元

借:衍生工具——看涨期权　　　　　　　　　　　　　20 000
　　贷:公允价值变动损益　　　　　　　　　　　　　　　　20 000

当日,B公司行使看涨期权,以现金净额方式结算

借:衍生工具——看涨期权　　　　　　　　　　　　　60 000
　　贷:银行存款　　　　　　　　　　　　　　　　　　　　60 000

分析:2019年1月31日期权的公允价值为60 000元。B公司价内行权,有权向A公司支付900 000元(10 000×90)获得A公司普通股10 000股,行权日该普通股的公允价值为960 000元(96×10 000);A公司有义务向B公司交付每股市场价格为96元的自身普通股10 000股;合同约定以现金净额60 000元[(96－90)×10 000]结算,即A公司支付B公司60 000元。此情形属于"在潜在不利条件下支付现金或金融资产的义务",故A公司应将其作为金融负债核算。

情形2:假定合同中约定期权将来以普通股净额结算。

(1)、(2)的账务处理与情形1相同。

(3) 2019年1月31日,每股市场价格为96元,以普通股股数结算净额

　　　　应支付的普通股股数 60 000÷96＝625(股)

借:衍生工具——看涨期权　　　　　　　　　　　　　60 000
　　贷:股本　　　　　　　　　　　　　　　　　　　　　　625
　　　　资本公积——股本溢价　　　　　　　　　　　　　　59 375

分析:在此情形下,该期权属于"交付非固定数量的自身权益工具",故A公司应将其作为金融负债核算。

情形3:假定合同中约定期权将来以普通股总额结算。

除A公司以约定的固定数量的自身普通股交换固定金额现金外,其他资料与情形1相同。B公司有权于2019年1月31日以900 000元(90×10 000)购买A公司10 000股普通股,A公司的财务处理如下:

(1) 2018年2月1日,确认发行看涨期权

借:银行存款　　　　　　　　　　　　　　　　　　100 000
　　贷:其他权益工具　　　　　　　　　　　　　　　　　100 000

B公司如果将来行使看涨期权,A公司将交付固定数量的普通股,同时从B公司收取固定金额的现金。

(2) 2018年12月31日,因为确认的是权益工具不是负债,没有发生现金收付,A公司无须就该期权的公允价值变动做会计处理,不必编制会计分录。

(3) 2019年1月31日,交付固定数量的自身普通股

借:银行存款　　　　　　　　　　　　　　　　　　900 000
　　其他权益工具　　　　　　　　　　　　　　　　　100 000

贷:股本		10 000
资本公积——股本溢价(差额)		990 000

分析:B 公司价内行权,约定该合同以总额进行结算,即 A 公司有义务向 B 公司交付 10 000 股自身普通股,同时收取 900 000 元现金。该看涨期权是价内期权,行权价格每股 90 元小于行权日的市场价格每股 96 元,对买方有利;B 公司在行权日行使该期权,向 A 公司支付 900 000 元以获取 10 000 股 A 公司股票。

在此情形下,该衍生工具属于以固定数量的自身股票换取固定金额现金,因此 A 公司应将其确认为权益工具。

(三) 或有结算条款

将来是否交付金融资产进行结算,或者是否以其他导致金融工具成为金融负债的方式进行结算,由未来某项不确定事项是否发生确定,而这项不确定事项是发行方和持有方均不能控制的,在此情形下,符合发行方"不能无条件地避免交付金融资产或以其他导致该工具成为金融负债的方式进行结算",因此应当分类为金融负债。满足下列条件之一的,通常分类为权益工具:一是要求以金融资产或以其他导致该工具成为金融负债的方式进行结算的,该或有结算条款几乎不具有可能性、相关情形极端罕见、显著异常或几乎不可能发生;二是只有在发行方清算时,才需要以金融资产或以其他导致该工具成为金融负债的方式进行结算;三是在特殊金融工具中分类为权益工具的可回售工具。

(四) 结算选择权

结算选择权是指发行方拥有结算方式的选择权。例如,为了防止附有转股权的金融工具的持有方行使转股权而导致发行方普通股股东的股权被稀释,发行方在衍生工具合同中加入一项现金结算选择权,即发行方有权以等值于应交付的股票数量乘以股票市价的现金金额支付给工具持有方,而不再发行新股。在这种情形下,发行方应当将这样的转股权确认为衍生金融负债,除非可供选择结算方式所有的证据均表明该衍生工具应确认为权益工具。

(五) 特殊金融工具的区分

1. 可回售工具

可回售工具是指合同中约定持有方将来可要求发行方回购的权益工具,将来持有方拥有将该金融工具回售给发行方的权利,以获取金融资产;或者在未来某一不确定事项发生或者持有方死亡或退休等条件具备时,自动将该金融工具回售给发行方。例如,某些开放式基金中可随时赎回的基金份额等,虽符合金融负债定义,但同时具有一定特征的可回售工具,应当分类为权益工具。

【例 8-9】 A 合伙制会计师事务所的合伙协议中约定,新合伙人在加入时按确定的金额和财产份额入伙,合伙人在退休或退伙时按财产份额的公允价值予以退还;会计师事务所的营运资金来自合伙人出资,合伙人入伙期间可按入伙的份额分享和承担会计师事务所的利润或亏损;如果会计师事务所破产清算,合伙人就要按入伙的份额获得相应的净资产或承担相应的亏损。

分析:在本例中,合伙协议中规定了在合伙人退休或退伙时负有向合伙人交付金融资产的义务,因此该可回售工具满足金融负债的定义。同时,该可回售工具满足以下特征:在会计师事务所清算时,合伙人可按财产份额获得净资产或承担损失,该协议属于企业中最次级类别的工具,所有合伙人权益具有相同的特征,仅负有以金融资产回购该工具的合同义务;合伙人在入伙期间可获得的现金流量总额,实质上基于该工具存续期内企业的损益、已确认净资产的变动、已确认和未确认的净资产的公允价值变动。因此,企业应当确认该金融工具为权益工具。

企业在认定可回售工具是分类为权益工具还是分类为金融负债时,应当注意以下三点:一是在企业清算时,具有优先要求权的工具不是有权按比例份额获得企业净资产的工具。二是在确定一项工具是否属于最次级类别时,应当评估若企业在评估日发生清算,该工具对企业净资产的要求权;同时,在相关情况发生变化时,应当重新评估对该工具的分类。三是除发行方以金融资产回购该工具的合同义务外,该工具不包括其他符合金融负债定义的合同义务。

2. 仅在清算时才有义务按比例交付净资产的金融工具

符合金融负债定义,仅在清算时才有义务向另一方按比例交付净资产的金融工具,同时具有下列特征的发行方,应当分类为权益工具:一是持有方拥有在企业清算时按比例份额获得该企业净资产的权利;二是该工具所属的类别次于所有的其他工具类别;三是发行方对该类别中所有的工具,在清算时都应当承担按比例份额交付净资产的同等合同义务。产生上述合同义务的清算确定将会发生,并且不受发行方的控制,或者发生与否取决于该工具的持有方。

3. 特殊金融工具分类为权益工具的其他条件

以上分类为权益工具的可回售工具,或发行方仅在清算时才有义务向另一方按比例交付净资产的金融工具,除应当具有上述特征外,发行方应当没有同时具备下列特征的其他金融工具或合同:一是现金流量总额实质上基于企业的损益、已确认净资产的变动、已确认和未确认净资产的公允价值变动;二是实质上限制或固定上工具持有方所获得的剩余回报。

(六) 收益和库存股

1. 利息、股利、利得或损失的处理

金融工具是划分为金融负债还是划分为权益工具,决定了相关的利息、股利、利得或损失的处理方法有所不同。其中,属于金融负债的,相关的利息、股利、利得或损失以及赎回或再融资产生的利得或损失等,计入当期损益;属于权益工具的,其发行、回购、出售或注销时,应当作为权益的变动处理,发行方不确认权益工具的公允价值的变动,发行方对权益工具持有方的股利分配做利润分配处理,发放的股票股利只影响所有者权益结构,而不会影响所有者权益总额。

2. 库存股

库存股(Treasury Stock)是权益类科目,也称库藏股,是指由公司购回而没有注销并由公司持有的已发行股份。公司将已发行的股票从市场中买回,存放于公司,尚未再出售、转让或注销。库存股在回购后并不注销,而由公司持有,在适当的时机再向市场出售或用于员工激励。"库存股"是所有者权益的抵减科目。库存股的成本是回购自身权益工具所支付的对价和交易费用之和,在会计处理时,应当减少所有者权益,不得确认金融资产。库存股可以由本公司购回和持有,也可以由集团合并范围内的子公司等其他成员公司购回和持有;公司持有库存股之后又重新出售,反映的是不同所有者之间的转让,而非公司本身的利得或损失。因此,无论这些库存股的公允价值如何波动,公司应直接将支付或收取的任何对价在权益中确认,不产生任何损益影响。

二、复合金融工具

复合金融工具(Compound Financial Instrument)是指金融工具中同时包含金融负债成分和权益工具成分。对于一项既包含金融负债成分又包含权益工具成分的金融工具,应在初始计量时,先确定其中金融负债成分的公允价值,再从复合金融工具的公允价值中扣除金融负债成分的公允价值,其余额的作为权益工具成分的价值。复合金融工具通常有可转换债券、优先股等。以可转换债券(Convertible Bond)为例,处理通常包括以下两个方面:第一,在可转换债券转换时,终止确认负债成分并转换为权益,其中的权益成分仍旧保留为权益,而且可转换债券在转换时不能产生损益;第二,在到期日前赎回或回购而终止一项仍具有转换权的可转换工具时,应在交易日将赎回所支付的价款按发生的交易费用分配至该工具的权益成分和负债成分,分配方法与发行该工具时采用的分配方法一致。由此而产生的利得或损失应分别根据以前章节所述的权益工具和金融负债所适用的原则进行处理,即分配至权益成分部分的计入权益,分配至债务成分部分的计入损益。

【例 8-10】 A 公司 2017 年 1 月 1 日按面值 100 元发行了 50 000 份可转换债券,取得总发行收入 5 000 000 元。债券期限为 3 年,票面年利率为 6%,按年支付利息;每份债券可在发行 1 年后的任何时间转换为 25 股普通股。A 公司发行该债券时,二级市场上与之类似但没有附转股权的债券的市场利率为 9%。假定不考虑其他相关因素,A 公司将发行的债券划分为以摊余成本计量的金融负债。假定至 2018 年 12 月 31 日,A 公司股票上涨幅度较大,可转换债券持有方都会在当日将持有的可转换债券转为股份。A 公司的账务处理如下:

分析:A 公司先对其中的负债成分进行计量。负债成分的公允价值等于按市场利率折现的到期本金的复利现值和每期利息的年金现值之和(见表 8-1)。

表 8-1 可转换债券中负债成分的公允价值　　　　　　　　　　　　　　单位：元

项目	金额
本金的现值： 第 3 年年末应付本金 5 000 000 元(复利现值系数为 0.7722)	3 861 000
各年利息的年金现值： 3 年期内每年应付利息 300 000 元(年金现值系数为 2.5313)	759 390
负债成分的公允价值总额	4 620 390
权益成分的公允价值总额	379 610
可转换债券发行总收入	5 000 000

(1) 2017 年 1 月 1 日，发行可转换债券

借：银行存款　　　　　　　　　　　　　　　　　　　　5 000 000
　　应付债券——利息调整　　　　　　　　　　　　　　　 379 610
　贷：应付债券——面值　　　　　　　　　　　　　　　　5 000 000
　　　其他权益工具　　　　　　　　　　　　　　　　　　 379 610

(2) 2017 年 12 月 31 日，确认和支付利息

　　财务费用＝4 620 390×9％＝415 835.1(元)
　　应付利息＝5 000 000×6％＝300 000(元)
　　应付债券的利息调整＝415 835.1－300 000＝115 835.1(元)

① 确认债券利息

借：财务费用　　　　　　　　　　　　　　　　　　　　 415 835.1
　贷：应付利息　　　　　　　　　　　　　　　　　　　　 300 000
　　　应付债券——利息调整　　　　　　　　　　　　　　 115 835.1

② 实际支付利息

借：应付利息　　　　　　　　　　　　　　　　　　　　 300 000
　贷：银行存款　　　　　　　　　　　　　　　　　　　　 300 000

　　年末摊余成本＝4 620 390＋115 835.2＝4 736 225.2(元)

(3) 2018 年 12 月 31 日，在债券转换为股份前计提和实际支付利息

　　财务费用＝(4 620 390＋115 835.2)×9％＝426 260.27(元)
　　应付利息＝5 000 000×6％＝300 000(元)
　　应付债券的利息调整＝426 260.27－300 000＝126 260.27(元)

① 确认债券利息

借：财务费用　　　　　　　　　　　　　　　　　　　　 426 260.27
　贷：应付利息　　　　　　　　　　　　　　　　　　　　 300 000
　　　应付债券——利息调整　　　　　　　　　　　　　　 126 260.27

② 实际支付利息

借：应付利息　　　　　　　　　　　　　　　　　　　　 300 000
　贷：银行存款　　　　　　　　　　　　　　　　　　　　 300 000

　　年末摊余成本＝4 620 390＋115 835.2＋126 260.27＝4 862 485.47(元)

分析：2018年12月31日，由于A公司股票上涨幅度较大，可转换债券持有方均于当日将持有的可转换债券全部转为股份。A公司对应付债券采用摊余成本进行后续计量，在转换日，转换前应付债券的摊余成本应为4 862 485.47元，而权益成分的账面价值一直为379 610元。"应付债券——利息调整"科目的账户余额为137 514.53元（379 610－115 835.2－126 260.27），在转换日，可转换债券转换为A公司普通股的股份数量为1 250 000股(50 000×25)。A公司的账务处理如下：

```
借：应付债券——面值                          5 000 000
  贷：应付债券——利息调整                         137 514.53
      股本                                      1 250 000
      资本公积——股本溢价                       3 612 485.47
借：其他权益工具                                 379 610
  贷：资本公积——股本溢价                          379 610
```

发行方有时为了促成持有方提前转换，可能会提供更有利的转换比率，或者在特定日期前转换支付额外的对价，从而有可能修订可转换工具的条款；在条款修订日，发行方根据修订后的条款授受持有方的转换，对于修订后相应对价的公允价值与根据原有条款进行转换所能获得的对价的公允价值之间的差额，发行方应确认为一项损失。

第四节 金融工具的计量

一、金融工具的初始计量

企业在初始确认金融资产或金融负债时，应当按照公允价值计量。对于以公允价值计量且其变动计入当期损益的金融资产和金融负债，相关交易费用直接计入当期损益；对于其他类别的金融资产或金融负债，相关交易费用计入初始确认金额。

交易费用(Transaction Fees)是指可以直接归属于购买、发行或处置金融工具的增量费用。增量费用是指企业如果没有发生购买、发行或处置金融工具的行为就不会发生的费用。具体包括支付给代理机构、咨询公司、券商、证券交易所、政府等有关部门的手续费、佣金、相关税费等其他必要支出，但不包括债券溢价、折价、融资费用、内部管理成本和持有成本等与交易不直接相关的费用。

企业应当根据公允价值计量准则的规定，确定金融资产和金融负债在初始确认时的公允价值。公允价值通常为相关金融资产或金融负债的交易价格，金融资产或金融负债的公允价值与交易价格存在差异的，应当区别以下两种情形进行处理：一是在初始确认时，公允价值依据相同资产或负债在活跃市场上的报价，或者根据可观察的市场数据使用估值技术可以确定的，企业应当将公允价值与交易价格之间的差额确认为一项利得或损失；二是在初始确认时，公允价值以其他方式确定的，企业应当将公允价值与交易价格之间的差额递延，并根据相关因素在相应的会计期间的变动程度，将该递延差额确认为相应会计期间的利得或损失。相关因素仅限于市场参与者对该金融工具定价时予以考虑的。

取得金融资产所支付的价款中包含已宣告发放但尚未领取的现金股利或已到期还没有领取的利息的,企业应当单独确认为应收项目。

二、金融资产的后续计量

（一）后续计量原则

对于不同类别的金融资产,分别有三种后续计量方式,分别为以摊余成本计量、以公允价值计量且其变动计入其他综合收益和以公允价值计量且其变动计入当期损益。

（二）以摊余成本进行后续计量

1. 实际利率法

企业应当采用实际利率法（Effective Interest Rate Method）,按摊余成本对相关的债权投资进行后续计量。实际利率法是指按照每期期初摊余成本和实际利率计算确认利息,计入投资收益或利息费用。实际利率是指将金融资产或金融负债在预期存续期间或适用的更短期间内的未来现金流量,折现为该金融资产或金融负债当前账面价值所使用的利率。企业在确定实际利率时,应当考虑金融资产或金融负债提前还款、延展期等所有的合同条款,并在此基础上估计预期现金流量；企业在确定实际利率时,通常要进行信用调整,将购入或衍生的已发生信用减值的金融资产在预计存续期的估计未来现金流量,折现为该金融资产当前摊余成本的利率；企业在调整实际利率时,应当考虑金融资产提前还款、展期等所有合同条款以及初始预期信用损失等,并在此基础上估计预期现金流量。

2. 摊余成本

对于金融资产或金融负债的摊余成本,企业在初始确认其金额的基础上,应当考虑以下三个方面的内容并予以调整:(1) 扣除已偿还的本金;(2) 加上或减去采用实际利率法将初始确认金额与到期日金额之间的差额进行摊销所形成的累计摊销额;(3) 累计已计提的减值准备。

【例 8-11】 2014 年 1 月 1 日,F 公司支付价款 90 万元(含交易费用)从活跃市场上购入 L 公司同日发行的 5 年期公司债券 100 万份,债券面值 100 万元,票面利率 4%,每年年末支付本年度债券利息。合同约定,本金在债券到期时一次性偿还,F 公司在购买该债券时,将购入的 L 公司债券分类为以摊余成本计量的金融资产。假定不考虑所得税、减值损失等因素,F 公司的账务处理如下:

(1) 2014 年 1 月 1 日,购入 L 公司债券

借:债权投资——成本　　　　　　　　　　　　1 000 000
　　贷:银行存款　　　　　　　　　　　　　　　　　　900 000
　　　　债权投资——利息调整　　　　　　　　　　　　100 000

分析:计算确定债券的实际利率。假设债券的实际利率为 r,则可列出以下等式:

$$(100×4\%)×A(r,5)+100×P(r,5)=90$$

采用逐步测试法:

第一步,设 $r=6\%$,则

$(100×4\%)×A(6\%,5)+100×P(6\%,5)-90$

$=(100×4\%)×4.212+100×0.747-90=1.548(万元)$

第二步,提高利率,设 $r=7\%$,则

$(100×4\%)×A(7\%,5)+100×P(7\%,5)-90$

$=(100×4\%)×4.1002+100×0.713-90=-2.299(万元)$

第三步,采用插值法,计算得出:$r=6.40\%$。

由此,以摊余成本计量的债券投资期末利息收入确认如表 8-2 所示。

表 8-2　以摊余成本计量的债券投资期末利息收入确认　　　　单位:元

时间	①期初摊余成本	②投资收益=每期期初摊余成本×6.40%	③票面利息=票面值×票面利率=100万元×4%	④折价摊销=②-③	⑤现金流入=票面利息+还本金额	④期末摊余成本=期初摊余成本+折价摊销-当年还本
2014 年年末	900 000.00	57 600.00	40 000	17 600.00	40 000	917 600.00
2015 年年末	917 600.00	58 726.40	40 000	18 726.40	40 000	936 326.40
2016 年年末	936 326.40	59 924.89	40 000	19 924.89	40 000	956 251.29
2017 年年末	956 251.29	61 200.08	40 000	21 200.08	40 000	977 451.37
2018 年年末	977 451.37	62 548.63	40 000	22 548.63*	1 040 000	961 244.00

注:* 尾差调整=2018 年年末折价摊销=1 00 000-(17 600+18 726.4+19 924.89+21 200.08)=22 548.63 元;2018 年年末投资收益=40 000+22 548.63=62 548.63 元。

根据上述数据,F 公司的有关账务处理如下:

(2) 2014 年 12 月 31 日,确认利息收入和收到利息

借:应收利息　　　　　　　　　　　　　　　　　　　　　40 000

　　债券投资——利息调整　　　　　　　　　　　　　　　17 600

　　贷:投资收益　　　　　　　　　　　　　　　　　　　　　57 600

借:银行存款　　　　　　　　　　　　　　　　　　　　　40 000

　　贷:应收利息　　　　　　　　　　　　　　　　　　　　　40 000

(3) 2015 年 12 月 31 日,确认利息收入和收到利息

借:应收利息　　　　　　　　　　　　　　　　　　　　　40 000

　　债券投资——利息调整　　　　　　　　　　　　　　　18 726.4

　　贷:投资收益　　　　　　　　　　　　　　　　　　　　　58 726.4

借:银行存款 40 000
　　贷:应收利息 40 000

(4) 2016年12月31日,确认利息收入和收到利息

借:应收利息 40 000
　　债券投资——利息调整 19 924.89
　　贷:投资收益 59 924.89
借:银行存款 40 000
　　贷:应收利息 40 000

(5) 2017年12月31日,确认利息收入和收到利息

借:应收利息 40 000
　　债券投资——利息调整 21 200.08
　　贷:投资收益 61 200.08
借:银行存款 40 000
　　贷:应收利息 40 000

(6) 2018年12月31日,确认利息收入,收到利息和本金

借:应收利息 40 000
　　债券投资——利息调整 22 548.63
　　贷:投资收益 62 548.63
借:银行存款 40 000
　　贷:应收利息 40 000
借:银行存款 1 000 000
　　贷:债券投资——成本 1 000 000

(三) 以公允价值进行后续计量

1. 计量原则

以公允价值计量且其变动计入当期损益的金融资产的利得或损失,应当计入当期损益;分类为以公允价值计量且其变动计入其他综合收益的金融资产所产生的利得或损失,除减值损失或利得和汇兑损益之外,均应当计入其他综合收益,直至该金融资产终止确认或被重分类。采用实际利率法计算的金融资产利息应当计入当期损益,计入各期损益的金额与按摊余成本计量而计入各期损益的金额相等。在该金融资产终止确认时,已经计入其他综合收益的累计利得或损失金额,应当从其他综合收益中转入当期损益。

指定为以公允价值计量且其变动计入其他综合收益的非交易性权益工具投资,除明确代表投资成本部分收回的之外,所获得的股利计入当期损益;其他相关的利得和损失均应当计入其他综合收益,且以后不得转入当期损益。当该权益工具终止确认时,计入其他综合收益的累计利得或损失,应当从其他综合收益中转入留存收益。

2. 股利收入的确认

确认为股利收入并计入当期损益,必须同时满足三个条件:一是收取股利的权利已经确认;二是与股利相关的经济利益很可能流入企业;三是股利的金额能够可靠计量。

与套期会计相关的金融资产及其公允价值变动形成的利得或损失,按套期会计相关准则的规定处理。

【例 8-12】 2017 年 1 月 1 日,A 公司从二级市场购入 B 公司的债券,支付价款合计 2 060 000 元(含已到付息日但尚未领取的利息 60 000 元),另发生交易费用 50 000 元。债券面值 2 000 000 元,剩余期限 2 年,票面年利率 6%,每半年末付息一次。A 公司分析管理该债券的业务模式和该债券合同现金流量的特征,并分类为以公允价值计量,且其变动计入当期损益的金融资产。其他资料如下:

(1) 2017 年 1 月 5 日,收到 B 公司债券 2016 年下半年的利息 60 000 元。

(2) 2017 年 6 月 30 日,B 公司债券的公允价值为 2 300 000 元。

(3) 2017 年 7 月 5 日,收到 B 公司债券 2017 年上半年利息 60 000 元。

(4) 2017 年 12 月 31 日,B 公司债券的公允价值为 2 100 000 元。

(5) 2018 年 1 月 5 日,收到 B 公司债券 2017 年下半年利息 60 000 元。

(6) 2018 年 6 月 20 日,通过二级市场出售 B 公司债券,取得价款 2400 000 元(含第一季度利息 30 000 元)。

假定不考虑其他因素,A 公司的账务处理如下:

(1) 2017 年 1 月 1 日,从二级市场购入 B 公司债券

借:交易性金融资产——成本　　　　　　　　　　　　2 000 000
　　应收利息　　　　　　　　　　　　　　　　　　　　　60 000
　　投资收益　　　　　　　　　　　　　　　　　　　　　50 000
　　贷:银行存款　　　　　　　　　　　　　　　　　　2 110 000

(2) 2017 年 1 月 5 日,收到购买债券之前已到付息日尚未领取的 2016 年下半年利息

借:银行存款　　　　　　　　　　　　　　　　　　　　60 000
　　贷:应收利息　　　　　　　　　　　　　　　　　　　60 000

(3) 2017 年 6 月 30 日,确认持有 B 公司债券的公允价值变动和投资收益

借:交易性金融资产——公允价值变动　　　　　　　　300 000
　　贷:公允价值变动损益　　　　　　　　　　　　　　300 000

借:应收利息　　　　　　　　　　　　　　　　　　　　60 000
　　贷:投资收益　　　　　　　　　　　　　　　　　　　60 000

(4) 2017 年 7 月 10 日,收到 B 公司债券 2017 年上半年利息

借:银行存款　　　　　　　　　　　　　　　　　　　　60 000
　　贷:应收利息　　　　　　　　　　　　　　　　　　　60 000

(5) 2017年12月31日,确认B公司债券的公允价值变动和投资收益

借:公允价值变动损益   200 000
    贷:交易性金融资产——公允价值变动   200 000
借:应收利息   60 000
    贷:投资收益   60 000

(6) 2018年1月10日,收到B公司债券2017年下半年利息

借:银行存款   60 000
    贷:应收利息   60 000

(7) 2018年6月20日,通过二级市场出售B公司债券

借:银行存款   2 400 000
    贷:交易性金融资产——成本   2 000 000
        ——公允价值变动   100 000
    投资收益   300 000

【例8-13】 2014年1月1日,F公司支付价款90万元(含交易费用)从活跃市场上购入L公司同日发行的5年期公司债券100万份,债券面值100万元,票面利率4%,每年年末支付本年度债券利息。合同约定,本金在债券到期时一次性偿还。F公司在购买该债券时,分析其管理债券的业务模式和债券合同现金流量的特征,将该债券分类为以公允价值计量且其变动计入其他综合收益的金融资产。其他资料如下:

(1) 2014年12月31日,L公司债券的公允价值为95万元(不含利息)。
(2) 2015年12月31日,L公司债券的公允价值为110万元(不含利息)。
(3) 2016年12月31日,L公司债券的公允价值为105万元(不含利息)。
(4) 2017年12月31日,L公司债券的公允价值为98万元(不含利息)。
(5) 2018年1月20日,F公司出售所持有的全部L公司债券100万份,取得价款110万元。假定不考虑所得税、减值损失等因素。

分析:假设L公司债券的实际利率为r,则有:

$$(100 \times 4\%) \times A(r,5) + 100 \times P(r,5) = 90$$

采用逐步测试法:

第一步,设$r=6\%$,则有:

$$(100 \times 4\%) \times A(6\%,5) + 100 \times P(6\%,5) - 90$$
$$= (100 \times 4\%) \times 4.212 + 100 \times 0.747 - 90 = 1.548(万元)$$

第二步,设$r=7\%$,则有:

$$(100 \times 4\%) \times A(7\%,5) + 100 \times P(7\%,5) - 90$$
$$= (100 \times 4\%) \times 4.1002 + 100 \times 0.713 - 90 = -2.299(万元)$$

第三步,采用插值法,计算得出:$r=6.40\%$。

由此,以摊余成本计量的债券投资期末利息收入确认如表8-3所示。

表 8-3 以摊余成本计量的债券投资期末利息收入确认 单位:元

时间	①现金流入=票面利息+还本金额	②投资收益=每期期初摊余成本×6.40%	③折价摊销=①-②	④期末摊余成本=期初摊余成本+摊销折价-当年还本	⑤公允价值	⑥当年公允价值变动额=⑤-④-期初⑦	⑦公允价值变动累计金额=期初⑦+⑥
2014年年初				900 000.00	900 000	0	0
2014年年末	40 000	57 600.00	17 600.00	917 600.00	950 000	32 400.00	32 400.00
2015年年末	40 000	58 726.40	18 726.40	936 326.40	1 100 000	131 273.60	163 673.60
2016年年末	40 000	59 924.89	19 924.89	956 251.29	1 050 000	-69 924.89	93 748.71
2017年年末	40 000	61 200.08	21 200.08	977 451.37	980 000	-91 200.08	2 548.63

F 公司的相关账务处理如下:

(1) 2014 年 1 月 1 日,购入 L 公司债券

借:其他债权投资——成本　　　　　　　　　　　　　　　　1 000 000
　　贷:银行存款　　　　　　　　　　　　　　　　　　　　　　900 000
　　　　其他债权投资——利息调整　　　　　　　　　　　　　100 000

(2) 2014 年 12 月 31 日,确认利息收入、确认持有债券公允价值变动和收到票面利息

借:应收利息　　　　　　　　　　　　　　　　　　　　　　40 000
　　其他债权投资——利息调整　　　　　　　　　　　　　　17 600
　　贷:投资收益　　　　　　　　　　　　　　　　　　　　　57 600
借:银行存款　　　　　　　　　　　　　　　　　　　　　　40 000
　　贷:应收利息　　　　　　　　　　　　　　　　　　　　　40 000
借:其他债权投资——公允价值变动　　　　　　　　　　　　32 400
　　贷:其他综合收益——其他债权投资公允价值变动　　　　　32 400

(3) 2015 年 12 月 31 日,确认利息收入、确认持有债券公允价值变动和收到票面利息

借:应收利息　　　　　　　　　　　　　　　　　　　　　　40 000
　　其他债权投资——利息调整　　　　　　　　　　　　　　18 726.4
　　贷:投资收益　　　　　　　　　　　　　　　　　　　　　58 726.4
借:银行存款　　　　　　　　　　　　　　　　　　　　　　40 000
　　贷:应收利息　　　　　　　　　　　　　　　　　　　　　40 000
借:其他债权投资——公允价值变动　　　　　　　　　　　　131 273.6
　　贷:其他综合收益——其他债权投资公允价值变动　　　　　131 273.6

(4) 2016年12月31日,确认利息收入、确认持有债券公允价值变动和收到票面利息

借:应收利息	40 000
其他债券投资——利息调整	19 924.89
贷:投资收益	59 924.89
借:银行存款	40 000
贷:应收利息	40 000
借:其他综合收益——其他债权投资公允价值变动	69 924.89
贷:其他债权投资——公允价值变动	69 924.89

(5) 2017年12月31日,确认利息收入、确认持有债券公允价值变动和收到票面利息

借:应收利息	40 000
其他债券投资——利息调整	21 200.08
贷:投资收益	61 200.08
借:银行存款	40 000
贷:应收利息	40 000
借:其他综合收益——其他债权投资公允价值变动	91 200.08
贷:其他债权投资——公允价值变动	91 200.08

(6) 2018年1月20日,F公司出售L公司债券100万份,取得价款110万元。确认出售L公司债券实现的损益

F公司持有L公司债券的成本＝90(万元)

F公司持有L公司债券的利息调整余额
＝100 000－17 600－18 726.4－19 924.89－21 200.08＝22 548.63(万元)

F公司持有L公司债券的公允价值变动计入其他综合收益的余额
＝32 400＋131 273.6－69 924.89－91 200.08＝2 548.63(万元)

借:银行存款	1 100 000
其他债权投资——利息调整	22 548.63
贷:其他债权投资——成本	1 000 000
投资收益	122 548.63
借:其他综合收益——其他债权投资公允价值变动	2 548.63
贷:其他债权投资——公允价值变动	2 548.63

第五节　金融工具的重分类和减值

从金融资产的角度来看,企业根据所管理金融资产的业务模式和金融资产合同现金流量的特征进行合理的分类,并结合自身业务特点和风险管理要求。对金融负债进行合理分类的要求:对金融资产和金融负债的分类一经确定,不得随意变更。在对金融

工具进行分类以后,若企业改变其管理金融资产的业务模式,则当对所有受影响的相关金融资产进行重分类,但对所有的金融负债均不得进行重分类。

一、金融工具重分类的原则

企业对金融资产进行重分类,应当自重分类日起,采用未来适用法进行相关的会计处理,但不得对以前已确认的利得、损失或利息进行追溯调整。重分类日,是指导致企业对金融资产进行重分类的业务模式发生变更后的首个报告期间的第一天。例如,A公司决定于 2018 年 10 月 12 日改变管理金融资产的业务模式,则重分类日为 2019 年 1 月 1 日,即下一季度会计期间的期初。

企业管理金融资产的业务模式发生变更,是一种极其少见的情形。其原因来自外部或内部环境的变化,必须是对企业经营决策影响重大的客观事项,一般只有当企业开始或终止某项对经营影响重大的收购、处置等活动时,其管理金融资产的业务模式才会发生变更。

【例 8-14】 A 金融公司持有拟在短期内出售的商业贷款组合。A 公司近期收购了 B 金融公司,B 公司持有贷款的业务模式是以收取合同现金流量为目标。为了便于管理,A 公司决定对持有的原拟在短期内出售的商业贷款组合不再以出售为目标,而将该组合与 B 公司持有的贷款一起管理,都以收取合同现金流量为目标。

分析: 在这种情形下,可以认为 A 公司管理商业贷款组合的业务模式发生了变更。

以下情形不属于业务模式变更:一是企业持有特定金融资产的意图改变,即使在市场状况发生重大变化的情况下改变持有意图,也不属于业务模式变更;二是金融资产的特定市场暂时性消失,从而暂时影响该金融资产的出售;三是金融资产在企业内部具不同业务模式的各部门之间发生转移等。

如果企业管理金融资产的业务模式没有发生变更,而金融资产的条款发生变更但未导致终止确认的,不允许重分类。如果金融资产条款发生变更导致金融资产终止确认的,不涉及重分类问题,企业应当终止确认原金融资产,同时按照变更后的条款确认一项新金融资产。

二、金融资产重分类的计量

(一)以摊余成本计量的金融资产的重分类

企业将一项以摊余成本计量的金融资产重分类为以公允价值计量且其变动计入当期损益的金融资产的,应当按照该金融资产在重分类日的公允价值计量,原账面价值与公允价值之间的差额计入当期损益。企业将一项以摊余成本计量的金融资产重分类为以公允价值计量且其变动计入其他综合收益的金融资产的,应当按照该金融资产在重分类日的公允价值计量,原账面价值与公允价值之间的差额计入其他综合收益。

【例 8-15】 2017 年 12 月 5 日,A 公司以 1 000 000 元购入一项债券投资,分类为以摊余成本计量的金融资产。2018 年 10 月 25 日,A 公司变更了管理该债券投资的业务模式,将从2019年1月1日起,将该债券重分类为以公允价值计量且其变动计入当期损益的金融资产。2019年1月1日,该债券的公允价值为980 000元,原来已确认的减值准备为12 000元。假设不考虑债券的利息收入。在2019年1月1日重分类日,A公司的账务处理如下:

借:交易性金融资产　　　　　　　　　　　　　　　980 000
　　债权投资减值准备　　　　　　　　　　　　　　12 000
　　公允价值变动损益　　　　　　　　　　　　　　 8 000
　　贷:债权投资　　　　　　　　　　　　　　　　1 000 000

（二）以公允价值计量且其变动计入其他综合收益的金融资产的重分类

企业将以公允价值计量且其变动计入其他综合收益的金融资产重分类为以摊余成本计量的金融资产的,应当将之前计入其他综合收益的累计利得或损失转出,调整金融资产在重分类日的公允价值,并以调整后的金额作为新的账面价值,视同该金融资产一直以摊余成本计量。企业将以公允价值计量且其变动计入其他综合收益的金融资产重分类为以公允价值计量且其变动计入当期损益的金融资产的,应当继续以公允价值计量金融资产,将之前计入其他综合收益的累计利得或损失从其他综合收益转入当期损益。

【例8-16】 2017年10月5日,A公司以1 000 000元购入一项债券投资,分类为以公允价值计量且其变动计入其他综合收益的金融资产。2018年11月20日,A公司变更了管理该债券投资的业务模式,于2019年1月1日将该债券重分类为以摊余成本计量的金融资产。2019年1月1日,该债券的公允价值为980 000元,原来已确认的减值准备为12 000元。假设不考虑利息收入。在2019年1月1日重分类日,A公司的账务处理如下:

借:债权投资　　　　　　　　　　　　　　　　　1 000 000
　　其他债权投资——公允价值变动　　　　　　　 20 000
　　其他综合收益——债权投资减值准备　　　　　 12 000
　　贷:其他债权投资——成本　　　　　　　　　1 000 000
　　　　其他综合收益——其他债权投资公允价值变动　　20 000
　　　　债权投资减值准备　　　　　　　　　　　　12 000

（三）以公允价值计量且其变动计入当期损益的金融资产的重分类

企业将以公允价值计量且其变动计入当期损益的金融资产重分类为以摊余成本计量的金融资产的,应当以该金融资产在重分类日的公允价值作为新的账面余额。企业将以公允价值计量且其变动计入当期损益的金融资产重分类为以公允价值计量且其变动计入其他综合收益的金融资产的,应当继续以公允价值计量该金融资产;对以公允价值计量且其变动计入当期损益的金融资产进行重分类的,应当根据该金融资产在重分类日的公允价值确定实际利率,同时自重分类日起对该金融资产适用金融资产减值的相关规定,并将重分类日视为初始确认日。

三、金融工具的减值

(一) 金融工具减值的方法和范围

对金融工具减值的方法通常被称为预期信用损失法。在预期信用损失法下,减值准备的计提不是以减值的实际发生为前提,而是以未来可能违约事件造成的损失的期望值来计量当前资产负债表日应当确认的减值准备。

1. 预期信用损失的定义

预期信用损失是指以发生违约的风险为权重的金融工具信用损失的加权平均值。发生违约的风险是指发生违约的概率。信用损失是指企业按照原实际利率折现的,根据合同应收的所有合同现金流量与预期收取的所有现金流量之间的差额,即全部现金流缺口的现值。对于企业购买或源生的已发生信用减值的金融资产,应当按照该金融资产经信用调整的实际利率折现。

企业在估计现金流量时,应当考虑金融工具在整个预计存续期的所有合同条款,如提前还款、展期、看涨期权或其他类似期权等。企业所考虑的现金流量应当包括出售所持担保品获得的现金流量,以及属于合同条款组成部分的其他信用增级所产生的现金流量等。金融工具的预计存续期通常是能可靠估计的在极少数情况下,无法可靠估计金融工具预计存续期的,在计算确定预期信用损失时,应当基于该金融工具的剩余合同期间。

2. 适用金融工具减值规定的范围

金融工具减值规定的适用范围不仅包括金融资产,还包括一些合同资产、某些金融负债或者尚未确认的确定承诺。具体包括分类为以摊余成本计量的金融资产、分类为以公允价值计量且其变动计入其他综合收益的金融资产、租赁应收款,以及收入会计准则定义的合同资产、部分贷款承诺和财务担保合同等。

(二) 金融工具减值的一般模型

通常应当在每个资产负债表日评估相关金融工具的信用风险,分析信用风险自初始确认后是否显著增大,并按照不同情形分别计量损失准备、确认预期信用损失及其变动。

1. 金融工具的信用风险已显著增大

如果金融工具的信用风险自初始确认后已显著增大,企业就应当按照相当于该金融工具整个存续期内预期信用损失的金额计量损失准备。无论是以单项金融工具还是以金融工具组合为基础评估信用损失,由此形成的损失准备的增加额或转回金额,都应当作为减值损失或利得计入当期损益。

2. 金融工具的信用风险并未显著增大

如果金融工具的信用风险自初始确认后并未显著增大,企业就应当按照相当于该金融工具资产负债表日后未来12个月内预期信用损失金额计量损失准备。预期信用损失金额是指可能发生的金融工具违约事件而导致的预期信用损失。无论是以单项金融工具还是以金融工具组合为基础评估信用损失，由此形成的损失准备的增加额或转回金额，都应当作为减值损失或利得计入当期损益。若金融工具的预计存续期少于12个月，则以预计存续期为限。

金融工具发生信用减值的过程可以分为三个阶段（见表8-4），对不同阶段金融工具的减值有不同的会计处理方法。

表8-4 金融工具三阶段减值模型

减值确认： 未来12个月的预期信用损失	整个存续期预期损失	整个存续期预期损失
利息收入： 　基于总额	基于总额	基于净额
第一阶段： 　信用质量良好，信用风险自初始确认后未显著增大	第二阶段： 　信用质量下降，信用风险自初始确认后显著增大	第三阶段： 　产生不良资产，发生信用损失和减值
初始确认	风险显著增大	信用损失和减值

第一阶段：信用风险自初始确认后未显著增大的，企业应当按未来12个月的预期信用损失计量损失准备，并按未扣除减值准备的账面余额和实际利率计算利息收入。

第二阶段，信用风险自初始确认后已显著增大但尚未发生信用减值的，企业应当按金融工具整个存续期的预期信用损失计量损失准备，并按账面余额和实际利率计算利息收入。

第三阶段，初始确认后发生信用减值的，企业应当按金融工具整个存续期的预期信用损失计量损失准备，但对利息收入的计算不同于前两阶段的金融工具。对于已发生信用减值的金融工具，企业应当按账面余额减去已计提减值准备后的摊余成本或账面价值和实际利率计算利息收入。

3.对信用风险显著增大的评估

企业在资产负债表日应评估金融工具信用风险自初始确认后是否显著增大，比较金融工具在初始确认时所确定的预计存续期内的违约概率和该金融工具在资产负债表日所确定的预计存续期内的违约概率，判定金融工具信用风险是否显著增大。

风险评估是一个涉及多重因素的全面分析过程，企业必须考虑所有与被评估金融工具相关的因素，基于以合理成本即可获取的、合理且有依据的信息，不能简单地套用某些实例就得出信用风险显著增大的结论。

【例8-17】 F商业银行为A公司提供贷款。在发放贷款时，与其他具有相似信用风险的发行人相比，A公司的杠杆率较高，但F银行预计A公司在贷款的存续期内能履行贷款合同的规定；同时，F银行预计在贷款的存续期内，A公司所属行业能产生稳定的收入和现金流量，但在保持和提升公司现有业务的盈利水平方面，A公司存在一定的商业风险。

在初始确认时,F 银行分析贷款的信用风险水平,认为该贷款不符合已发生信用减值的金融资产的定义,不属于源生的已发生信用减值的贷款。然而在初始确认以后,宏观经济环境发生变化,A 公司所属行业的总体需求情况和 A 公司的销售量与销售收入大幅下降,A 公司的收入与现金流量低于公司经营计划和 F 银行原来的预期;A 公司采取了相应的改善措施,但销售情况仍未达到计划的水平。为了加快资金循环和促进流动性,A 公司提用了另一项循环信贷额度,结果导致财务杠杆率升高。到目前为止,A 公司对 F 银行的贷款已处于违约的边缘。

F 银行在资产负债表日对 A 公司进行总体信用风险评估,全面考虑自初始确认以来所有的与信用风险增大程度相关的、以合理成本即可获得的、合理且有依据的信息,经过分析得到以下结果:

(1) A 公司面临的宏观经济环境在近期可能持续恶化,而且会对 A 公司的现金流量和流动性产生进一步的负面影响。

(2) A 公司贷款偿还违约的可能性越来越大,若违约则有可能要求重组贷款或者修改贷款合同。

(3) 在相关的债券市场上,A 公司债券的交易价格已大幅下降,其新增贷款的成本增加、难度加大。F 银行进一步分析与 A 公司同行业的其他公司的情形,认定以上信用风险增大情形不是行业的普遍现象,而是 A 公司自身的独特现象。

分析:在本例中,F 银行对 A 公司的贷款自初始确认后的信用风险已显著增大。因此,F 银行确认了贷款整个存续期内的预期信用损失。

企业通常应当在金融工具逾期前确认其整个存续期内预期信用损失。企业在确定信用风险自初始确认后是否显著增大时,如果无须付出不必要的额外成本或努力即可获得合理且有依据的前瞻性信息,在判断时就不能仅仅依赖逾期信息来确定信用风险自初始确认后是否显著增大;反之,如果必须付出不必要的额外成本或努力才能获得合理且有依据的逾期信息以外的前瞻性信息,就必须考虑成本,可以利用逾期信息来确定信用风险自初始确认后是否显著增大。

通常情况下,逾期超过 30 日的,表明金融工具的信用风险已经显著增大,除非企业在无须付出不必要的额外成本或努力的情况下即可获得合理且有依据的信息,证明即使逾期超过 30 日,信用风险自初始确认后仍未显著增大。如果企业在合同付款逾期超过 30 日前已确定信用风险显著增大,则应当按照整个存续期的预期信用损失确认损失准备。如果交易对手方未按合同规定时间支付约定的款项,则表明该金融资产发生逾期。

(三)预期信用损失的计量

预期信用损失是以违约概率为权重,以金融工具合同现金流量与预期收到的现金流量之间的现金流缺口现值的加权平均值。不同金融工具的预期信用损失的计量基础不同。例如,金融资产的信用损失为企业应收取的合同现金流量与预期收取的现金流量之间差额的现值。未提用贷款承诺的信用损失为在贷款承诺持有人提用相应贷款的情况下,企业应收取的合同现金流量与预期收取的现金流量之间差额的现值。在资产负债表日已发生信用减值但并非购买或源生已发生信用减值的金融资产,其信用损失为金融资产账面余额与按原实际利率折现的估计未来现金流量现值之间的差额。财务担保合同的信用损失,为企业就合同持有人发生的信用损失而做出赔付的预计付款额减去预期向合同持有人、债务人或任何其他方收取的金额之间差额的现值。

企业应当以概率加权平均为基础对预期信用损失进行计量。企业对预期信用损失的计量应当反映发生信用损失的各种可能性,但不必识别所有可能的情形。在计量预期信用损失时,企业应考虑包括续约选择权在内的信用风险的最长合同期限。

【例 8-18】 A 银行发放了一笔 5 000 000 元的 3 年期长期贷款。考虑到对具有相似信用风险的其他金融工具的预期、借款人的信用风险以及未来 12 个月的宏观经济形势前景,A 银行估计在初始确认时,该贷款在资产负债表日后 12 个月内的违约概率为 0.5%。A 银行预计,贷款违约损失率为 30%,即损失贷款账面余额的 30%。此外,为了分析自初始确认后,该金融资产的信用风险是否已显著增大,A 银行还认定未来 12 个月的违约概率变动是合理的,且近似于整个存续期的违约概率变动。

分析: 在初始确认后的首个资产负债表日,A 银行预计未来 12 个月的违约概率无变化,认为自初始确认后信用风险并无显著增大。A 银行按照未来 12 个月的违约概率 0.5% 计量未来 12 个月的预期信用损失,据此确认相应的损失准备。在资产负债表日,预期信用损失为 7 500 元(5 000 000×0.5%×30%)。

【例 8-19】 2016 年 1 月 1 日,A 银行发放一笔 5 年期贷款,贷款协议约定按合同面值到期一次偿还本金。合同面值为 5 000 万元,票面利率为 4%,按年付息。假定同期市场利率为 4%。2016 年 12 月 31 日,A 银行判断该笔贷款自初始确认后信用风险无显著增大,按未来 12 个月内预期信用损失确认损失准备,损失准备余额为 100 万元。2017 年 12 月 31 日,A 银行确定该贷款信用风险已显著增大,对该笔贷款确认整个存续期内的预期信用损失,损失准备余额为 150 万元。2018 年 12 月 31 日,借款人出现重大财务困难,A 银行修改贷款的合同条款和现金流量,将该笔贷款的合同期限延长了 1 年。因此在 2018 年 12 月 31 日修改日,贷款的剩余期限为 3 年,本次修改并未导致 A 银行终止确认该贷款。

由于进行了上述修改,A 银行根据贷款的初始利率 4%,将重新计算修改后的合同现金流量的现值作为该金融资产的账面余额,并将重新计算的账面余额与修改前的账面余额之间的差额确认为合同变更利得或损失。假定 A 银行确认了修改损失 400 万元,账面余额降为 4 600 万元。

分析: 在分析修改条款后的合同现金流量的基础上,A 银行重新评估,认为应该继续对贷款按整个存续期内预期信用损失计量损失准备,重新计算损失准备。A 银行将比较修改后的现金流量测算的当前信用风险与初始确认时基于初始未修改的现金流量的信用风险,判断信用风险已显著增大,因此决定继续按整个存续期内的预期信用损失计量损失准备。在资产负债表日,该贷款按整个存续期内的预期信用损失计量的损失准备余额为 500 万元。A 银行针对上述修改合同条款及现金流量变动的计算如表 8-5 所示。

表 8-5　A 银行修改合同条款及现金流量变动的相关计算表　　单位:万元

时间	期初账面余额①	减值损失/利得②	修改利得/利得③	利息收入④=①×4%	现金流量⑤	期末账面余额⑥=①+③+④-⑤	损失准备⑦	期末摊余成本⑧=⑥-⑦
2016 年年末	5 000	−100		200	200	5 000	100	4 900
2017 年年末	5 000	−50		200	200	5 000	150	4 850
2018 年年末	5 000	−350	−400	200	200	4 600	500	4 100

在后续的资产负债表日,A 银行继续比较基于初始未修改的现金流量测算的该贷款初始确认时的信用风险与资产负债表日基于修改后的现金流量测算的信用风险,评估信用风险是否显著增大。

(四)金融工具减值的账务处理

(1)购买或源生的已发生信用减值的金融资产,在资产负债表日,企业应当将自初始确认后整个存续期内预期信用损失的累计变动确认为损失准备。企业按在资产负债表日确定的整个存续期内预期信用损失大于初始确认时估计现金流量所反映的预期信用损失的金额,确认为减值损失,计入当期损益;同时,将预期信用损失的有利变动确认为减值利得。

(2)在前一会计期间已按照金融工具在整个存续期内预期信用损失的金额计量了损失准备,但在当期资产负债表日,该金融工具已不再属于自初始确认后信用风险显著增大的情形的,企业应当在当期资产负债表日按照相当于未来 12 个月内预期信用损失的金额计量该金融工具的损失准备,由此形成的损失准备的转回金额应当作为减值利得计入当期损益。

(3)分类为以公允价值计量且其变动计入其他综合收益的金融资产,企业应当在其他综合收益中确认损失准备,并将减值损失或利得计入当期损益。

【例 8-20】 A 公司于 2018 年 12 月 4 日购入一项公允价值为 500 万元的债务工具,分类为以公允价值计量且其变动计入其他综合收益的金融资产。该债务工具的合同期限为 20 年,年利率为 6%,假定同期市场利率也为 6%。在初始确认时,A 公司已确定其不属于购入或源生的已发生信用减值的金融资产。

2018 年 12 月 31 日,由于市场利率上升,该债务工具的公允价值跌至 350 万元。A 公司认为,该工具的信用风险自初始确认后并无显著增大,应按照未来 12 个月预期信用损失并计量损失准备,计提损失准备金额 100 万元。为简化起见,本例假定不考虑利息因素的影响。

2019年1月1日,A公司决定以当日的公允价值350万元出售债务工具。A公司相关的账务处理如下:

(1) 购入工具

借:其他债权投资——成本　　　　　　　　　　　　　　　5 000 000
　　贷:银行存款　　　　　　　　　　　　　　　　　　　　5 000 000

(2) 2018年12月31日,确认信用减值损失

借:信用减值损失　　　　　　　　　　　　　　　　　　　1 000 000
　　贷:其他综合收益——信用减值准备　　　　　　　　　　1 000 000

借:其他综合收益——其他债权投资公允价值变动　　　　　1 500 000
　　贷:其他债权投资——公允价值变动　　　　　　　　　　1 500 000

A公司在2018年度财务报表中披露了该债务工具累计减值100万元。

(3) 2019年1月1日,A公司决定以当日的公允价值350万元出售债务工具

借:银行存款　　　　　　　　　　　　　　　　　　　　　3 500 000
　　投资收益　　　　　　　　　　　　　　　　　　　　　　500 000
　　其他综合收益——信用减值准备　　　　　　　　　　　1 000 000
　　贷:其他债权投资——成本　　　　　　　　　　　　　　5 000 000

借:其他债权投资——公允价值变动　　　　　　　　　　　1 500 000
　　贷:其他综合收益——其他债权投资公允价值变动　　　　1 500 000

□ 核心概念

金融资产　　　　金融工具　　　　金融负债　　　　权益工具
衍生金融工具　　金融资产减值　　库存股　　　　　实际利率法
以摊余成本计量的金融资产

□ 思考题

1. 什么是金融资产?金融资产具有哪些特征?
2. 什么是金融负债?金融负债具有哪些特征?
3. 什么是衍生金融工具?衍生金融工具具有哪些特征?
4. 什么是金融资产减值?如何确认与计量?
5. 简述金融资产分类的依据和内容。
6. 如何区分金融负债和权益工具?
7. 简述金融负债分类的依据和内容。
8. 什么是复合金融工具?如何拆分和计量复合金融工具?

练习题

1. A 公司为上市公司，按年对外提供财务报告，公司有关投资业务的资料如下：

(1) 2017 年 1 月 1 日，A 公司以银行存款 3 200 万元购入 B 公司当日发行的 5 年期、一次还本、分期付息的公司债券。次年 1 月 6 日支付利息，票面年利率为 6%，面值总额为 3 000 万元，另支付交易费用 10 万元，市场实际利率为 5%。A 公司管理该金融资产的业务模式是以收取合同现金流量为目标，且该现金流量仅为对本金和以未偿付本金金额为基础的利息的支付。

(2) 2018 年年末，该金融资产的公允价值为 3 600 万元。

(3) 2019 年 1 月 1 日，A 公司管理该类金融资产的业务模式发生改变，A 公司在未来期间对该类金融资产以收取合同现金流量为主，但不排除在未来择机出售的可能性。当日，该金融资产的公允价值仍为 3 600 万元。A 公司将该金融资产重分类为以公允价值计量且其变动计入当期损益的金融资产。

要求：

(1) 根据资料(1)，判断该金融资产应被划分为金融资产的哪种类型？说明理由。

(2) 根据资料(1)，编制 A 公司 2017 年 1 月 1 日购买债券的会计分录。

(3) 根据资料(2)，分别计算 2017 年年末、2018 年年末该债券的摊余成本，并编制相关的会计分录。

(4) 根据资料(3)，判断 A 公司变更金融资产的分类，的处理是否正确。如果不正确，说明理由并编制正确的会计分录。

2. 甲公司为上市公司，每年年末计提债券利息。甲公司发生的有关债权投资业务的资料如下：

2014 年 12 月 31 日，以 22 010 万元(包括交易费用 10 万元)的价格购入乙公司于 2014 年 1 月 1 日发行的 5 年期一次还本、分期付息债券，债券面值总额为 20 000 万元，付息日为每年 1 月 5 日，票面年利率为 6%。2019 年 1 月 5 日收到本金和最后一期利息。合同约定，债券发行方在遇到特定情况时可以将债券赎回，且无须为提前赎回支付额外款项。甲公司在购买乙公司债券时，预计发行方不会提前赎回。甲公司根据其管理债券的业务模式和债券合同现金流量的特征，将该债券分类为以摊余成本计量的金融资产。

已知：(P/F,5%,4)=0.8227，(P/A,5%,4)=3.5460。相关的交易和事项如下：

(1) 2015 年 1 月 5 日，收到乙公司支付的债券利息，存入银行。

(2) 计算各年年末债券的摊余成本、实际利息收入和应收利息。

(3) 2015 年 12 月 31 日、2016 年 12 月 31 日、2017 年 12 月 31 日、2018 年 12 月 31 日分别确认各年的实际利息收入。

(4) 2019 年 1 月 5 日，收到最后一期利息和收回本金。

要求：计算该债券的实际利率，并编制以上交易和事项相应的会计分录。

3. A 公司为上市公司，2016 年 11 月 6 日，A 公司购买 B 公司发行的股票 100 万股，成交价为每股30.2元,其中包含已宣告但尚未发放的现金股利每股0.2元,另支付交易费用10万元,占B公司表决权资本的3%。A公司根据管理股票的业务模式和股票的合同现金流量特征,将该股票分类为以公允价值计量且其变动计入当期损益的金融资产,相关的交易和事项如下:

(1) 2016年11月6日,A公司购买B公司发行的股票。

(2) 2016年11月10日,收到B公司股票的现金股利。

(3) 2016年12月31日,B公司股票的每股市价为34元。

(4) 2017年4月3日,B公司宣告发放现金股利每股0.6元。4月30日,A公司收到现金股利。

(5) 2017年12月31日,B公司股票的每股市价为33元。

(6) 2018年2月6日,A公司出售全部B公司股票,出售价格为每股35元,另支付交易费用8万元。

要求:完成相关的计算,并编制以上交易和事项相应的会计分录。

参考文献

1. IFRS 13 Fair Value Measurement,http://www.ifrs.org/issued-standards/list-of-standards/2018-10-04.

2. IAS 32 Financial Instruments:Presentation,http://www.ifrs.org/issued-standards/list-of-standards/2018-10-04.

3. IFRS 7 Financial Instruments:Disclosures,http://www.ifrs.org/issued-standards/list-of-standards/2018-10-04.

4. IFRS 9 Financial Instruments,http://www.ifrs.org/issued-standards/list-of-standards/2018-10-04.

5. 财政部,《企业会计准则第22号——金融工具确认和计量》,http://kjs.mof.gov.cn/zhengwuxinxi/zhengcefabu/201705/t20170515_2600144.html/2018-10-27。

6. 财政部,《企业会计准则第23号——金融资产转移》,http://kjs.mof.gov.cn/zhengwuxinxi/zhengcefabu/201705/t20170515_2600144.html/2018-10-27。

7. 财政部,《企业会计准则第24号——套期会计》,http://kjs.mof.gov.cn/zhengwuxinxi/zhengcefabu/201705/t20170515_2600144.html/2018-10-27。

8. 财政部,《企业会计准则第37号——金融工具列报》,http://kjs.mof.gov.cn/zhengwuxinxi/zhengcefabu/201705/t20170515_2600144.html/2018-10-27。

9. 财政部会计司编写组,《企业会计准则第22号——金融工具确认和计量》应用指南2018,北京:中国财政经济出版社,2018年。

10. 财政部会计司编写组,《企业会计准则第23号——金融资产转移》应用指南2018,北京:中国财政经济出版社,2018年。

11. 财政部会计司编写组,《企业会计准则第24号——套期会计》应用指南2018,北京:中国财政经济出版社,2018年。

12. 财政部会计司编写组,《企业会计准则第37号——金融工具列报》应用指南2018,北京:中国财政经济出版社,2018年。

第九章　所有者权益

【学习内容】

本章主要阐述所有者权益的性质及会计处理，所有者权益的性质和公司制度下所有者权益的主要内容，详细介绍目前有关实收资本、其他权益工具、资本公积和其他综合收益的规定及其会计处理，以及理解盈余公积和未分配利润的内涵及其会计处理。

【学习要点】

本章的重点是实收资本（或股本）的核算，实收资本（或股本）的增减变动的账务处理，其他权益工具的核算；本章的难点是资本公积的性质、增减变动的具体事项和账务处理，其他综合收益的相关事项及核算，盈余公积的计量和报告，未分配利润的确定。

【学习目标】

通过本章的学习，要求做到：
- 了解所有者权益的性质和内容
- 理解实收资本的确认、计量和报告
- 认识资本公积的来源及其确认、计量和报告
- 了解其他权益工具、其他综合收益的来源及其计量
- 掌握留存收益的内容和核算

《企业会计准则第 23 号——金融资产转移》
《企业会计准则第 37 号——金融工具列报》
扫码参阅

引导案例

"宝万之争",中国上市公司公司治理的经典演义

万科企业股份有限公司(以下简称"万科")成立于1984年,1988年进入房地产行业,经过三十多年的发展,成为国内领先的房地产公司,主营业务包括房地产开发和物业服务等。万科聚焦城市圈带的发展战略,已经进入中国的主要城市,分布在以珠三角为核心的广深区域、以长三角为核心的上海区域、以环渤海为核心的北京区域,以及由中西部中心城市组成的成都区域等。此外,万科也进行海外投资,已经进入新加坡、旧金山、纽约等地区,参与房地产开发项目。

2000年8月10日,王石与万科管理层"卖掉"第一股东,迎接华润入主。当时,华润直接受让万科总股本的8.11%,通过子公司华润北京置地公司持有万科2.71%股份,总持股比例达10.82%。由此,华润系对万科持股比例一直维系在15%左右,2006年达到16.3%。在万科迎入华润后,华润系与王石团队达成一种默契。华润系从未以管理者身份过多干涉万科的经营管理事务,而王石团队也未要求华润系过多地承担作为第一大股东的义务。华润系更像是万科的财务投资者,不插手万科的具体经营事务,而包括王石、郁亮等高管在内管理层的持股总数只有1%左右。

随后的十多年,是中国楼市一路飘红高涨的时期,万科作为一家优质房地产公司,股权较为分散,引起资本大佬的极大关注和期望。

2015年7月,前海人寿及其一致行动人钜盛华对万科二度举牌,持有万科11.05亿股,占万科总股本的10%。前海人寿与钜盛华的实际控制人均为姚振华,在完成本次增持后,姚振华方面持有的万科股票数量距万科单一大股东华润已经非常接近。8月前海人寿、钜盛华通知万科,两家公司增持万科5.04%的股份,加上此前的两次举牌,宝能系合计持有万科股份15.04%,以0.15%的优势首次超过二十多年来始终位居万科第一大股东的华润。9月,港交所披露,华润耗资4.97亿元,两次增持,重新夺回万科大股东之位。截至11月20日,华润共持有万科A股15.29%。到12月中旬,宝能系累计持有万科A股23.52%,成功拿下万科第一大股东之位。根据规定,30%是上市公司股东要约收购红线,增持达到30%既可以发起要约收购,也可以按照每年不超过2%的比例继续自由增持。若宝能系继续增持,万科就会面临被收购的巨大危机。12月17日,王石在北京万科的内部会议上,高调宣称"不欢迎'宝能系'成为万科第一大股东","宝万之争"正式开打。宝能集团在官网上发布声明,回应王石的"指责",表示集团恪守法律,相信市场力量。万科和宝能系由此开启正面的资本对决。随后,安邦保险于17日、18日增持万科A股1.7多亿股,占有万科A股升至7.01%。

2016年3月,万科发布公告称:已经与深圳地铁集团签署一份合作备忘录。收购标的初步预计交易对价为人民币400亿—600亿元,万科拟以定向增发股份的方式支付对价。6月,华润集团公开明确质疑万科董事会通过的重组方案,声称万科与深圳地铁集

团的合作公告没有经过董事会的讨论及决议通过,是万科管理层自己做出的决定,并称华润派驻万科的董事已经向有关监管部门反映相关意见,要求万科经营依法合规。6月26日,宝能旗下两家公司(钜盛华和前海人寿)联合向万科董事会提出召开临时股东大会,审议罢免全体董事的议案。宝能提请罢免包括王石、乔世波、郁亮、孙健一、陈鹰、魏民、王文金七名董事,张利平、华生、罗君美三位独立董事,以及解冻、廖绮云两位监事。华润和宝能的矛头共同指向内部人控制。宝能和华润的持股合计占比39.53%,两大股东联合反对,意味着万科重组预案即使获得董事会通过,在股东大会上也得不到2/3股东的支持。7月5日,根据万科股东钜盛华的反馈,在当天再次购入股份后,钜盛华及其一致行动人合计持有万科股份数量占公司总股本的24.972%。此时,宝能系若再增持0.03%的万科A股,即触发第五次举牌,为此钜盛华耗资约15亿元。7月19日,万科向中国证监会、证券投资基金业协会、深交所、中国证监会深圳监管局提交了《关于提请查处钜盛华及其控制的相关资管计划违法违规行为的报告》。8月4日,据恒大公告,恒大和董事长许家印购入约5.17亿股万科A股,持股比例为4.68%,总代价为91.1亿元。恒大表示,购买万科因其为中国最大的房地产开发商之一,且万科财务表现强劲。11月29日,恒大集团发布公告披露,共持有万科A股约15.53亿股,占万科已发行股本总额约14.07%。至此,大股东宝能系持股比例为25.40%,华润持股比例15.31%,恒大持股比例为14.07%。

2017年1月万科公告,华润及其全资子公司与深圳地铁集团签署了股份转让协议,华润拟以协议转让的方式将其合计持有的万科1 689 599 817股A股股份转让给深圳地铁集团,转让完成后,华润和中润贸易将不再持有万科股份。3月16日,恒大集团发布公告称,恒大集团与深圳地铁集团签署战略合作框架协议,恒大将下属公司持有约占万科总股本14.07%的表决权不可撤销地委托给深圳地铁集团行使,期限为1年。6月9日,万科公告,恒大下属公司将所持有的约15.5亿股万科A股以协议转让方式全部转让给深圳地铁集团,约占万科总股本的14.07%;随后,深圳地铁集团表示,此次受让恒大所持万科股份的总金额约292亿元。至此,深圳地铁集团持有万科约32.4亿股,占公司总股本的29.38%,成为万科的第一大股东。6月21日,万科公告新一届董事会候选人名单,王石宣布将接力棒交给郁亮。历时近两年的万科股权之争在深圳地铁集团公布新一届董事会提名之后或已尘埃落定,落下帷幕。

▶ 请思考:

公司治理是一个由约束机制和激励机制共生的动态博弈的有机体,是由公司的股东、董事会、监事会、管理人员和员工之间权、责、利有效分配的制度安排。有效的公司治理是企业持续发展的微观基础。从上述万科这场中国上市公司股权和治理权之争的经典演义中,我们可以总结出中国上市公司公司治理的哪些特点和文化背景?

资料来源:根据曹山石的"复盘宝万之争全过程:华润是怎么一步步丢掉万科的"等资料整理,https://finance.ifeng.com/a/20170628/15492457_0.shtml/2018-10-27。

第一节 所有者权益概述

一、所有者权益的性质

所有者权益(Owner's Equity)是指企业资产扣除负债后由所有者享有的剩余权益。本质上,形成企业资产的来源有所有者投入和债权人提供。所有者和债权人对企业有付出,相应地都对企业资产有要求权,会计上把这种要求权统称为权益。公司的所有者权益也称股东权益,所有者权益是企业全部资产扣除全部负债后的剩余权益。

虽然所有者权益和债权人权益都属于权益,但两者在企业中存在明显的不同,主要表现在以下三个方面:

一是性质不同。债权人权益是企业对债权人负担的经济责任,是债权债务关系;所有者权益是所有者对企业剩余权益(净资产)的要求权。从企业实质角度来说,谁拥有剩余索取权,谁便拥有企业的最终所有权。

二是两者享有的权利不同。债权人无权参与企业的经营管理,只有到期从企业收回本金和利息的权利,无法享有企业资产增值的成果;所有者可以参与企业的经营管理,可以按投资比例享有企业税后利润的分配权,成为企业资产增值的受益者。当企业破产或清算时,为了保护债权人利益不受侵害,债权人对企业资产的要求权一般优先于投资人,即只有在清偿所有负债后,企业如还有剩余财产才返还所有者权益。

三是偿还期限不同。企业的负债有确切的偿还期限和金额,企业还清债务之时就是债权人权利消失之时;而除非发生减资或清算,所有者权益一般没有偿还期限。这样既为企业提供了可长期使用的经济资源,也为投资人长期享有相应的权利提供了保证。

二、所有者权益的构成

(一)企业所有者权益

所有者权益由所有者投入的资本、其他综合收益、留存收益三个部分构成。

1. 所有者投入的资本

所有者投入的资本是指所有者投入企业的资本部分,既包括构成企业注册资本或者股本部分的金额,也包括投入资本中超过注册资本或者股本部分的金额——资本溢价或者股本溢价。这部分投入资本在我国企业会计准则体系中被计入资本公积,并在资产负债表中的资本公积项目下反映。

其他权益工具核算企业发行的除普通股以外的归类为权益工具的各种金融工具的账面价值,企业通常在"其他权益工具"项目下设"优先股"和"永续债",分别反映企业发行的分类为权益工具的优先股和永续债的账面价值。

2. 其他综合收益

其他综合收益是指企业根据会计准则规定未在当期损益中确认的各项利得和损失。综合收益是指企业在某一期间除与所有者以所有者身份进行的交易之外的其他交易或事项引起的所有者权益变动,由净利润和其他综合收益两部分构成。

未在当期损益中确认的各项利得和损失,是指不应计入当期损益、会导致所有者权益发生增减变动的、与所有者投入资本或者向所有者分配利润无关的利得或者损失。利得包括未在当期损益中确认的各项利得和直接计入当期利润的利得。其中,未在当期损益中确认的各项利得是指由企业非日常活动形成的、会导致所有者权益增加的、与所有者投入资本无关的经济利益的流入。损失包括未在当期损益中确认的各项损失和直接计入当期损益的损失。其中未在当期损益中确认的各项损失是指由企业非日常活动所发生的、会导致所有者权益减少的、与向所有者分配利润无关的经济利益的流出。

3. 留存收益

留存收益是指企业历年实现的净利润留存于企业的部分,主要包括计提的盈余公积和未分配利润。

(二)不同组织形式企业的所有者权益

不同组织形式的企业,其所有者权益的性质和形式各不相同。根据资产经营法律责任的不同,企业组织一般可以分为公司制企业和非公司制企业。公司制企业是企业法人,可以独立执行法律上的有效行为,拥有独立的法人财产,享有法人财产权。非公司制企业不具备法人资格,在法律上不具有独立权利能力和行为能力,其在业务处理上的行为被视为自然人行为。非公司制企业包括独资企业和合伙企业,在我国,公司制企业的主要形式是有限责任公司和股份有限公司。在不同的组织形式下,企业的所有者权益有所不同。

独资企业是指单个投资者出资设立的企业。这类企业不是法律主体,企业的资产和负债在法律上被视为出资者个人的资产和负债,企业的行为被视为出资者个人的行为。出资者对企业的财产和收益拥有全部的支配权,对企业的债务承担无限的清偿责任。独资企业不缴纳企业所得税,企业的收益连同出资者在其他方面取得的收益,根据个人所得税税法一并计算缴纳个人所得税。因此,独资企业的所有者权益就是业主权益,不必进一步细分。

合伙企业是指两个以上的合伙人按照协议出资,共同经营和共负盈亏的企业。合伙企业不是法律主体,企业财产和收益的支配权为合伙人共有,合伙人对企业债务承担无限的清偿责任。合伙企业不缴纳企业所得税,取得的收益由出资者按个人所得税税法一并计算缴纳个人所得税。合伙企业与独资企业的主要区别是:合伙企业需要订立书面的合伙合同,以明确合伙人各自的责权利关系。合伙企业的所有者权益与独资企业的所有者权益相似,也是业主权益,但要按合伙人分设账户。

有限责任公司是指由出资人共同出资,每个出资人以其认缴的出资额为限对公司承担有限责任,公司以其全部资产对债务承担责任的企业法人。有限责任公司的全部资本不分为等额股份,不对外发行股票,不必向社会公众公开财务报告,但根据公司章程应该提供给出资人。有限责任公司是法律主体,公司以自己的名义对外执行业务,公司的资产和负债在法律上不再视为出资者个人的资产和负债,公司取得的收益应根据企业所得税税法计算缴纳企业所得税。有限责任公司的所有者权益通常分为实收资本、资本公积和留存收益等内容。

股份有限公司是指由发起人发起,将全部注册资本划分为若干等额股份并通过发行股票的方式筹集资本,股东以其认购的股份对公司承担责任,公司以其全部资产对债务承担责任的企业法人。股份有限公司是法律主体,公司以自身的名义对外执行业务,财产所有权与经营权彻底分开,公司股东依法享有获取资产收益、参与重大决策和选择管理者等权利。上市公司的财务报告向社会公众公开,股东持有的股份可以在依法设立的证券交易所自由转让。股份有限公司的所有者权益通常分为股本、其他权益工具、资本公积、其他综合收益、盈余公积和未分配利润等内容。

第二节 实 收 资 本

一、实收资本概述

实收资本是指投资者作为资本投入到企业的各种资产的价值,在股份有限公司中称为股本。企业申请开业,必须具备符合相关法律规定,与生产经营和服务规模相适应的资金数额,必须有足额的投入资本。注册资本金制度要求企业的实收资本与注册资本必须保持一致。注册资本是指企业在工商管理部门注册登记的全体股东认缴的资本总额。实收资本的构成比例,常常是确定投资人在所有者权益中所占的份额和参与企业经营决策的基础,也是企业进行利润分配的依据。

企业投资人既可用货币出资,也可以用实物、知识产权、土地使用权等可以用货币估价并可依法转让的非货币财产作价出资,但是法律、行政法规规定不得作为出资的财产除外。对于作为出资的非货币财产,企业应当评估作价,核实财产不得高估或者低估作价。法律、行政法规对评估作价有规定的,从其规定。

公司在减少注册资本时,应当自公告之日起一定日期后申请变更登记,并应当提交在指定媒体上登载公司减少注册资本公告的有关证明和公司债务清偿或者债务担保情况的说明。公司减资后的注册资本不得低于法定的最低限额。

公司变更实收资本的,应当提交依法设立的验资机构出具的验资证明,并应当按照公司章程载明的出资时间、出资方式缴纳出资。公司应当自足额缴纳出资或者股款之日起规定的时期内申请变更登记。

二、实收资本增减变动的账务处理

公司增加注册资本的,有限责任公司股东认缴新增资本的出资和股份有限公司股东认购的新股,应当分别依照《中华人民共和国公司法》设立有限责任公司缴纳出资和设立股份有限公司缴纳股款的有关规定执行。公司法定公积金转增为注册资本的,留存的法定公积金不得少于转增前公司注册资本的25%。

公司减少注册资本的,应当自公告之日起45日后申请变更登记,公司减资后的注册资本不得低于法定的最低限额。为了客观地反映投资者对企业享有的权利与承担的义务,会计上应设置"实收资本(股本)"科目,核算企业投资者按照公司章程所规定的出资比例实际缴付的出资额。在企业创立时,出资者认缴的出资额全部记入"实收资本(股本)"科目。

(一) 实收资本(股本)增加

1. 接受出资人投资

企业增加资本的途径主要包括:

一是企业的原所有者和新投资者的投入资本,企业接受投资者投入的资本,按接受投资的资产形式不同,借记"银行存款""固定资产""无形资产""长期股权投资"等科目,贷记"实收资本"或"股本"等科目。

二是将资本公积转为实收资本或者股本,会计上应借记"资本公积——资本溢价"或"资本公积——股本溢价"科目,贷记"实收资本"或"股本"科目。

三是将盈余公积转为实收资本,会计上应借记"盈余公积"科目,贷记"实收资本"或"股本"科目。资本公积和盈余公积本来就属于所有者权益,在转为实收资本或者股本时,股份有限公司或有限责任公司应当按原投资者所持股份同比例增加各股东的股权。

有限责任公司应设置"实收资本"账户核算投资者投入企业资本的情况。有限责任公司成立时,各投资者按照合同、协议或公司章程投入企业的资本,应全部记入"实收资本"科目的贷方。

【例9-1】 甲、乙、丙共同出资设立YF有限责任公司。公司注册资本为10 000 000元,投资协议规定甲、乙、丙的持股比例分别为40%、30%和30%。2019年1月10日,YF有限责任公司如期收到各投资者一次性缴足的款项。根据上述资料,YF公司的账务处理如下:

借:银行存款　　　　　　　　　　　　　　　　10 000 000
　　贷:实收资本——甲　　　　　　　　　　　　4 000 000
　　　　　　　　——乙　　　　　　　　　　　　3 000 000
　　　　　　　　——丙　　　　　　　　　　　　3 000 000

股份有限公司应设置"股本"账户核算股东投入的股本,并将核定的股本总额、股份总数、每股面值在股本账户中备查记录。为了提供股份的构成情况,公司可在"股本"科目下按股东单位或姓名设置明细账。公司股本应在核定的股本总额范围内,通过发行股票取得。公司发行股票取得的收入与股本总额往往不一致。发行股票取得的收入大于股本总额的,称为溢价发行;发行股票取得的收入小于股本总额的,称为折价发行;等于股本总额的,称为面值发行。在溢价发行股票的情况下,公司应将相当于股票面值的部分记入"股本"科目,其余部分在扣除手续费、佣金等发行费用后记入"资本公积——股本溢价"科目。

股份有限公司有发起式设立和募集式设立两种方式。发起式设立的特点是公司股份全部由发起人认购,不向发起人之外的任何人募集股份;募集式设立的特点是由发起人认购公司应发行股份的一部分,其余股份向社会公开募集或者向特定对象募集。

【例9-2】 JC股份有限公司发行普通股80 000 000股,每股面值为1元,发行价格为20元,股款已经全部收到,发行过程中发生相关费用为2 000 000元。根据上述资料,JC股份有限公司的账务处理如下:

计入股本的金额=80 000 000×1=80 000 000(元)

计入资本公积的金额=(20－1)×80 000 000－2 000 000=1 518 000 000(元)

借:银行存款　　　　　　　　　　　　　　　　　1 518 000 000
　　贷:股本　　　　　　　　　　　　　　　　　　　80 000 000
　　　　资本公积——股本溢价　　　　　　　　　　1 438 000 000

2. 股份有限公司以发放股票股利方式增资

企业采用发放股票股利方式实现增资,要按照股东原来持有的股数分配,股东大会批准利润分配方案后,根据分配的股票股利,在办理增资手续后,借记"利润分配"科目,贷记"股本"科目。当股东所持股份按比例分配的股利不足1股时,有两种方法可供选择:一是将不足1股的股票股利改为现金股利,用现金支付;二是由股东相互转让,凑为整股。其账务处理为借记"利润分配——转作股本的股利"科目,贷记"股本"科目;在资产负债表日,结转已分配的股票股利,借记"利润分配——未分配利润"科目,贷记"利润分配——转作股本的股利"科目。

3. 可转换公司债券持有人将持有的债券转换为股票

可转换公司债券持有人将持有的债券转换为股票,其账务处理为借记"应付债券——可转换公司债券(面值、利息调整)""其他权益工具(权益成分的金额)"科目,贷记"股本(转换的股份面值总额)""资本公积——股本溢价(差额)"科目。

4. 将重组债务转为资本

债务重组是指在债务人产生财务困境的情况下,债权人按照与债务人达成的协议或者法院的裁定做出让步的事项。将债务转为资本,是债权人将债权转为股权的债务重组方式。在重组时,相关的账务处理为重组债务的账面余额借记"应付账款"科目,债权人放弃债权而享有企业股份的面值总额贷记"实收资本(或股本)",股份公允价值与股份面值之间的差额贷记"资本公积——资本溢价"(股本溢价)股份的公允价值小于重组债务账面余额的差额贷记"营业外收入——债务重组利得"。

【例9-3】 BF有限责任公司因财务困难而无力偿还欠HR公司的到期货款500 000元,双方协商进行债务重组。重组协议约定,BF公司将债务转为HR公司在B

下公司的股份。转股后,BF 在公司的注册资本为 6 000 000 元,抵债股权占其注册资本的 5%。在债务重组日,抵债股权的公允价值为 400 000 元,所有手续办理完毕。假定不考虑其他相关税费。根据上述资料,BF 公司的账务处理如下:

$$实收资本 = 6\ 000\ 000\ 000 \times 5\% = 300\ 000(元)$$

$$资本公积 = 400\ 000 - 6\ 000\ 000 \times 5\% = 100\ 000(元)$$

$$债务重组利得 = 50\ 0000 - 400\ 000 = 100\ 000(元)$$

借:应付账款——HR 公司	500 000	
贷:实收资本——HR 公司		300 000
资本公积——资本溢价		100 000
营业外收入——债务重组利得		100 000

5. 以权益结算的股份支付的行权

以权益结算的股份支付换取职工或其他方提供服务的,在行权日,企业应当根据实际行权情况确定的金额按行权价实际收到的金额在资产负债表日确认的金额借记"银行存款"科目,借记"资本公积——其他资本公积"科目,行权时增加的股份面值贷记"股本"科目,差额贷记"资本公积——股本溢价"科目。

(二) 实收资本(股本)减少

我国相关法律规定,企业必须按法定程序报经批准才可以减少注册资本。非股份有限公司可以按退还的投资额,借记"实收资本"科目,贷记"银行存款"科目。股份有限公司减少股本,通过"库存股"科目处理。例如,股份有限公司为减少注册资本而回购本公司股份,应当按实际支付款项借记"库存股"科目,贷记"银行存款"科目;减少注册资本后注销库存股,借记"股本"科目,贷记"库存股"科目。

【例 9-4】 B 股份有限公司截至 2018 年 12 月 31 日共发行股票 50 000 000 股,股票面值为 1 元,资本公积(股本溢价为)5 000 000 元,盈余公积为 3 000 000 元。经股东大会批准,B 公司回购本公司股票 4 000 000 股并注销。假定 B 公司按照每股 3 元回购股票,其账务处理如下:

(1) B 公司回购本公司股票

$$库存股的成本 = 4\ 000\ 000 \times 3 = 12\ 000\ 000(元)$$

借:库存股	12 000 000	
贷:银行存款		12 000 000

(2) 经股东大会批准,注销回购的股份

借:股本	4 000 000	
资本公积——股本溢价	5 000 000	
盈余公积	3 000 000	
贷:库存股		12 000 000

第三节 其他权益工具、资本公积和其他综合收益

一、其他权益工具

（一）其他权益工具的性质和处理的基本原则

其他权益工具（Other Equity Instrument）是指企业发行的除普通股计入实收资本或股本的部分以外，按照金融负债和权益工具区分为权益工具的部分为其他权益工具。

对于归类为权益工具的金融工具，无论名称中是否包含"债"，其利息支出或股利分配都应当作为发行企业的利润分配，而回购、注销等作为权益变动处理。

对于归类为金融负债的金融工具，无论名称中是否包含"股"，其利息支出或股利分配原则上按照借款费用进行处理，而回购或赎回产生的利得或损失等计入当期损益。

企业发行金融工具所发生的手续费、佣金等交易费用，分类为债务工具且以摊余成本计量的，应当计入所发行工具的初始计量金额；分类为权益工具的，应当从权益（其他权益工具）中扣除。

发行方对于归类为金融负债的金融工具在"应付债券"科目核算。其中，需要拆分且形成衍生金融负债或衍生金融资产的，应将拆分的衍生金融负债或衍生金融资产按照公允价值在"衍生工具"科目核算；发行的且嵌入非紧密相关的衍生金融资产或衍生金融负债的金融工具，如果发行方选择将其整体指定为以公允价值计量且其变动计入当期损益的，则应当将发行的整体金融工具在"以公允价值计量且其变动计入当期损益的金融负债"（即交易性金融负债）等科目核算。

企业应当在所有者权益类科目中设置"其他权益工具"科目，核算企业发行的除普通股以外的归类为权益工具的各种金融工具。

（二）账务处理

发行方发行的金融工具归类为债务工具并以摊余成本计量的，借记"银行存款"等科目，贷记"应付债券——优先股、永续债（面值）"等科目，按其差额，贷记或借记"应付债券——优先股、永续债（利息调整）"等科目。发行方发行的金融工具归类为权益工具的，借记"银行存款"等科目，贷记"其他权益工具——优先股、永续债"等科目。发行方根据经批准的股利分配方案，按应分配给金融工具持有者的股利金额，借记"利润分配——应付优先股股利、应付永续债利息"等科目，贷记"应付股利——优先股股利、永续债利息"等科目。发行方发行的金融工具为复合金融工具的，借记"银行存款"等科目，贷记"应付债券——优先股、永续债（面值）"等科目，借记或贷记"应付债券——优先股、永续债（利息调整）"等科目；按实际收到的金额扣除负债成分的公允价值后的金额，贷记"其他权益工具——优先股、永续债"等科目。

发行复合金融工具发生的交易费用，应当在负债成分和权益成分之间按照各自占发行总价款的比例进行分摊。

金融工具投资方(持有人)应当与发行方对金融工具的权益或负债属性的分类保持一致。例如,发行方归类为权益工具的非衍生金融工具,投资方通常也应当归类为权益工具投资。

二、资本公积

资本公积(Capital Reserve)是指企业收到投资者的、超出其在企业注册资本(或股本)中所占份额的投资,以及未在当期损益中确认的各项利得和损失等。资本公积与实收资本都属于所有者权益,但两者有较大不同。实收资本是投资者对企业的直接投入,并通过投入资本谋求经济利益。资本公积有特定的来源,由所有投资者共同享有;某些来源形成的资本公积,并不需要原投资者投入,也不一定要谋求投资回报。

资本公积包括资本溢价(或股本溢价)和未在当期损益中确认的各项利得和损失等。资本溢价(或股本溢价)是企业收到投资者的、超出其在企业注册资本(或股本)中所占份额的投资。形成资本溢价(或股本溢价)的原因有溢价发行股票、投资者超额缴入资本等。未在当期损益中确认的各项利得和损失是指不应计入当期损益、会导致所有者权益发生增减变动的、与所有者投入资本或者向所有者分配利润无关的利得或者损失。

(一)资本(或股本)溢价的会计处理

1. 资本溢价

一般企业在创立时,出资者认缴的出资额全部作为实收资本入账,不会产生资本溢价。企业重组并有新的投资者介入财会产生资本溢价,即新介入的投资者缴纳的出资额大于按约定比例计算的在注册资本中所占份额的部分,应作为资本公积。投资者投入的资本中按投资比例计算的出资额部分,记入"实收资本"科目,超出部分记入"资本公积——资本溢价"科目。

【例9-5】 F有限责任公司由A、B、C三名股东各自出资200万元设立,设立时的实收资本为600万元。经过三年的经营,F公司的留存收益为300万元。这时又有D投资者有意参股,并表示愿意出资360万元,获取F公司重组后股份的25%,D投资者出资后F公司800万元实收资本的25%(200万元)。F公司在进行务处理时,D投资者投入资金中的200万元记入"实收资本"科目,其余160万元记入"资本公积——资本溢价"科目,相关的账务处理如下:

D投资者的实收资本金额 = 6 000 000 ÷ 75% × 25% = 2 000 000(元)

借:银行存款　　　　　　　　　　　　　　　　　　3 600 000
　　贷:实收资本——D投资者　　　　　　　　　　　2 000 000
　　　　资本公积——资本溢价　　　　　　　　　　　1 600 000

2. 股本溢价

股份有限公司在溢价发行股票的情况下,发行股票取得收入中相当于股票面值的部分记入"股本"科目,超过股票面值的溢价部分在扣除手续费、佣金等发行费用后,记入"资本公积——股本溢价"科目。

【例 9-6】 G 公司发行普通股 5 000 000 股,每股面值 1 元,按每股 11.2 元的价格发行。G 公司按发行收入的 3% 支付给证券公司股票发行手续费,从发行收入中扣除。假定收到的股款已存入银行。根据上述资料,G 公司的账务处理如下:

公司收到股票发行款项 = 5 000 000 × 11.2 × (1 - 3%) = 54 320 000(元)

借:银行存款　　　　　　　　　　　　　　　　　　54 320 000
　　贷:股本　　　　　　　　　　　　　　　　　　　5 000 000
　　　　资本公积——股本溢价　　　　　　　　　　　4 320 000

(二)其他资本公积的会计处理

其他资本公积是指除资本溢价或股本溢价项目以外所形成的资本公积,主要有采用权益法核算的长期股权投资。

被投资单位除净损益、其他综合收益及利润分配以外的所有者权益的其他变动,投资方按所持股权比例计算应享有的份额,调整长期股权投资的账面价值,同时计入"资本公积——其他资本公积"科目。除规定不能转入损益的项目外,投资方在后续处置股权投资但对剩余股权仍采用权益法核算时,按处置比例将这部分资本公积转入当期投资收益;对剩余股权终止权益法核算时,将这部分资本公积全部转入当期投资收益。

【例 9-7】 F 公司持有 A 公司 25% 的股份,能够对 A 公司施加重大影响。当期 A 公司的母公司给予其捐赠 5 000 万元,该捐赠实质上属于资本性投入,A 公司将其计入资本公积。不考虑其他因素,F 公司按权益法做如下会计处理:

F 确认应享有被投资单位所有者权益的其他变动 = 5 000 × 25% = 1 250(万元)

借:长期股权投资——其他权益变动　　　　　　　　12 500 000
　　贷:资本公积——其他资本公积　　　　　　　　　12 500 000

若被投资单位相关的资本公积减少,则做相反的会计分录。

三、其他综合收益

其他综合收益(Other Comprehensive Income)是指企业根据会计准则规定未在当期损益中确认的各项利得和损失,可以划分为两类以后会计期间不能重分类进损益和以后会计期间在满足规定条件时将重分类进损益。

(一)以后会计期间不能重分类进损益的其他综合收益

(1)职工薪酬,准则中规定重新计量设定受益计划净负债或净资产导致的变动。

(2)长期股权投资,准则中,按照权益法核算的在被投资单位不能重分类进损益的其他综合收益变动中所享有的份额。

(3)在初始确认时,将非交易性权益工具指定为以公允价值计量且其变动计入其他综合收益的金融资产。当该类非交易性权益工具终止确认时,之前计入其他综合收益的公允价值变动损益不得重新转入损益。

（二）以后会计期间在满足规定条件时将重分类进损益的其他综合收益

以下金融资产终止确认时，之前计入其他综合收益的累计利得或损失应当从其他综合收益中转出，计入当期损益。

1. 符合某些条件的金融资产

这是指同时符合以下两个条件的金融资产：(1)企业管理金融资产的业务模式既以收取合同现金流量为目标又以出售金融资产为目标；(2)金融资产的合同条款规定，在特定日期产生的现金流量，仅为对本金和以未偿付本金金额为基础的利息的支付。

2. 部分重分类的金融资产

这是指对金融资产重分类，按规定可以将原计入其他综合收益的利得或损失转入当期损益的部分。

3. 采用权益法核算的长期股权投资

投资方取得长期股权投资后，按照应享有或应分担的被投资单位其他综合收益的份额，确认其他综合收益，同时调整长期股权投资的账面价值。其会计处理为：借记（或贷记）"长期股权投资——其他综合收益"科目，贷记（借记）"其他综合收益"科目；待处置股权投资时，将原计入其他综合收益的金额转入当期损益。

4. 作为存货或自用房地产转换为投资性房地产

房地产企业将作为存货的房地产转换为采用公允价值模式计量的投资性房地产的，应当按该房地产在转换日的公允价值，借记"投资性房地产——成本"科目，原已计提跌价准备的，借记"存货跌价准备"科目，按其账面余额，贷记"开发产品"等科目。同时，转换日的公允价值小于账面价值的，按其差额，借记"公允价值变动损益"科目；转换日的公允价值大于账面价值的，按其差额，贷记"其他综合收益"科目。

企业将自用的房地产转换为采用公允价值模式计量的投资性房地产的，应当按该房地产在转换日的公允价值，借记"投资性房地产——成本"科目，原已计提减值准备的，借记"固定资产减值准备"等科目，按已计提的累计折旧等，借记"累计折旧"等科目，按其账面余额，贷记"固定资产"等科目。同时，转换日的公允价值小于账面价值的，按其差额，借记"公允价值变动损益"科目；转换日的公允价值大于账面价值的，按其差额，贷记"其他综合收益"科目。待处置该投资性房地产时，因转换而计入其他综合收益的部分应转入当期损益。

除此以外，还有现金流量套期工具产生的利得或损失中属于有效套期的部分和外币财务报表折算差额等。

第四节 留存收益

留存收益（Retained Earnings）是指企业从历年实现的利润中留存于企业的内部积累，来自企业生产经营活动所实现的净利润，主要包括提取的盈余公积和未分配利润。留存收益与投入资本的性质相同，都属于所有者权益。

一、盈余公积

盈余公积是指企业按规定从净利润中提取的各种积累资金。公司制企业的盈余公积分为法定盈余公积和任意盈余公积。法定盈余公积是公司制企业根据《公司法》等的规定，按照税后利润10%的比例提取的法定公积金。任意盈余公积是公司制企业从税后利润中提取法定盈余公积后，经股东会或者股东大会决议，从税后利润中提取的盈余公积金，提取比例由股东会或者股东大会决定。非公司制企业经类似权力机构批准也可提取任意盈余公积。为了反映盈余公积的形成及使用情况，企业应设置"盈余公积"科目，分别设置"法定盈余公积""任意盈余公积"二级科目进行明细核算。

（一）法定盈余公积的提取

企业在计算提取法定盈余公积的基数时，不应包括年初未分配利润。法定盈余公积累计额为注册资本的50%以上时，企业可以不再提取法定盈余公积。公司的法定盈余公积不足以弥补以前年度亏损的，企业在提取法定盈余公积之前，应当先用当年利润弥补亏损。企业在提取法定盈余公积时，应借记"利润分配——提取法定盈余公积"科目，贷记"盈余公积——法定盈余公积"科目。

【例9-8】 JC股份有限公司本年实现净利润100 000 000元，经股东大会批准，JC公司按照当年净利润的10%提取法定盈余公积。假设不考虑其他因素。根据上述资料，JC公司的账务处理如下：

借：利润分配——提取法定盈余公积　　　　　　　　　10 000 000
　　贷：盈余公积——法定盈余公积　　　　　　　　　　　　10 000 000

（二）任意盈余公积的提取

任意盈余公积与法定盈余公积的区别在于各自计提的依据不同。前者以国家的法律或行政规章为依据；后者则由企业自行决定。企业在提取任意盈余公积时，借记"利润分配——提取任意盈余公积"科目，贷记"盈余公积——任意盈余公积"科目。

【例9-9】 JC股份有限公司本年实现净利润100 000 000元，经股东大会批准，JC公司按照当年净利润的5%提取任意盈余公积。假设不考虑其他因素。根据上述资料，JC公司的账务处理如下：

借：利润分配——提取任意盈余公积　　　　　　　　　5 000 000
　　贷：盈余公积——任意盈余公积　　　　　　　　　　　　5 000 000

在期末，企业需要结转已分配的"利润分配"明细科目，减少未分配利润。

（三）盈余公积的使用

1. 弥补亏损

按照现行会计制度的规定，发生的亏损应由企业自行弥补。企业在发生亏损时，可以用以后五年内实现的税前利润弥补，即税前利润弥补亏损的期间为五年。企业发生的亏损经过五年期尚未弥补足额的，尚未弥补的亏损用所得税后利润弥补，也可以用盈余公积弥补亏损。企业以提取的盈余公积弥补亏损的,应当经公司董事会提议并表决通过,并经股东大会批准。企业在用盈余公积弥补亏损时,应借记"盈余公积"科目,贷记"利润分配——盈余公积补亏"科目。

【例 9-10】 2019 年 1 月 20 日,经股东大会批准,DH 公司通过用以前年度提取的盈余公积弥补当年亏损的决议。当年弥补亏损额为 2 000 000 元,不考虑其他因素。根据上述资料,DH 公司的账务处理如下:

借:盈余公积　　　　　　　　　　　　　　　　　　　2 000 000
　　贷:利润分配——盈余公积补亏　　　　　　　　　　　　2 000 000

2. 转增资本

企业将盈余公积转增资本,必须经股东大会决议批准,在将盈余公积转增资本时,应当按股东原有持股比例结转。按照《中华人民共和国公司法》的规定,法定公积(资本公积和盈余公积)转为资本的,所留存的法定公积不得少于转增前公司注册资本的25%。企业在用盈余公积转增资本时,应借记"盈余公积"科目,贷记"实收资本"或"股本"科目。

【例 9-11】 2019 年 2 月 20 日,经股东大会批准,JC 股份有限公司将盈余公积1 000 000元转增资本。假设不考虑其他因素。根据上述资料,JC 公司的账务处理如下:

借:盈余公积　　　　　　　　　　　　　　　　　　　1 000 000
　　贷:实收资本　　　　　　　　　　　　　　　　　　　　1 000 000

企业提取盈余公积,以及将盈余公积用于弥补亏损或用于转增资本,只不过是在所有者权益内部进行结构上的调整。例如,企业以盈余公积弥补亏损,结果是减少盈余公积留存的数额,以此抵补未弥补亏损的数额,并没有引起所有者权益总额的变动;以盈余公积转增资本,结果是减少盈余公积留存的数额,同时增加实收资本或股本的数额,也并不引起所有者权益总额的变动。

3. 扩大企业生产经营

这是指留存收益将用于企业今后的扩大再生产活动。根据会计恒等式原理,企业盈余公积的结存数,实质上只是表现为企业所有者权益的一个组成部分,是反映在权益方的企业生产经营资金的一个来源,在资产方则可能表现为企业的流动资产或非流动资产。

二、未分配利润

未分配利润是指企业进行利润分配后余下的留待以后年度分配的结存利润,由企业自主支配,是所有者权益的重要组成部分。与所有者权益的其他组成部分相比,未分配利润是留待以后年度处理的利润,并且没有指定特定用途,企业对未分配利润拥有较大的使用自主权。企业形成的净利润必须按照一定的程序进行分配,分配后留存的未分配部分才构成未分配利润。有限责任公司与股份有限公司的利润分配顺序有所不同。

（1）有限责任公司的利润分配顺序通常为：以税前利润弥补亏损（期限为五年），以税后利润弥补亏损，提取法定盈余公积，提取任意盈余公积，向投资者分配利润。股东通常按实缴的出资比例分取红利，但是全体股东约定不按出资比例分取红利的除外。

（2）股份有限公司的利润分配顺序通常为：以税前利润弥补亏损（期限为五年），以税后利润弥补亏损，提取法定盈余公积，分派优先股股东股利，提取任意盈余公积，分派普通股股东股利。股东按持有的股份比例分配，但股份有限公司章程规定不按持股比例分配的除外。

未分配利润在数量上等于期初未分配利润，加上本期实现的净利润，减去提取的各种盈余公积和分配利润后留存的部分。企业的生产经营活动是持续不断的，当年的未分配利润（或亏损）结转到下一年度，与下一年度利润（或亏损）一起参加分配，分配后的结余部分又形成新的未分配利润（或未弥补亏损）。因此，未分配利润是历年的累积数。

企业应设置"利润分配"科目核算未分配利润（或亏损）情况。"利润分配"科目通过"提取法定盈余公积""提取任意盈余公积""盈余公积补亏""应付现金股利（或利润）""转作股本的股利""未分配利润"等明细科目进行明细核算。

经股东大会或类似权力机结构批准，企业在向投资人或股东分配利润或现金股利时，应借记"利润分配——应付现金股利（或利润）"科目，贷记"应付股利（利润）"科目；在向股东分配股票股利时，应借记"利润分配——转作股本的股利"科目，贷记"股本"科目。

企业期末结转利润时，应将各损益类科目的余额转入"本年利润"科目，结平各损益类科目。结转后，"本年利润"科目贷方有余额即为当期发生的净利润，借方有余额即为当期实现的净亏损。年度终了，企业应将本年收入和支出相抵后结出的本年实现的净利润或本年发生的净亏损，转入"利润分配——未分配利润"科目，同时将"利润分配"科目所属的其他明细科目的余额，转入"利润分配——未分配利润"科目。结转后，"利润分配——未分配利润"科目贷方有余额即为未分配利润的数额，借方有余额即为未弥补亏损的数额。年末，"利润分配"科目所属的其他明细科目应无余额。

企业当年发生亏损的，与实现利润的处理方法相同，应将本年发生的亏损自"本年利润"科目，转入"利润分配——未分配利润"科目，借记"利润分配——未分配利润"科目；贷记"本年利润"科目，结转后"利润分配"科目的借方余额即为未弥补亏损的数额，然后通过"利润分配"科目核算有关亏损的弥补情况。

由于未弥补亏损形成的时间长短不同等，以前年度未弥补亏损有的可以用当年实现的税前利润弥补，有的则应当用税后利润弥补。以当年实现的利润弥补以前年度结转的未弥补亏损的，不需要进行专门的账务处理。企业应将当年实现的利润自"本年利润"科目转入"利润分配——未分配利润"科目的贷方，其贷方发生额与"利润分配——

未分配利润"的借方余额自然抵补。无论是以税前利润还是以税后利润弥补亏损,其会计处理方法均相同;但是,在计算应纳所得税时,两者的处理是不同的。在以税前利润弥补亏损的情况下,弥补数额可以抵减当期企业应纳税所得额;而在以税后利润弥补亏损的情况下,弥补数额不能作为应纳税所得额予以扣除。

【例 9-12】 JC 股份有限公司的股本为 600 000 000 元,每股面值为 1 元。2018 年年初未分配利润为贷方 35 000 000 元,2018 年实现净利润为 200 000 000 元。假定公司经批准的 2018 年度利润分配方案为:按 2018 年实现净利润的 10% 提取法定盈余公积,按 2018 年度实现净利润的 5% 提取任意盈余公积,同时向股东按每股 0.1 元派发现金股利,按每 10 股送 1 股的比例派发股票股利。2019 年 4 月 18 日,公司以银行存款支付了全部现金股利,新增股本也办理完股权登记和相关增资手续。JC 公司的账务处理如下:

(1) 2018 年年末,结转本年实现的净利润

借:本年利润   200 000 000
 贷:利润分配——未分配利润   200 000 000

(2) 提取法定盈余公积和任意盈余公积

借:利润分配——提取法定盈余公积   20 000 000
    ——提取任意盈余公积   10 000 000
 贷:盈余公积——法定盈余公积   20 000 000
    ——任意盈余公积   10 000 000

(3) 结转"利润分配"的明细科目

借:利润分配——未分配利润   30 000 000
 贷:利润分配——提取法定盈余公积   20 000 000
    ——提取任意盈余公积   10 000 000

JC 公司 2018 年年末"利润分配——未分配利润"科目的余额为:

科目余额 = 35 000 000 + 200 000 000 − 30 000 000 = 205 000 000(元)

该余额在贷方,反映企业的累计未分配利润(可供分配利润)为 205 000 000 元。

(4) 经股东大会批准,发放现金股利

现金股利 = 600 000 000 × 0.1 = 60 000 000(元)

借:利润分配——应付现金股利   60 000 000
 贷:应付股利   60 000 000

(5) 2019 年 4 月 18 日,实际发放现金股利

借:应付股利   60 000 000
 贷:银行存款   60 000 000

(6) 2019 年 4 月 18 日,发放股票股利

股票股利 = 600 000 000 × 1 × 10% = 60 000 000(元)

借:利润分配——转作股本的股利   60 000 000
 贷:股本   60 000 000

核心概念

所有者权益　　实收资本　　资本公积　　其他权益工具
留存收益　　其他综合收益　　盈余公积　　未分配利润

思考题

1. 简述所有者权益的构成,所有者权益包括哪些内容?
2. 比较所有者权益与债权人权益的区别和联系。
3. 简述其他权益工具的性质和内容。
4. 简述资本公积的来源及其核算。
5. 留存收益包括哪些内容? 会计上如何进行处理?
6. 简述企业弥补亏损的途径及会计处理方法。
7. 简述利润分配的程序及会计处理方法。
8. 简述其他综合收益的性质和内容。

练习题

1. YC 股份有限公司 2016—2018 年发生以下会计事项:

(1) 2016 年 1 月 1 日,YC 股份有限公司股东权益总额为 56 300 万元。其中,股本总额为 20 000 万股,每股面值为 1 元;资本公积为 30 000 万元;盈余公积为 6 000 万元;未分配利润为 300 万元。2016 年度实现净利润 600 万元,股本与资本公积项目未发生变化。2017 年 2 月 8 日,YC 股份有限公司董事会提出如下预案:按 2016 年度实现净利润的 10% 提取法定盈余公积;以 2016 年 12 月 31 日的股本总额为基数,以资本公积(股本溢价)转增股本,每 10 股转增 3 股,共计转增 6 000 万股。2017 年 2 月 15 日,YC 股份有限公司召开股东大会,审议批准董事会提出的预案,同时决定分派现金股利 500 万元。2017 年 4 月 10 日,YC 股份有限公司办妥了上述资本公积转增股本的有关手续。

(2) 2017 年度,YC 股份有限公司发生净亏损 400 万元。

(3) 2018 年 4 月 9 日,YC 股份有限公司股东大会决定以法定盈余公积弥补账面累计未弥补亏损 80 万元。

要求:

(1) 编制 YC 股份有限公司 2017 年 2 月提取法定盈余公积的会计分录。
(2) 编制 YC 股份有限公司 2017 年 2 月宣告分派现金股利的会计分录。
(3) 编制 YC 股份有限公司 2017 年 4 月资本公积转增股本的会计分录。
(4) 编制 YC 股份有限公司结转 2017 年度净亏损的会计分录。
(5) 编制 YC 股份有限公司 2018 年 4 月以法定盈余公积弥补亏损的会计分录。

2. 要求为下列经济业务编制会计分录：

(1) WM 股份有限公司发行普通股 100 000 000 股，每股面值为 1 元，发行价格为年股 35 元。款项已经全部收到，发行过程中发生相关费用 3 000 000 元。

(2) CZ 有限责任公司由甲、乙、丙、丁四名股东各自出资 200 万元设立，设立时的实收资本为 800 万元。经过两年的经营，公司的留存收益为 200 万元。这时又有戊投资者有意加入，并表示愿意出资 280 万元而仅占总股份的 20%。公司同意吸纳新股东，款项已经收到并存入银行。

(3) YH 有限责任公司在设立时，接受 ML 公司作为资本投入的小轿车一辆，双方确认其价值为 300 000 元，手续已办妥。

(4) WM 股份有限公司持有 CZ 有限责任公司 30% 拥有表决权的股份，并且准备长期持有。2018 年，CZ 有限责任公司收到 YH 公司捐赠的一条全新生产线，价值为 500 000 元，假设可用 20 年，预计净残值为 0，所得税税率为 25%，不涉及其他税费。

3. 在 A 公司 2017 年 12 月 31 日的股东权益中，股本为 20 000 万元，每股面值为 1 元，资本公积（股本溢价）为 6 000 万元，盈余公积为 5 000 万元，未分配利润为 0。经董事会批准，A 公司回购本公司股票并注销。2018 年发生如下业务：

(1) 以每股 3 元的价格回购本公司股票 2 000 万股。

(2) 以每股 2 元的价格回购本公司股票 4 000 万股。

在回购交易完成后，经股东大会批准，A 公司决定注销回购的本公司股票。

要求：编制 A 公司回购自身公司股票并注销的会计分录。

参考文献

1. IAS 32 Financial Instruments：Presentation，https://www.ifrs.org/issued-standards/list-of-standards/2018-10-04.

2. IFRS 9 Financial Instruments，https://www.ifrs.org/issued-standards/list-of-standards/2018-10-04.

3. IFRS 7 Financial Instruments：Disclosures，https://www.ifrs.org/issued-standards/list-of-standards/2018-10-04.

4. 财政部，《企业会计准则第 37 号——金融工具列报》，http://kjs.mof.gov.cn/zhengwuxinxi/zhengcefabu/201705/t20170515_2600144.html/2018-10-27。

5. 财政部，《企业会计准则第 23 号——金融资产转移》，http://kjs.mof.gov.cn/zhengwuxinxi/zhengcefabu/201705/t20170515_2600144.html/2018-10-27。

6. 财政部会计司编写组，《企业会计准则第 37 号——金融工具列报》应用指南 2018，北京：中国财政经济出版社，2018 年。

7. 财政部会计司编写组，《企业会计准则第 23 号——金融资产转移》应用指南 2018，北京：中国财政经济出版社，2018 年。

8. 全国人民代表大会常务委员会关于修改《中华人民共和国公司法》的决定，http://www.chinatrial.net.cn/news/15689.html/2018-10-27。

第十章　收入、费用和利润

【学习内容】

本章主要介绍收入的定义、收入的分类、收入的确认和计量、合同成本、普通商品销售交易的会计处理、特殊商品销售交易的会计处理；详细说明费用的概念及其理解、期间费用的会计处理，利润的概念及其构成等。

【学习要点】

本章的重点是收入的确认和计量，利润的形成过程，销售交易的会计处理；本章的难点是收入确认的五个步骤的运用。

【学习目标】

通过本章的学习，要求做到：
- ▶ 了解收入的定义、费用的定义、利润的定义、特殊销售交易的会计处理、期间费用的会计处理
- ▶ 掌握收入确认的"五步法"模型
- ▶ 理解利润的构成、营业外收支的会计处理、利润的会计处理

《企业会计准则第 14 号——收入》
扫码参阅

引导案例

法国队夺冠,华帝退全款,华帝如何核算"夺冠套餐"的销售收入

2018年7月16日北京时间凌晨,俄罗斯世界杯决赛,法国国家足球队以4∶2的比分战胜克罗地亚队,夺得冠军。消息一出,华帝股份有限公司(简称"华帝")的会计该忙乎了,因为此前华帝推出了"法国队夺冠,华帝退全款"的营销方案:

在2018年6月1日0时至6月30日22时期间,凡购买华帝"夺冠套餐"并在门店签订《活动协议》的顾客,均即可参与活动;若顾客选择与华帝共同助力法国队冲冠世界杯,则需放弃赠品,在《活动协议》中选择"夺冠退全款";若顾客对法国队夺冠不感兴趣,则可在《活动协议》中选择领取赠品,不参与"夺冠退全款";若法国队在2018年俄罗斯世界杯赛中成功夺冠,且顾客选择"夺冠退全款"优惠,则可凭《活动协议》及购机发票到指定门店,华帝将按所购"夺冠套餐"产品的发票金额全额退款。

"夺冠套餐"包括四种商品:油烟机(单价4 599元)、燃气灶(单价4 399元)、热水器(单价2 499元)和洗碗机(单价2 499元)。退款方式并不是直接退还现金,而是按顾客所购商品的发票金额返还等额的天猫超市卡,该卡可以在天猫超市进行购物。

2018年7月16日,法国队果真夺冠,华帝当日发布公告,"夺冠退全款"正式启动!

▶ 请思考:

假设活动期间某日,华帝销售了一款价值4 599元的油烟机,次日安装完成并取得顾客认可,此时,华帝能否确认销售收入?确认多少收入?为什么?

资料来源:法国夺冠!华帝退全款!华帝的会计要如何做账务处理?搜狐财经,2018年7月16日。

第一节 收　　入

一、收入的定义

收入有广义和狭义之分。广义的收入是指会计期间内经济利益的总流入,包括营业收入、投资收益、公允价值变动收益、资产处置收益、其他收益和营业外收入。狭义的收入即营业收入(Revenues),是指企业在日常活动中形成的、会导致所有者权益增加的、与所有者投入资本无关的经济利益的总流入。其中,日常活动是指企业为达成经营目标所从事的经常性活动,以及与之相关的其他活动。例如,工业企业制造并销售产品、商品流通企业销售商品、咨询公司提供咨询服务、软件公司为客户开发计算机软件、安装公司提供安装服务、建筑公司提供建造服务等。这里所讲的收入是狭义的收入。收入通常有以下特点:

一是收入是企业在日常活动中形成的经济利益,而不是从偶然发生的交易或事项中产生的。

二是收入会导致经济利益的流入,但不包括所有者投入的资本。

三是收入最终会导致所有者权益增加。

二、收入的分类

(1) 按经济业务的内容不同,收入可以分为销售商品取得的收入和提供服务取得的收入。

(2) 按企业从事的日常活动在企业中重要程度的不同,收入可以分为主营业务收入和其他业务收入。主营业务收入是指企业开展核心业务所取得的收入,是利润的主要来源。例如,工业企业生产并销售产品所实现的收入,商品流通企业销售商品所实现的收入。其他业务收入是指企业在生产经营活动中开展非核心业务所取得的收入,如工业企业出售多余原材料取得的收入等。

(3) 按收入确认的期间不同,收入可以分为跨期收入和非跨期收入。跨期收入是指某项经济业务的总收入需要在多个会计期间内分期确认的收入。非跨期收入是指某项经济业务的总收入在一个会计期间内一次性确认的收入。

三、收入的确认和计量

收入的确认应反映企业向客户转让商品或提供服务的模式,收入的金额应反映企业向客户转让商品或提供服务而预期有权收取的对价金额,如实反映企业的经营成果,核算企业实现的收益。《企业会计准则第14号——收入》关于收入的确认和计量大致可以分五步:第一步,识别与客户订立的合同;第二步,识别合同中的单项履约义务;第三步,确定交易价格;第四步,将交易价格分摊至各单项履约义务;第五步,履行各单项履约义务时确认收入。其中,第一步、第二步和第五步主要与收入的确认有关,第三步和第四步主要与收入的计量有关,简称"五步法"模型。

(一) 识别与客户订立的合同

客户是指与企业订立合同,向企业购买其日常活动产出的商品或服务(以下简称"商品")并支付对价的一方。合同是指双方或多方之间订立的、有法律约束力的权利义务的协议。合同有书面形式、口头形式和其他形式(如隐含于商业惯例或企业以往的习惯做法等)。与客户之间存在合同是收入确认的前提,在不存在与客户订立合同的情况下,生产商品或提供服务仅是生产过程。

1. 收入确认的原则

企业应当在履行了合同中的履约义务,即在客户取得相关商品控制权时确认收入。取得相关商品控制权,是指能主导商品的使用并从中获得几乎全部的经济利益,也包括有能力阻止其他方主导商品的使用并从中获得经济利益。

2. 收入确认的条件

企业与客户订立的合同同时满足下列条件的,企业应当在客户取得相关商品控制权时确认收入：

(1) 合同各方已批准该合同并承诺履行各自义务。

(2) 合同明确了合同各方与所转让商品或提供劳务相关的权利和义务。

(3) 合同有明确的与所转让商品相关的支付条款。

(4) 合同具有商业实质,履行该合同将改变企业未来现金流量的风险、时间分布或金额。

(5) 企业很可能收回因向客户转让商品而有权取得的对价。

关于上述五个条件,有以下四点说明：

(1) 在合同开始日即满足上述收入确认的五个条件的合同,企业在后续期间无须对其进行重新评估,除非有迹象表明相关事实和情况发生重大变化。合同开始日通常是指合同生效日。

(2) 对于不能同时满足上述收入确认的五个条件的合同,企业只有在不再负有向客户转让商品的剩余义务(例如,合同已经完成或取消)且已向客户收取的对价(包括全部或部分对价)无须退回时,才能将已收取的对价确认为收入；否则,应当将已收取的对价确认为负债。其中,企业向客户收取的无需退回的对价,应当在已经将该部分对价所对应的商品控制权转移给客户且不再向客户转让额外的商品且不再负有此类义务时,将该部分对价确认为收入；或者,在相关合同已经终止时,将该部分对价确认为收入。

(3) 没有商业实质的非货币性资产交换,不确认收入。例如,两家石油公司为了及时满足各自不同地点客户的需求,相互之间交换石油,无商业实质,不应确认收入。

(4) 企业在评估其向客户转让商品而有权取得的对价是否很可能收回时,仅应考虑客户到期时支付对价的能力和意愿(客户的信用风险)。企业在进行判断时,应考虑是否存在价格折让。存在价格折让的,应当在估计交易价格时予以考虑。企业预期很可能无法收回全部合同对价时,应判断其原因是客户的信用风险还是企业向客户提供了价格折让。

3. 合同变更

合同变更是指经合同各方批准的、对原合同范围或价格(或两者)做出的变更。企业应当区分以下三种情形对合同变更分别进行会计处理：

(1) 合同变更部分作为单独合同进行会计处理。合同变更增加了可明确区分的商品及合同价款,且新增合同价款反映了新增商品单独售价的,企业应当将合同变更部分作为一份单独的合同进行会计处理。

(2) 合同变更部分作为原合同终止及新合同订立进行会计处理。合同变更不属于上述第(1)种情形,且在合同变更日已转让的商品与未转让的商品之间可明确区分的,企业应当视原合同已终止,同时将原合同未履约部分与合同变更部分合并为新合同进行会计处理。新合同的交易价格应当包括原合同交易价格中尚未确认为收入的部分和合同变更中客户已承诺的对价金额。

(3) 合同变更部分作为原合同的组成部分进行会计处理。合同变更不属于上述第(1)种情形,且在合同变更日已转让的商品与未转让的商品之间不可明确区分的,企业应当将合同变更部分作为原合同的组成部分,在合同变更日重新计算履约进度,并调整当期收入和相应的成本等。

(二) 识别合同中的单项履约义务

一旦识别了合同,企业就应当在合同开始日对合同进行评估,识别合同所包含的单项履约义务,确定各单项履约义务是在某一时段内还是在某一时点履行,并在履行各项履约义务时分别确认收入。履约义务是指合同中明确说明的企业向客户转让可明确区分商品的承诺。例如,如何履行履约义务,如何确认收入;什么时候履行履约义务,什么时候确认收入;在一个时段内履行履约义务的,则在一段时间内计量履约进度并确认收入;在一个时点履行履约义务的,则在一个时点确认收入。

识别合同中的单项履约义务的关键因素在于:合同中承诺转让的商品(或商品组合)是否可明确区分?在实务中,企业可使用"两步法"模型进行分析。

第一步,关注商品本身是否可明确区分。客户能单独从商品中获益或者客户能将商品与易于获得的其他资源结合一起并从中获益。

第二步,关注商品是否可与合同中的其他承诺单独区分。商品与合同所承诺的其他商品无整合及组合产出并非高度关联,不会导致合同所承诺的其他商品做出重大修改或定制化。

【例 10-1】 A 企业与客户签订了一项 5 年期的合同,根据合同企业应根据客户要求生产设备并提供安装服务及维护服务。安装服务是指在客户处现场将各种零件组装起来,使其成为一个可单独运行的设备,安装过程需要根据客户现场条件对设备进行修改与调整,设备无法在未安装的情况下运行。企业将设备与安装服务一同售卖,未将安装服务单独售卖,其他供应商也可提供安装服务。企业将维护服务单独售卖。

试问:合同中包含了几项履约义务?

分析:合同中涉及的商品和服务包括设备、安装服务和维护服务,那么,企业是不是有三项履约义务呢?这里分别用"两步法"进行分析。

首先,对于设备:第一步,设备无法在未安装的情况下运行,但是客户可以从其他供应商处获得安装服务,设备本身是可以明确区分的。第二步,设备与安装服务是高度关联的。在安装过程中,企业可能会发现设备需要做出重大修改,设备是无法明确区分的,因为它需要和安装服务结合在一起。

其次,对于安装服务:第一步,安装服务可由其他供应商提供,所以安装服务本身可明确区分。第二步,参见设备的分析,即合同中设备和安装服务不可以明确区分。

最后,对于维护服务:第一步,维护服务是可以明确区分的,因为它是单独售卖的。第二步,维护服务与合同中的其他承诺未存在高度关联,也不会导致合同所承诺的其他商品或者服务做出重大修改,即维护服务是可以明确区分的。

因此,合同中存在两项履约义务:一是设备和安装,因为两者在合同背景下不可明确区分;二是维护服务,因为它是可明确区分的。

企业向客户转让一系列实质相同且转让模式相同的、可明确区分商品的承诺,也应当作为单项履约义务。转让模式相同,是指每一项可明确区分商品均满足在某一时段内履行履约义务的条件,而且采用相同方法确定履约进度。

(三)确定交易价格

交易价格是指企业因向客户转让商品而预期有权收取的对价金额。这里的对价金额不一定来自客户,也可能来自第三方。例如,企业销售新能源汽车,每销售一辆汽车收取客户10万元、政府补贴2万元,企业收入合计12万元,这里的2万元不能作为政府补助。企业代第三方收取的款项(如增值税)以及企业预期退还给客户的款项(如保证金),应当作为负债,不计入交易价格。

合同标价不一定代表交易价格,企业应当根据合同条款并结合以往的习惯做法等确定交易价格。企业在确定交易价格时,首先应当假定会按照现有合同的约定向客户转让商品,且该合同不会被取消、续约或变更;其次应当考虑合同中存在的可变对价、重大融资成分、应付客户对价和非现金对价等因素的影响。

1. 存在可变对价

企业与客户的合同中约定的对价金额可能会因折扣、价格折让、返利、退款、奖励积分、激励措施、业绩奖金、索赔等因素而变化。此外,根据一项或多项或有事项的发生而收取不同对价金额的合同,也属于可变对价的情形。若企业收取对价的权利取决于未来事项的发生或不发生,则承诺的对价可能不同。合同中存在可变对价的,企业应当估计计入交易价格的可变对价。

(1)可变对价最佳估计数的确定。企业应当按期望值或最可能发生金额确定可变对价金额的最佳估计数。期望值是指根据各种可能发生的对价金额及相关概率计算确定的金额。如果企业拥有大量具有类似特征的合同,并估计可能产生多个结果,通常采用期望值估计可变对价金额。最可能发生金额是一系列可能的对价金额中最可能发生的单一金额,即合同最可能产生的单一结果。当合同仅有两个可能结果时,通常按照最可能发生金额估计可变对价金额。

(2)计入交易价格的可变对价金额的限制。企业按期望值或最可能发生金额确定可变对价金额之后,计入交易价格的可变对价金额还应该满足限制条件。包含可变对价的交易价格,应当不超过在相关不确定性消除时,累计已确认的收入极可能不会发生重大转回金额。这是为了避免因一些不确定因素而导致之前已确认的收入发生转回。企业应当将满足上述限制条件的可变对价金额计入交易价格。需要说明的是,将可变对价金额计入交易价格的限制条件,不适用于企业向客户授予知识产权许可并约定按照客户实际销售或使用情况收取特许权使用费的情况。

需要注意的是,每一资产负债表日,企业应当重新估计应计入交易价格的可变对价金额,包括重新评估将估计的可变对价计入交易价格是否受到限制。可变对价金额发生变动的,对于已履行的履约义务,后续变动额应当调整变动当期的营业收入。

2. 存在重大融资成分

合同中存在重大融资成分的,企业应当按假定客户在取得商品控制权时即以现金支付的应付金额确定交易价格。交易价格与合同对价之间的差额,应当在合同期间内采用实际利率法摊销。存在重大融资成分的合同包含销售交易和融资交易。当客户拖延支付时,企业是向客户提供融资;相反,当客户提前支付时,企业是从客户取得融资。

【例 10-2】 江南公司与客户签订一份分期收款销售合同,不含增值税的总对价为 1 000 万元,收款期为 5 年,每年年末收款 200 万元。该商品的现销价格为 850 万元。

试问:该合同是否存在融资成分? 江南公司如何确定交易价格?

分析:该合同中约定的是客户延迟支付,即企业是向客户提供融资,存在融资成分。因此,江南公司应以现销价格 850 万元作为交易价格。

需要说明的是,合同开始日,企业预计客户取得商品控制权与客户支付价款的间隔不超过一年的,可以不考虑合同中存在的重大融资成分。

3. 存在应付客户对价

应付客户对价是指企业销售商品明确承诺给予客户的优惠,如货位费、折扣券、优惠券、价格保护、收费服务安排等。企业与客户签订的合同中含有应付客户对价的,应当将应付对价冲减交易价格,并在确认相关收入与支付(或承诺支付)客户对价中两者孰晚的时点冲减当期收入,但应付客户对价是为了向客户取得其他可明确区分商品的除外。

企业应付客户对价是为了向客户取得其他可明确区分商品的,应当采用与本企业其他采购相一致的方式确认所购买的商品。企业应付客户对价超过向客户取得可明确区分商品公允价值的,超过金额应当冲减交易价格。向客户取得的可明确区分商品公允价值不能合理估计的,企业应当将应付客户对价金额冲减交易价格。

【例 10-3】 某商场采用以旧换新方式销售某型号的空调,售价为 3 500 元/台,承诺回收旧空调的对价是为 500 元/台。

试问:该商场如何确定交易价格?

分析:旧空调可明确区分,旧空调的公允价值可以合理估计。如果旧空调的公允价值为 500 元/台,则商场确定 3 500 元/台为交易价格,回收旧空调的对价 500 元/台作为旧空调的采购价格;如果回收旧空调的公允价值为 400 元/台,则应付客户对价超过公允价值的 100 元/台冲减交易价格,商场销售空调的交易价格为 3 400 元/台,回收旧空调的采购价格为 400 元/台。

4.存在非现金对价

非现金对价包括实物资产、无形资产、股权、客户提供的广告服务等。客户支付非现金对价的,企业应当按非现金对价在合同开始日的公允价值确定交易价格。非现金对价的公允价值不能合理估计的,企业应当参照其承诺向客户转让商品的单独售价间接确定交易价格。在合同开始日后,非现金对价的公允价值出于对价形式以外的原因而发生变动的,应当作为可变对价,按照与计入交易价格的可变对价金额的限制条件相关的规定加以处理;在合同开始日后,非现金对价的公允价值因对价形式而发生变动的,相应的变动金额不应计入交易价格。例如,如果客户支付的对价是股份,企业应当按合同开始日的股价计算交易价格;合同开始日后,股价的变动不应计入交易价格。

(四)将交易价格分摊至各单项履约义务

当合同中包含两项或多项履约义务时,为了使企业分摊至每项履约义务的交易价格能反映其向客户转让已承诺的相关商品或服务而预期有权收取的对价金额,企业应当在合同开始日,按照各单项履约义务所承诺商品的单独售价的相对比例,将交易价格分摊至各单项履约义务。

1.分摊的基本原则

企业应当在合同开始日按照各项履约义务的单独售价分摊交易价格。

2.单独售价的确定

单独售价是指企业向客户单独销售商品的价格,它不是公允价值。需要注意的是,企业必须在合同开始时估计单独售价,其最佳证据为单独销售时的可观察价格,若商品未单独销售,则使用市场调整法、成本加成法和余值法进行合理估计。市场调整法是指企业根据商品或类似商品的市场售价、考虑本企业的成本和毛利等进行适当调整后,确定其单独售价的方法。成本加成法是指企业根据商品的预计成本加上合理毛利后的价格,确定其单独售价的方法。余值法是指企业根据合同交易价格减去合同中其他商品可观察的单独售价后的余值,确定商品单独售价的方法。余值法仅适用于售价具有高度可变性或尚不确定的情况。需要注意的是,企业不得因合同开始日之后单独售价的变动而重新分摊交易价格。

【例10-4】 电信公司与客户签订一份两年期的合同。合同约定,客户承诺每月支付话费200元,便可以免费从电信公司获得某款手机一部。该款手机的单独售价为3 600元,合同包含的同等水平的通话服务的单独售价为每月100元。假定合同不存在重大融资成分,不考虑增值税。

试问:电信公司如何分摊交易价格?

分析:手机和通信服务是两项单独的履约服务。电信公司在合同开始日确定的交易价格为4800元(200×24),其中,

$$两年的通话服务单独售价=100×24=2\ 400(元)$$
$$手机的单独售价=3\ 600(元)$$

两年通话服务分摊的交易价格＝[2 400÷(2 400＋3 600)]×4 800＝1 920(元)

手机分摊的交易价格＝[3 600÷(2 400＋3 600)]×4 800＝2 880(元)

3. 合同资产的会计处理

合同资产是指企业已向客户转让商品而有权收取对价的权利,且该权利取决于时间之外的其他因素。企业应设置"合同资产"账户进行会计核算,并按照合同设置明细账。企业在客户实际支付合同对价或在对价到期应付之前,已经向客户转让商品的,应当按已转让商品而有权收取的对价金额,借记"合同资产"或"应收账款"科目,贷记"主营业务收入""其他业务收入"等科目;企业取得无条件收款权的,借记"应收账款"等科目,贷记"合同资产"科目;涉及增值税的,还应进行相应的会计处理。合同资产发生减值的,借记"资产减值损失"科目,贷记"合同资产"科目;转回已计提的资产减值准备时,做相反的会计分录。

【例 10-5】 2018 年 7 月 1 日,江南公司与客户签订合同,向其销售 A、B 两项商品。A 商品的单独售价为 600 元,B 商品的单独售价为 2 400 元,合同价款为 2 500 元。合同约定,A 商品于合同开始日交付,B 商品在一个月之后交付,只有当两项商品全部交付之后,江南公司才有权收取 2 500 元的合同对价。假定 A 商品和 B 商品分别构成单项履约义务,其控制权在交付时转移给客户。假定上述价格均不包含增值税,且不考虑相关税费的影响。江南公司相应的账务处理如下:

分摊至 A 商品的合同价款＝[600÷(600＋2 400)]×2 500＝500(元)

分摊至 B 商品的合同价款＝[2 400÷(6 000＋24 000)]×2 500＝2 000(元)

(1) 交付 A 商品

借:合同资产　　　　　　　　　　　　　　　　　　　　　　　　500

　　贷:主营业务收入　　　　　　　　　　　　　　　　　　　　　500

(2) 交付 B 商品

借:应收账款　　　　　　　　　　　　　　　　　　　　　　　　2 500

　　贷:合同资产　　　　　　　　　　　　　　　　　　　　　　　500

　　　　主营业务收入　　　　　　　　　　　　　　　　　　　　　2 000

4. 合同折扣的分摊

合同折扣是指合同中各单项履约义务所承诺商品的单独售价之和高于合同交易价格的金额。对于合同折扣,企业应当在各单项履约义务之间按比例分摊。有确凿证据表明合同折扣仅与合同中一项或多项(即非全部)履约义务相关的,企业应当将合同折扣分摊至相关一项或多项履约义务。

合同折扣仅与合同中一项或多项(即非全部)履约义务相关且采用余值法估计单独售价的,企业应当首先按前款规定在一项或多项(即非全部)履约义务之间分摊合同折扣,然后采用余值法估计单独售价。

5. 分摊可变对价

合同中包含可变对价的,该可变对价可能与整份合同相关,也可能仅与合同中的某一特定组成部分有关,后者包括两种情形:一是可变对价可能与合同中的一项或多项(即非全部)履约义务有关;二是可变对价可能与企业向客户转让的、构成单项履约义务的一系列可明确区分商品中的一项或多项(即非全部)商品有关。

同时满足下列条件的,企业应当将可变对价及可变对价的后续变动额全部分摊至与之相关的某项履约义务,或者构成单项履约义务的一系列可明确区分商品中的某项商品。

(1)可变对价的条款专门针对企业为履行该项履约义务或转让该项可明确区分商品所做的努力,或者是履行该项履约义务或转让该项可明确区分商品所导致的特定结果。

(2)企业在考虑了合同中的全部履约义务及支付条款后,将合同对价中的可变金额全部分摊至该项履约义务或该项可明确区分商品符合分摊交易价格的目标。对于不满足上述条件的可变对价和可变对价的后续变动额,以及可变对价及其后续变动额中未满足上述条件的剩余部分,企业应当按分摊交易价格的一般原则,将其分摊至合同中的各单项履约义务。对于已履行的履约义务,分摊的可变对价后续变动额应当调整变动当期的收入。

【例10-6】 甲公司与乙公司签订合同,将其拥有的两项专利技术 x 和 y 授权给乙公司。合同约定,授权使用 x 的价格为 80 万元,授权使用 y 的价格为乙公司使用该专利技术生产的产品销售额的 3%。x 和 y 的单独售价分别为 80 万元和 100 万元。甲公司估计乙公司使用 y 而有权收取的特许权使用费为 100 万元。假定上述价格均不包含增值税。

试问:合同中是否存在可变对价?可变对价如何分摊?

分析:合同中包含固定对价和可变对价。其中,授权使用 x 的价格为固定对价,且与其单独售价一致;授权使用 y 的价格为乙公司使用该专利技术生产的产品销售额的3%,属于可变对价。该可变对价全部与授权使用 y 能收取的对价有关,且甲公司估计基于实际销售情况收取的特许权使用费的金额接近 y 的单独售价。因此,甲公司将可变对价部分的特许权使用费金额全部由 y 承担。

6. 交易价格的后续变动

交易价格发生后续变动的,企业应当按在合同开始日所用的基础将后续变动金额分推至合同中的履约义务。企业不得因合同开始日之后单独售价的变动而重新分摊交易价格。对于已履行的履约义务,其分摊的可变对价后续变动额,应当调整变动当期收入,即不得追溯调整。

对于合同变更导致的交易价格后续变动,应当按有关合同变更的要求进行会计处理。合同变更之后发生可变对价后续变动的,企业应当区分下列三种情形分别进行会计处理:

(1) 合同变更属于本节合同变更第(1)项规定情形的,企业应当判断可变对价后续变动与哪一项合同相关,并按分摊可变对价的相关规定进行会计处理。

(2) 合同变更属于本节合同变更第(2)项规定情形,且可变对价后续变动与合同变更已承诺可变对价相关的,企业应当先将可变对价后续变动额以原合同开始日确定的单独售价为基础进行分摊,再将分摊至合同变更日尚未履行履约义务的可变对后续变动额以新合同开始日确定的基础进行二次分摊。

(3) 合同变更之后发生除上述第(1)、(2)项情形以外的可变对价后续变动,企业应当将可变对价后续变动额分摊至合同变更日尚未履行或部分未履行的履约义务。

(五) 履行各单项履约义务时确认收入

1. 一般原则

企业应当在履行了合同中的履约义务,即客户取得相关商品控制权时确认收入。履约义务的实现方式也不同,确认收入的方式不同。企业在某一时点履行履约义务,应当在客户获得商品控制权时确认收入;企业在某一时段内履行履约义务,则应当计量履约进度,在一段时间内确认收入。

2. 在某一时点履行的履约义务

对于在某一时点履行的履约义务,企业应当综合分析控制权转移的迹象,判断转移时点。控制权转移给客户,意味着客户已经有能力主导商品的使用并从中获得几乎全部的经济利益。在判断客户是否已经取得商品控制权时,企业应当考虑下列迹象:

(1) 企业对商品享有现时收款权利,即客户对商品负有现时付款义务。

(2) 企业已将商品的法定所有权转移给客户,即客户已拥有商品的法定所有权。

(3) 企业已将商品实物转移给客户,即客户已实物占有商品。

(4) 企业已将商品所有权上的主要风险和报酬转移给客户,即客户已经取得商品所有权上的主要风险和报酬。

(5) 客户已接受商品。

(6) 其他表明客户已取得商品控制权的迹象。

需要说明的是,"企业已将商品实物转移给客户,即客户已实物占有商品"应根据情况具体确定。如果企业已公开宣布的政策、特定声明或以往的习惯做法等能证明业务发生时且已履行所承诺的履约义务,则可以视客户已接受了商品;否则,企业只有在客户签收商品时才能确认已履行所承诺的履约义务。例如,商品零售企业销售空调等大型商品,客户付款后由企业负责送货、安装,在这种情况下,企业尚未将商品实物转移给客户。如果商品属于标准产品,根据以往的经验,几乎未出现过客户拒收商品的现象,则可以视客户已接受商品,企业在收款时即可确认收入;如果商品属于客户特殊定制产品,且客户是否接受商品尚不能确定,则企业在收款时不应确认收入,而应在商品安装调试完成且客户签收商品时确认收入。

3. 在某一时段履行的履约义务

满足下列条件之一的,属于在某一时段内履行的履约义务,相关收入应当在履约义务履行的期间内确认:

(1) 客户在企业履约的同时即取得并消耗履约所带来的经济利益。

(2) 客户能够控制企业履约过程中在建的商品。

(3) 企业履约过程所产出的商品具有不可替代用途,且企业在整个合同期间内有权就累计至今已完成的履约部分收取款项。具有不可替代用途,是指因合同限制或实际可行性限制,企业不能轻易地将商品或服务等作其他用途;有权就累计至今已完成的履约部分收取款项,是指在由于客户或其他方终止合同的情况下,企业有权就累计至今已完成的履约部分收取能补偿已发生成本和合理利润的款项,并且该权利具有法律约束力。

四、关于合同成本

(一) 合同履约成本

企业为履行合同可能会发生各种成本,应当在确认收入的同时分析这些成本。属于存货、固定资产、无形资产等的,企业应当按照相关的规定进行会计处理;不属于存货、固定资产、无形资产等且同时满足下列条件的,企业应当作为合同履约成本确认为一项资产。

(1) 该成本与一份当前或预期取得的合同直接相关。预期取得的合同应当是企业能明确识别的合同。与合同直接相关的成本包括直接人工、直接材料、制造费用或类似费用、明确由客户承担的成本,以及仅因合同而发生的其他成本。

(2) 该成本增加了企业未来用于履行或持续履行履约义务的资源。

(3) 该成本预期能收回。

在实务中,企业应设置"合同履约成本"科目进行会计核算,并按照"服务成本""工程施工"等进行明细核算。企业发生合同履约成本时,应借记"合同履约成本"科目,贷记"银行存款""应付职工薪酬""原材料"等科目。

(二) 合同取得成本

企业为取得一项合同而发生的增量成本预期能收回的,应当将这些成本确认为一项资产,即资本化。取得合同的增量成本,是指企业在未取得合同的情况下不会发生的成本,如销售佣金。在实务中,资产摊销期限不超过一年的,可以在发生时费用化。企业在未取得合同的情况下原本将发生的成本,如设施成本和销售人员工资等,无论是否签署合同都不予以资本化,而应当费用化。

企业为核算取得合同发生的、预计能够收回的增量成本,可以设置"合同取得成本"科目。该科目可按照合同进行明细核算。企业发生合同取得成本时,借记"合同取得成本",贷记"银行存款""其他应付款"等科目。

(三) 与合同履约成本和合同取得成本有关的资产的摊销与减值

1. 摊销

对于为履行合同发生的成本和为取得合同发生的增量成本,企业应当采用与该资产相关的商品收入确认相同的基础进行摊销,计入当期损益。企业在摊销合同履约成本时,借记"主营业务成本""其他业务成本"等科目,贷记"合同履约成本"科目;摊销合同取得成本时,按照其相关性借记"销售费用"等科目,贷记"合同取得成本";涉及增值税的,还应做相应的会计处理。

2. 减值

合同履约成本和合同取得成本的账面价值高于下列两项的差额的,超出部分应当计提减值准备并确认为资产减值损失:(1)企业因转让与资产相关的商品预期能取得的剩余对价;(2)为转让相关商品估计要发生的成本。

减值准备＝账面价值－(预期能取得的剩余对价－估计要发生的成本)

长期资产的减值准备可以转回,但转回后的资产账面价值不应超过假定不计提减值准备情况下该资产在转回日的账面价值。

企业应分别设置"合同履约成本减值准备""合同取得成本减值准备"账户进行会计核算。当合同履约成本发生减值的,企业应当按减值金额,借记"资产减值损失"科目,贷记"合同履约成本减值准备"科目;转回已计提的资产减值准备时,做相反的分录。当合同取得成本发生减值的,企业应当按减值金额,借记"资产减值损失"科目,贷记"合同取得成本减值准备"科目;转回已计提的资产减值准备时,做相反的分录。

五、一般商品销售交易的会计处理

企业销售商品,应当在符合销售商品收入的确认条件时确认收入,同时结转销售成本。在确认收入时,借记"银行存款""应收票据""应收账款"等科目,贷记"主营业务收入""应交税费——应交增值税(销项税额)"等科目;在结转成本时,借记"主营业务成本"科目,贷记"库存商品"科目。

企业已销售的商品,可能发生销售退回或折让。销售退回是指企业已销售的商品,可能会因品种、质量等不符合购销合同的规定而被客户退回。在收到客户退回的增值税专用发票或从当地税务部门取得销售退回证明单时,企业应开具红字增值税专用发票并做会计处理,退还货款或冲减应收账款,并冲减主营业务收入和增值税销项税额,借记"主营业务收入""应交税费——应交增值税(销项税额)"等科目,贷记"银行存款""应收票据""应收账款"等科目;应由企业负担的发货及退货运杂费,计入销售费用。

企业已销售的商品,如果因商品的品种、质量等不符合购销合同的规定而客户仍可继续使用的,企业可能给予客户商品价格上的减让,即销售折让。当发生销售折让时,取得销售折让的单位应在当地税务部门开具销售折让证明单。当收到销售折让证明单时,企业应开具红字增值税专用发票,退还销售折让款或冲减应收账款,并冲减主营业务收入和增值税销项税额,借记"主营业务收入""应交税费——应交增值税(销项项税额)"等科目,贷记"银行存款""应收票据""应收账款"等科目。

【例10-7】 江南公司为一般纳税人,增值税税率为13%,2019年5月发生如下销售商品的交易,请编制相关的会计分录。

(1) 3日,销售a产品100件,每件1 000元。采用支票结算方式。该客户临时产生需求,直接到江南公司购买,交款后提货,公司未与客户签订书面的商品销售合同。

分析:该项交易内容单一,未与客户签订书面商品销售合同,不需要单独识别合同及履约义务,价格固定,最终交易价格即收到的货款且不需要进行分摊。因此,江南公司在收到货款而客户收到商品并取得商品的控制权时,直接根据所开具的增值税专用发票等确认收入。

借:银行存款　　　　　　　　　　　　　　　　　　　　　　　113 000
　　贷:主营业务收入　　　　　　　　　　　　　　　　　　　100 000
　　　　应交税费——应交增值税(销项税额)　　　　　　　　 13 000

(2) 5日,根据商品销售合同的规定,采用托收承付结算方式销售B产品100件,每件1 500元,用银行存款代垫运杂费300元,已办妥托收手续。

分析:江南公司办妥托收手续,表明已履行合同规定的履约义务,按照惯例,视客户已接受商品并取得控制权,江南公司应确认收入。

借:应收账款　　　　　　　　　　　　　　　　　　　　　　　169 800
　　贷:主营业务收入　　　　　　　　　　　　　　　　　　　150 000
　　　　应交税费——应交增值税(销项税额)　　　　　　　　 19 500
　　　　银行存款　　　　　　　　　　　　　　　　　　　　　　　300

(3) 10日,某客户因产品质量问题退回上月购买的A产品20件,价款20 000元,增值税2 600元 B产品10件,价款15 000元,增值税1 950元。江南公司已办妥相关手续,收到退回的商品,并将转账支票交给客户。

分析:江南公司应作销售退回处理,冲减退回当月的主营业务收入35 000元,增值税税额4 550元。

借:主营业务收入　　　　　　　　　　　　　　　　　　　　　 35 000
　　应交税费——应交增值税(销项税额)　　　　　　　　　　　4 550
　　贷:银行行存款　　　　　　　　　　　　　　　　　　　　 39 550

(4) 12日,某客户发现所购A产品1件外观存在问题,公司同意给予客户10%的销售折让113元,已办妥相关手续,并将转账支票交给客户。

分析:发生销售折让,应冲减主营业务收入100元,增值税税额13元。

借:主营业务收入　　　　　　　　　　　　　　　　　　　　　　　100
　　应交税费——应交增值税(销项税额)　　　　　　　　　　　　 13
　　贷:银行存款　　　　　　　　　　　　　　　　　　　　　　　 113

(5) 月末结转销售成本。A 产品单位成本为 600 元，B 产品单位成本为 900 元。

分析：本月销售 A 产品数量 80 件(100－20)，总成本 48 000 元(80×600)；销售 B 产品数量 90 件(100－10)，总成本 81 000 元(90×900)。

借：主营业务成本　　　　　　　　　　　　　　　　　　129 000
　　贷：库存商品　　　　　　　　　　　　　　　　　　　　129 000

(6) 江南公司出售原材料一批，价款为 6 000 元，增值税为 780 元，款项收到并存入银行。该批原材料的实际成本为 3 000 元。

借：银行存款　　　　　　　　　　　　　　　　　　　　6 780
　　贷：其他业务收入　　　　　　　　　　　　　　　　　　6 000
　　　　应交税费——应交增值税(销项税额)　　　　　　　　　780
借：其他业务成本　　　　　　　　　　　　　　　　　　3 000
　　贷：原材料　　　　　　　　　　　　　　　　　　　　　3 000

六、特殊商品销售交易的会计处理

(一) 客户有退货权的销售业务

客户有退货权的销售业务的会计处理的一般原则如下：

(1) 企业应当在客户取得相关商品控制权时，按照向客户转让商品而预期有权收取的对价金额(不包含预期销售退回将退还的金额)确认收入。

(2) 按照预期销售退回将退还的金额确认合同负债。

(3) 按照预期将退回商品转让时的账面价值，扣除收回该商品预计发生的成本(包括退回商品的价值减损)后的余额，确认为一项合同资产。

(4) 按照所转让商品转让时的账面价值，扣除上述资产成本的净额结转成本。

(5) 每一资产负债表日，企业应当重新估计未来销售退回情况。若如有变化，则应当作为会计估计变更进行会计处理。

【例 10-8】 K 公司主营健身器材的销售，为一般纳税人企业，增值税税率为 13%。2019 年 11 月 1 日，K 公司向客户销售 500 件健身器材，单位销售价格为 1 000 元，单位成本为 600 元。商品已经发出，发票已经开具，但款项尚未收到。根据协议的约定，客户应于 2019 年 12 月 31 日前支付货款，在 2020 年 3 月 31 日前有权退还健身器材。K 公司根据过去的经验，估计健身器材的退货率约为 20%。2019 年 12 月 31 日，K 公司对退货率进行重新评估，认为只有 10% 的健身器材会被退回。假定健身器材发出时控制权已转移给客户。K 公司相应的账务处理如下：

(1) 2019 年 11 月 1 日，发出健身器材

借：应收账款　　　　　　　　　　　　　　　　　　　565 000
　　贷：主营业务收入　　　　　　　　　　　　　　　　　400 000
　　　　预计负债——应付退货款　　　　　　　　　　　　100 000
　　　　应交税费——应交增值税(销项税额)　　　　　　　65 000

借:主营业务成本	240 000	
应收退货成本	60 000	
贷:库存商品		300 000

(2) 2019年12月31日前,收到货款

借:银行存款	565 000	
贷:应收账款		565 000

(3) 2019年12月31日,企业对退货率进行重新评估

借:预计负债——应付退货款	50 000	
贷:主营业务收入		50 000
借:主营业务成本	30 000	
贷:应收退货成本		30 000

(4) 2019年3月31日发生销售退回,实际退货量为40件,退货款已支付

借:库存商品	24 000	
应交税费——应交增值税(销项税额)	5 200	
预计负债——应付退货款	50 000	
贷:应收退货成本		24 000
主营业务收入		10 000
银行存款		45 200
借:主营业务成本	6 000	
贷:应收退货成本		6 000

(二)附有现金折扣的销售业务

企业赊销的商品如果附有现金折扣的条件,则其对价为可变对价,企业应根据最可能收取的对价确认收入;资产负债表日,企业应重新估计可能收到的对价,按差额调整收入。

(三)分期收款的商品销售

1. 不含重大融资成分的分期收款商品销售

企业采用分期收款方式销售商品,如果收款期较短(1年以内),符合收入确认条件的,不需要考虑分期收款总额中包含的融资成分,应全额确认收入,借记"应收账款"科目,贷记"主营业务收入""应交税费——待转销项税额"科目;同时结转商品销售成本,借记"主营业务成本"科目,贷记"库存商品"科目。企业发出商品时不需要缴纳增值税,但应确认待转销项税额。在合同规定的收款日期开具增值税专用发票,确认应交增值税,借记"银行存款"等科目,贷记"应收账款"科目;同时,借记"应交税费——待转销项税额"科目,贷记"应交税费——应交增值税(销项税额)"科目。注意,在合同收款日,即使企业没收到或没有全部收到货款,也要确认应交增值税。

【例10-9】 2019年3月31日,F公司采用分期收款方式销售A商品100件,不含增值税价款为90 000元,合同规定分三次收款,收款日期为当年的6月30日、9月30日

和12月31日;总成本为56 000元;F公司在各收款日均收取货款33 900元,并开具增值税专用发票。F公司相应的账务处理如下:

(1) 3月31日,销售商品时,商品控制权已经转移给客户,确认收入实现

借:应收账款　　　　　　　　　　　　　　　　　　　　　　　101 700
　　贷:主营业务收入　　　　　　　　　　　　　　　　　　　　90 000
　　　　应交税费——待转销项税额　　　　　　　　　　　　　　11 700
借:主营业务成本　　　　　　　　　　　　　　　　　　　　　　56 000
　　贷:库存商品　　　　　　　　　　　　　　　　　　　　　　56 000

(2) 6月30日、9月30日和12月31日收到货款

借:银行存款　　　　　　　　　　　　　　　　　　　　　　　　33 900
　　贷:应收账款　　　　　　　　　　　　　　　　　　　　　　33 900
借:应交税费——待转销项税额　　　　　　　　　　　　　　　　3 900
　　贷:应交税费——应交增值税(销项税额)　　　　　　　　　　3 900

2. 含重大融资成分的分期收款商品销售

企业采用分期收款方式销售商品,如果收款期较长(1年以上),符合收入确认条件,应当按商品的现销价格确认收入,不含增值税的分期收款总额与确认收入的差额作为未实现融资收益。企业在发出商品时,借记"长期应收款"科目,贷记"应交税费——待转销项税额""主营业务收入""未实现融资收益"等科目。在合同约定的收款日期,借记"银行存款"等科目,贷记"长期应收款"科目;同时,借记"应交税费——待转销项税额"科目,贷记"应交税费——应交增值税(销项税额)"科目;还要根据不含待转销项税额的长期应收款账面价值(扣除待转销项税额的"长期期应收款"科目借方余额与"未实现融资收益"科目贷方余额的差额)和实际利率计算未实现融资收益的摊销额,确认为利息收入,借记"未实现融资收益"科目,贷记"财务费用"科目。

【例10-10】 A公司某年年初与客户签订一份分期收款销售合同,不含增值税的总对价为1 000万元,增值税税率为13%,收款期为5年,每年年末收款200万元;该商品的现销价格为850万元,商品总成本为600万元,每年年末收款金额为226万元,实际利率为6%。A公司相应的账务处理如下:

(1) 第一年年初销售商品时以商品的现销价格850万元确认收入

$$待转销项税额=1\ 000×13\%=130(万元)$$
$$长期应收款总额=1\ 000+130=1\ 130(万元)$$

借:长期应收款　　　　　　　　　　　　　　　　　　　　　11 300 000
　　贷:应交税费——待转销项税额　　　　　　　　　　　　　1 300 000
　　　　主营业务收入　　　　　　　　　　　　　　　　　　　8 500 000
　　　　未实现融资收益　　　　　　　　　　　　　　　　　　1 500 000
借:主营业务成本　　　　　　　　　　　　　　　　　　　　　6 000 000
　　贷:库存商品　　　　　　　　　　　　　　　　　　　　　6 000 000

(2)第一年年末的会计处理

① 收款

借:银行存款 2 260 000
　贷:长期应收款 2 260 000

② 确认应交增值税

借:应交税费——待转销项税额 260 000
　贷:应交税费——应交增值税(销项税额) 260 000

③ 用实际利率法摊销未实现融资收益

　　不含增值税的长期应收款账面价值＝1 130－130－150＝850(万元)

　　　　未实现融资收益摊销额＝850×6％＝51(万元)

借:未实现融资收益 510 000
　贷:财务费用 510 000

(3)第二、三、四、五年年末的收款和确认应交增值税的会计处理与第一年年末相同。

(4)第二年年末用实际利率法摊销未实现融资收益

不含增值税的长期应收款账面价值＝1 130－226－(130－26)－(150－51)

　　　　　　　　　＝701(万元)

　　　　未实现融资收益摊销额＝701×6％＝42.06(万元)

借:未实现融资收益 420 600
　贷:财务费用 420 600

(5)第三年年末用实际利率法摊销未实现融资收益

　不含增值税的长期应收款账面价值＝904－226－(104－26)－(99－42.06)

　　　　　　　　　＝543.06(万元)

　　　　未实现融资收益摊销额＝543.06×6％＝32.58(万元)

借:未实现融资收益 325 800
　贷:财务费用 325 800

(6)第四年年末用实际利率法摊销未实现融资收益

　不含增值税的长期应收款账面价值＝678－226－(78－26)－(56.94－32.58)

　　　　　　　　　＝375.64(万元)

　　　　未实现融资收益摊销额＝375.64×6％＝22.54(万元)

借:未实现融资收益 225 400
　贷:财务费用 225 400

(7)第五年年末用实际利率法摊销未实现融资收益

　　未实现融资收益摊销额＝160－(51＋42.06＋32.58＋22.54)＝11.82(万元)

借:未实现融资收益 118 200
　贷:财务费用 118 200

(四)附有质量保证条款的销售业务

1. 区分两类质量保证服务

合同中附有质量保证条款的,首先要确定是服务型质量保证还是保证型质量保证,或者两者都有。如果客户有单独购买质量保证的选择权,或者质量保证除提供产品销售时存在的缺陷修复外还向客户提供额外服务,属于服务型质保。服务型质量保证是一项可明确区分的服务,而且是一项单独履约义务,企业应基于估计的服务型质量保证单独售价,将交易价格的一部分分配至服务型质量保证部分。如果质量保证是一段时间,企业在提供质量保证服务的期间内确认应分配的收入。如果质量保证不向客户提供额外的商品或服务——不是单独履约义务,销售企业提供的此类质量保证实际上是提供质量担保,则这类质量保证作为质量保证义务,企业应按照《企业会计准则第13号——或有事项》的规定进行会计处理。如何区分服务型质量保证和保证向质量保证?企业可以考虑以下几个因素:

(1)质量保证是否为法定要求。如果质量保证是法定要求,则表明企业所承诺的质量保证不是一项履约义务。

(2)保修期的时长。一般保修期越长,承诺的质量保证越可能为履约义务。

(3)企业承诺执行的任务的性质。如果企业就产品符合商定规格提供保证而必须执行规定的任务,则这些任务可能不会产生履约义务。

2. 附有质量保证条款的销售业务的会计处理的一般原则

(1)如果合同中同时提供保证型质量保证和服务型质量保证且能被单独处理,企业应计提与保证型质量保证相关的预计成本并递延确认服务型质量保证的收入。

(2)如果合同中同时提供保证型质量保证和服务型质量保证且不能合理地进行单独处理,则两类质量保证会被合并作为一项履约义务处理,收入会被分配至整项质量保证并且在提供质量保证服务的期间内确认。

【**例 10-11**】 某企业是空调制造商和销售商,增值税一般纳税人,增值税税率为13%。公司与客户签订了销售一批空调的合同,合同约定:空调销售价款为360万元,同时提供"延长保修服务",即从法定质量保证90天延长至3年,期间乙公司将对任何损坏的部件进行保修或更换。空调已售出,客户已经取得控制权并通过银行转账全额支付款项。该批空调和"延长保修"服务各自的单独售价为320万元和40万元。该批空调的成本为144万元,而且基于自身经验,乙公司估计维修在法定质量保证的90天保修期内出现损坏的部件将花费2万元。乙公司相应的账务处理如下:

分析:合同中存在服务型质量保证和保证型质量保证且能被单独处理。

(1)确认收入

借:银行存款	4 068 000
贷:主营业务收入	3 200 000
应交税费——应交增值税(销项税额)	468 000
合同负债(服务型质量保证)	400 000

(2) 结转成本

借:主营业务成本 1 440 000
　　贷:库存商品 1 440 000

(3) 保证型质量保证费用 2 万元作为销售费用

借:销售费用 20 000
　　贷:预计负债(保证型质量保证) 20 000

企业转让商品或服务以履行履约义务前,客户已支付对价或应支付对价,形成合同负债。合同负债是指企业已收或应收客户对价而应向客户转让商品的义务。企业设置"合同负债"科目进行核算,并按照合同进行明细核算。合同资产和合同负债应当在资产负债表中单独列示,并按流动性分别列示为"合同资产"或"其他流动资产"以及"合同负债"或"其他流动负债"。同一合同下的合同资产和合同负债应当以净额列示,不同合同下的合同资产和合同负债不能相互抵消。

(五) 附有售后回购条件的销售业务

对于附有售后回购条件的销售业务,企业应区分不同情况进行会计处理。企业因存在与客户的远期安排而负有回购义务或享有回购权利的,表明客户在销售时点并未取得相关商品的控制权,应当作为租赁交易或融资交易进行相应的会计处理。其中,回购价格低于原售价的,应当视为租赁交易,按照租赁业务进行会计处理,差额作为客户承担的资产使用费;回购价格高于原售价的,应当视为融资交易(质押贷款),在收到客户款项时确认金融负债,并将该款项和回购价格的差额在回购期间内确认为利息费用等。企业到期未行使回购权的,应当在回购权到期时终止确认金融负债,同时确认收入。

企业附有售后回购条件的销售业务,如果属于融资交易,收取的价款应确认为负债。

【例 10-12】 2019 年 6 月 30 日,甲公司采用支票结算方式销售 A 商品 10 件,不含增值税的价款为 100 000 元,增值税税额为 13 000 元,商品实际成本为 45 000 元,已开具增值税专用发票,并收取全部价款。销售合同规定,甲公司在 12 月 31 日将该批商品购回,回购价格为 106 000 元,增值税税额为 13 780 元。甲公司相应的账务处理如下:

分析: 回购价格 106 000 元高于原售价 100 000 元,作为融资业务处理。

(1) 2019 年 6 月 30 日销售商品。由于存在回购条款,客户不能控制商品,因而不确认收入。

借:银行存款 113 000
　　贷:应交税费——应交增值税(销项税额) 13 000
　　　　其他应付款 100 000
借:合同资产 45 000
　　贷:库存商品 45 000

(2) 2019年7—12月各月末计提利息费用。销售至回购期间的利息支出为6 000元(106 000－100 000),7—12月每月计提利息支出1 000元。

借:财务费用　　　　　　　　　　　　　　　　　　　　　　　1 000
　　贷:其他应付款　　　　　　　　　　　　　　　　　　　　　　　1 000

(3) 2019年12月31日回购商品

借:其他应付款　　　　　　　　　　　　　　　　　　　　　　106 000
　　应交税费——应交增值税(进项税额)　　　　　　　　　　　　13 780
　　贷:银行存款　　　　　　　　　　　　　　　　　　　　　　　119 780
借:库存商品　　　　　　　　　　　　　　　　　　　　　　　　45 000
　　贷:合同资产　　　　　　　　　　　　　　　　　　　　　　　　45 000

(六) 附有客户有额外购买选择权的销售业务

客户后续购买额外的商品或服务,可以享受免费或打折的权利,常见的情形包括:(1)客户奖励积分;(2)未来商品或服务的折扣券;(3)销售激励,如免费维护服务;(4)续约的选择权;(5)对软件和设备使用的培训等。

企业应当评估选择权是否向客户提供了一项重大权利。如果选择权向客户提供了一项不订立合同就无法取得的重大权利,应当作为单项履约义务,将交易价格分摊至履约义务。

在客户未来行使购买选择权取得相关商品的控制权或者选择权失效时,企业应当确认相应的收入。

客户额外购买选择权的单独售价无法直接观察的,企业应当综合考虑客户行使和不行使选择权所获得的折扣的差异、客户行使选择权的可能性等全部相关信息后,对相应的收入予以合理估计。

客户虽然有额外购买商品的选择权,但客户行使选择权购买商品的价格反映了这些商品单独售价的,不被视为企业向客户提供了一项重大权利。例如企业向客户提供的续约选择权。企业无须估计选择权的单独售价,直接把预计将提供的额外商品的数量及预计将收取的对价纳入原合同,并进行相应的会计处理。

【例10-13】 2018年1月1日,甲公司开始推行一项奖励积分计划。根据该计划,客户在甲公司每消费10元可获得1个积分,每个积分从次月开始在购物时可抵减1元。截至2018年1月31日,客户共消费200 000元,可获得20 000个积分,根据历史经验,甲公司估计积分兑换率为95%。假定上述金额均不包含增值税等的影响,相关资料如下:

(1) 截至2018年年末,客户共兑换9 000个积分,甲公司对积分兑换率进行了重新估计,仍然预计客户总共会兑换19 000个积分。

(2) 截至2019年年末,客户累计兑换17 000个积分,甲公司对积分兑换率进行了重新估计,仍预计客户会兑换总计19 000个积分。

试问:假设不考虑相关税费,甲公司对积分奖励计划如何进行会计处理?

(1) 该项奖励积分应当作为一项单独的履约义务。客户购买商品的单独售价合计为 200 000 元,根据积分兑换率,甲公司估计积分的单独售价为 19 000 元(1 元×20 000 个积分×95%)。甲公司按照商品和积分单独售价的相对比例对交易价格进行分摊,具体如下:

产品价格=200 000÷(200 000+19 000)×200 000=182 648(元)

奖励积分的价格=19 000÷(200 000+19 000)×200 000=17 352(元)

因此,甲公司应当在商品控制权转移给客户时确认收入 182 648 元,同时确认合同负债 17 352 元。

借:银行存款　　　　　　　　　　　　　　　　　　　　200 000
　　贷:主营业务收入　　　　　　　　　　　　　　　　　　182 648
　　　　合同负债　　　　　　　　　　　　　　　　　　　　17 352

(2) 2018 年年末,确认积分收入,剩余兑换的积分仍然作为合同负债。

积分应当确认的收入=9 000÷19 000×17 352=8 219(元)

剩余未兑换的积分=17 352-8 219=9 133(元)

借:合同负债　　　　　　　　　　　　　　　　　　　　4 110
　　贷:主营业务收入　　　　　　　　　　　　　　　　　　4 110

(3) 2019 年年末,确认积分收入,剩余未兑换的积分仍然作为合同负债。

积分应当确认的收入=17 000÷19 000×17 352-8 219=7 306(元)

剩余未兑换的积分=17 352-8 219-7 306=1 827(元)

借:合同负债　　　　　　　　　　　　　　　　　　　　3 652
　　贷:主营业务收入　　　　　　　　　　　　　　　　　　3 652

(七) 涉及知识产权许可的销售业务

企业向客户授予的知识产权,主要包括软件和技术、影视和音乐等的版权、生物化合物或药物配方、特许经营权及专利权等。企业应当评估相应的销售业务是否构成单项履约义务。

1. 不构成单项履约义务

不构成单项履约义务的,企业应当将知识产权许可和其他商品一起作为一项履约义务进行会计处理。不构成单项履约义务的情形包括:(1) 知识产权许可构成有形商品的组成部分并且对于商品的使用不可或缺,例如购买产品中嵌入的操作系统;(2) 客户只有将知识产权许可和相关商品或服务一起使用才能从中获益,例如企业提供的在线服务,授予使用许可使客户能访问相关内容。

2. 构成单项履约义务

构成单项履约义务的,企业应当进一步确定其是在某一时点履约还是在某一时段内履约。同时满足下列条件,应作为在某一时段内履约,否则作为在某一时点履约:

(1)合同要求或客户能合理预期企业将从事对知识产权有重大影响的活动;(2)相关的活动对客户将产生有利或不利影响;(3)相关的活动不会导致向客户转让商品。在某一时段履约的,在某一时段内确认收入;在某一时点履约的,在某一时点确认收入。

【例10-14】 S公司为一家知名快餐连锁企业。2018年1月1日,公司授权加盟店W在指定的地点经营快餐店,该快餐店将使用S公司的品牌,并有权在未来5年内销售S公司的产品。S公司将开展一些活动以维护品牌形象,包括改进产品、市场营销等,所开展的活动并不导致向加盟店W转移商品或服务。S公司一次性向加盟店W收取5年的固定品牌使用费300万元。S公司应当在何时确认收入?

分析: S公司应当在5年内分期确认收入,理由包括:(1)公司将开展活动以维护品牌形象,包括改进产品、市场营销等;(2)公司的品牌价值会受上述活动的影响;(3)公司将要开展的活动并不导致向加盟店W转移商品或服务。

3. 基于销售或使用许可的收入确认的例外情形

企业向客户授予知识产权许可,并且约定按客户实际销售或使用情况收取特许权使用费的,应当在下列两项孰晚的时点确认收入:

(1)客户后续销售或使用行为实际发生的时间。

(2)企业履行相关履约义务的时间。

(八)客户未行使合同权利的销售业务

企业向客户预收销售商品款项的,应当先将收到的款项确认为负债,待履行相关履约义务时再转为收入。当客户可能会放弃全部或部分合同权利而预收款项不必退回时,企业应当按客户行使合同权利的模式按比例将无需退回的金额确认为收入;否则,企业只有在客户要求其履行剩余履约义务的可能性极小时,才能将上述负债的相关余额确认为收入。企业在确定是否预期有权获得与客户所放弃的合同权利相关的金额时,应当考虑将估计的可变对价计入交易价格的限制要求。但是,如果有法律规定,企业就必须将所收取的与客户未行使权利相关的款项交给其他方(如政府)的,企业不应将其确认为收入。

(九)客户支付的不可退还的初始费

企业在合同开始日(或接近合同开始日)向客户收取的无需退回的初始费,应当计入交易价格。会计处理方法应根据以下具体情形确定:

(1)如果初始费与向客户已承诺转让的商品相关且商品构成单项履约义务,则企业在转让商品时,应当按照分摊至该商品的交易价格确认收入。

(2)如果初始费与向客户已承诺转让的商品相关且商品不构成单项履约义务,则企业在履行包含商品的单项履约义务时,应当按照分摊至该单项履约义务的交易价格确认收入。

(3)如果初始费与向客户转让已承诺的商品不相关,则初始费应当作为未来转让商品的预收款,在未来转让商品时确认收入。

第二节 费 用

一、费用的相关概念

（一）费用

费用（Expense）有狭义和广义之分。狭义的费用是指企业在日常活动中发生的、会导致所有者权益减少的、与向所有者分配利润无关的经济利益的总流出。狭义的费用仅指与本期营业收入相配比的耗费。广义的费用是指会计期间内经济利益的总流出，包括营业成本、税金及附加、销售费用、管理费用、财务费用、投资损失、公允价值变动损失、资产减值损失、资产处置损失、营业外支出和所得税费用。这里所讲的费用，是狭义的费用。

（二）费用、成本和支出

费用、成本（Cost）和支出（Expenditure）是三个既有区别又有联系的概念。由于广义费用要与广义收入配合起来计算利润，因而可以将其界定为期间化的耗费。费用应按照权责发生制和配比原则确认，凡应属于本期发生的费用，不论款项是否支付，均确认为本期费用；反之，不属于本期发生的费用，即使款项已在本期支付，也不确认为本期费用。

成本也有广义和狭义之分。广义的成本是指为了取得资产或达到特定目的而实际发生或应发生的价值牺牲。例如，企业为生产产品而发生的耗费为产品生产成本；企业为购建固定资产而发生的耗费为固定资产成本；企业为采购存货而发生的耗费为存货成本；企业为提供服务而发生的耗费为服务成本；等等。狭义成本是指为了生产产品或提供服务而实际发生或应发生的价值牺牲，即生产及服务成本（以下简称"生产成本"）。成本是对象化了的费用，费用是对耗费按期间进行的归集，而成本是对耗费按对象进行的归集。支出是指各项资产的减少，包括偿债性支出、成本性支出、费用性支出和权益性支出。

费用、成本和支出之间的关系可以概括为：支出是指资产的减少，不仅包括费用性支出和成本性支出，还包括其他支出；费用是引起利润减少的耗费，费用性支出形成费用，然而费用中还包括未形成支出的耗费，如应付的利息费用等；成本是一种对象化的耗费，成本性支出形成成本，然而成本中还包括未形成支出的耗费，如自建固定资产应付的工程款等。

二、期间费用

期间费用是指企业当期发生的费用中的重要组成部分，是指本期发生的、不能直接或间接归入某种产品成本的、直接计入损益的各项费用，包括管理费用、销售费用和财务费用。

（一）管理费用

管理费用是指企业为组织和管理企业生产经营所发生的各项费用，包括企业在筹建期间发生的开办费，董事会和行政管理部门在经营管理中发生的或者应由企业统一负担的公司经费（包括行政管理部门职工工资及福利费、物料消耗、低值易耗品摊销、办公费和差旅费等）、工会经费、董事会费（包括董事会成员津贴、会议费和差旅费等）、聘请中介机构费、咨询费（含顾问费）、诉讼费、业务招待费、技术转让费、矿产资源补偿费、研究费用、排污费，企业生产车间（部门）和行政管理部门等发生的固定资产修理费等。

当发生管理费用时，企业应借记"管理费用"等科目，贷记有关科目。管理费用按费用项目设置明细账，进行明细核算。期末，"管理费用"科目的余额结转"本年利润"科目后无余额。

（二）销售费用

销售费用是指企业在销售商品和材料、提供劳务的过程中发生的各种费用，包括企业在销售商品过程中发生的保险费、包装费、展览费、广告费、商品维修费、装卸费，以及为销售本企业商品而专设的销售机构（含销售网点、售后服务网点等）的职工薪酬、业务费、折旧费、固定资产修理费等。企业发生的销售费用，借记"销售费用"等科目，贷记相关科目，"销售费用"按项目设置明细账，进行明细核算。期末，"销售费用"科目的余额结转"本年利润"科目后无余额。

（三）财务费用

财务费用是指企业在筹集资金过程中发生的各项费用，包括生产经营期间发生的不应计入固定资产成本的利息费用（减去利息收入）、金融机构手续费、汇兑损失（减去汇兑收益）及其他财务费用。企业发生的财务费用，借记"财务费用"科目，贷记有关科目。企业取得的利息收入，借记"银行存款"等科目，贷记"财务费用"科目。

第三节 利 润

利润（Profit）是指企业在一定会计期间的经营成果，包括收入减去费用后的净额、直接计入当期利润的利得和损失等。直接计入当期利润的利得和损失，是指应当计入当期损益、会导致所有者权益发生增减变动的、与所有者投入资本或者向所有者分配利润无关的利得或者损失。

一、营业利润

营业利润的计算公式为：

营业利润＝营业收入－营业成本－税金及附加－销售费用－管理费用－财务费用－资产减值损失＋公允价值变动收益（－公允价值变动损失）＋投资收益（－投资损失）＋资产处置收益（－资产处置损失）＋其他收益

营业收入是指企业经营业务所实现的收入总额,包括主营业务收入和其他业务收入。营业成本是指企业经营业务所发生的实际成本总额,包括主营业务成本和其他业务成本。资产减值损失是指企业计提各项资产减值准备所形成的损失。公允价值变动收益(或损失)是指企业交易性金融资产等的公允价值变动形成的应计入当期损益的利得(或损失)。投资收益(或损失)是指企业以各种方式对外投资所取得的收益(或损失)。资产处置收益(或损失)是指处置固定资产、在建工程及无形资产而产生的收益(或损失)。

二、利润总额

利润总额的计算公式为:

$$利润总额=营业利润+营业外收入-营业外支出$$

其中,营业外收入(或支出)是指企业发生的与日常活动无直接关系的各项利得(或损失)。

三、营业外收支

营业外收支是指企业发生的与日常活动无直接关系的各项收支,主要包括接受捐赠收入、获得的赔款收入、无法支付的应付账款、盘盈利得等形成的偶然所得。企业取得营业外收入时,应借记有关科目,贷记"营业外收入"。营业外支出主要包括固定资产盘亏、毁损、报废等的净损失,非常损失,对外捐赠支出,赔偿金和违约金支出等。企业发生营业外支出时,应借记"营业外支出"科目,贷记有关科目。

四、所得税费用

所得税费用是指企业确认的应从当期利润总额中扣除的所得税。所得税费用包括当期所得税费用和递延所得税费用(或收益,下同)。企业应设置"所得税费用"科目进行核算。我国现行的企业会计准则规定,所得税费用的确认应采用资产负债表债务法。

(一)当期所得税费用

当期所得税费用是指按照当期应缴纳的所得税确认的费用,相关计算公式为:

$$当期应缴纳所得税=应纳税所得额\times 所得税税率$$

其中,
$$应纳税所得=利润总额+纳税调整增加额-纳税调整减少额$$

由于利润总额与应纳税所得额的计算口径、计算时间可能不一致,两者之间可能存在差异,需要调整。

纳税调整增加的主要有超过税法规定标准的职工福利费(职工工资及薪金的14%)、工会费(2%)、职工教育经费(2.5%)、业务招待费、公益性捐赠支出、广告费、业务宣传费,以及企业已计入当期损失但税法规定不允许扣除项目的金额,如税收滞纳金、罚金、罚款等。在会计核算中,这些项目抵减了利润总额,但所得税法规定不允许在税前扣除,因此企业应在利润总额的基础上,补加上述差异,计算应纳税所得额。

纳税调整减少的主要有企业购买国债取得的利息收入等。在会计核算中作为投资收益计入了利润总额,而所得税法规定国债利息收入免征所得税,不计入应纳税所得额。

企业确认的公允价值变动收益等,在会计核算中计入了利润总额,但所得税法规定不计入应纳税所得额,企业应在利润总额的基础上,调整上述差异,计算应纳税所得额。

【例 10-15】 江南公司 2018 年 12 月利润总额为 42 000 元,其中国债利息收入为 2 000 元,公允价值变动收益为 6 000 元,非公益性捐赠支出为 1 500 元,资产减值损失为 2 500 元。所得税税率为 25%。请分别计算江南公司 12 月应纳税所得额和应交所得税税额,并编制相应的会计分录。

12 月应纳税所得额 = 42 000 - 2 000 - 6 000 + 1 500 + 2 500 = 38 000(元)

12 月应交所得税额 = 38 000 × 25% = 9 500(元)

借:所得税费用——当期所得税费用　　　　　　　　　　　　9 500
　　贷:应交税费——应交企业所得税　　　　　　　　　　　　　　9 500

(二) 递延所得税费用

递延所得税费用是指因暂时性差异的发生或转回而确认的所得税费用。

1. 暂时性差异

暂时性差异是指资产或负债的账面价值与计税基础之间的差额;未作为资产或负债确认的项目,按照所得税法规定可以确定计税基础的,该计税基础与账面价值之间的差额也属于暂时性差异。

根据暂时性差异对未来期间应纳税所得额的影响,可以分为可抵扣暂时性差异和应纳税暂时性差异。可抵扣暂时性差异是指在确定未来收回资产或清偿负债期间的应纳税所得额时,将导致产生可抵扣金额的暂时性差异。具体而言,资产的账面价值小于计税基础或者负债的账面价值大于计税基础,将产生可抵扣暂时性差异。按照税法规定允许抵减以后年度利润的可抵扣亏损,也视同可抵扣暂时性差异。应纳税暂时性差异是指在确定未来收回资产或清偿负债期间的应纳税所得额时,将导致产生应纳税金额的暂时性差异。具体而言,资产的账面价值大于计税基础或者负债的账面价值小于计税基础,将产生应纳税暂时性差异。

资产的计税基础是指企业在收回资产账面价值过程中,计算应纳税所得额时按照税法规定可以自应税经济利益中抵扣的金额。负债的计税基础是指负债的账面价值减去未来期间计算应纳税所得额时按照税法规定可予抵扣金额的差额。

【例 10-16】 江南公司 2018 年 12 月 31 日购入一台设备,原值为 90 000 元,假定无预计净残值。税法规定采用直线法计提折旧,折旧年限为 5 年,公司采用直线法计提折旧,折旧年限为 3 年。

分析: 2018 年 12 月 31 日,该设备的账面价值为 90 000 元,计税基础也是 90 000 元,无差异。2019 年,按照税法规定应计提折旧 18 000 元,年末计税基础为 72 000 元;江南公司实际计提折旧额为 30 000 元,年末账面价值为 60 000 元。两者之间的差额为

12 000元。由于设备在未来期间可以按照72 000元在所得税前抵扣,相比设备的账面价值多12 000元,因此12 000元差异属于可抵扣暂时性差异。

【例10-17】 江南公司2018年12月1日买入股票,实际支付价款为20 000元,确认为交易性金融资产;12月31日,该股票的公允价值为25 000元,确认公允价值变动收益5 000元。

分析: 2018年12月31日,该交易性金融资产的计税基础仍为20 000元,账面价值为25 000元,两者之间的差异为5 000元。由于在未来期间出售股票时只能按照20 000元在所得税前抵扣,因此5 000元差异属于应纳税暂时性差异。

2. 递延所得税资产和递延所得税负债

递延所得税资产是指按照可抵扣暂时差异和适用税率计算确定的资产,其性质属于预付的税款,在未来期间可抵扣应纳税款。期末递延所得税资产大于期初递延所得税资产的差额,应确认为递延所得税收益,冲减所得税费用,其会计处理为借记"递延所得税资产"科目,贷记"所得税费用"科目;反之,则应冲减递延所得税资产,并作为递延所得税费用处理,其会计处理为借记"所得税费用"科目,贷记"递延所得税资产"科目。

递延所得税负债是指按照应纳税暂时性差异和适用税率计算确定的负债,其性质属于应付的税款,在未来期间转为应纳税款。期末递延所得税负债大于期初递延所得税负债的差额,应确认为递延所得税费用,其会计处理为借记"所得税费用"科目,贷记"递延所得税负债"科目;反之,则应冲减递延所得税负债,并作为递延所得税收益处理,其会计处理为借记"递延所得税负债"科目,贷记"所得税费用"科目。

如果形成的暂时性差异不涉及损益类项目,则确认的递延所得税资产或递延所得税负债直接调整其他综合收益,其会计处理为借记"递延所得税资产"科目,贷记"其他综合收益"科目;或者借记"其他综合收益"科目,贷记"递延所得税负债"科目。

【例10-18】 沿用【例10-16】,假定江南公司2018年年末没有递延所得税资产,各年所得税税率均为25%且无其他差异。请计算公司2019—2023年各年年末递延所得税资产和递延所得税收益,并做相应的会计处理。

江南公司2019—2023年各年年末递延所得税资产和递延所得税收益的计算如表10-1所示。

表10-1 递延所得税资产及所得税收益计算表　　　　　　　　　　　单位:元

时间	计税基础	账面价值	期末可抵扣暂时性差异	期末递延所得税资产	期初递延所得税资产	递延所得税收益
2019年年末	72 000	60 000	12 000	3 000	0	3 000
2020年年末	54 000	30 000	24 000	6 000	3 000	3 000
2021年年末	36 000	0	36 000	9 000	6 000	3 000
2022年年末	18 000	0	18 000	4 500	9 000	−4 500
2023年年末	0	0	0	0	4 500	−4 500

(1) 2019—2021年每年年末的账务处理为：

借：递延所得税资产　　　　　　　　　　　　　　　　　　　3 000
　　贷：所得税费用——递延所得税费用　　　　　　　　　　　　3 000

(2) 2022—2023年每年年末的账务处理为：

借：所得税费用——递延所得税费用　　　　　　　　　　　　4 500
　　贷：递延所得税资产　　　　　　　　　　　　　　　　　　　4 500

五、净利润

净利润是指企业的利润总额扣除所得税费用后的余额，计算公式为：

净利润＝利润总额－所得税费用

净利润一般通过"本年利润"科目进行核算。净利润的核算一般有账结法和表结法两种方式。账结法是指每月月末将所有收入、利得类科目的余额转入"本年利润"科目的贷方，借记所有收入、利得类科目，贷记"本年利润"科目；将所有费用、损失类科目的余额转入"本年利润"科目的借方，借记"本年利润"科目，贷记所有费用、损失类科目。结转后，所有收入、费用、利得、损失类科目月末均无余额，"本年利润"科目如有贷方余额，则表示年度内累计实现的净利润；如有借方余额，则表示年度内累计发生的净亏损。表结法是指各月月末不结转本年利润，只在年末才将所有收入、费用、利得、损失类科目的余额转入"本年利润"科目。采用账结法，账面上能够直接反映各月末累计实现的净利润和累计发生的净亏损，每月末结转本年利润的工作量较大；采用表结法，各月末的累计净利润或净亏损不能从账面上直接反映出来，需要在利润表中予以反映，可以简化平时的核算工作。年度终了时，应将"本年利润"账户余额转入"利润分配"账户。若有净利润，则借记"本年利润"，贷记"利润分配——未分配利润"；若有净亏损，则借记"利润分配——未分配利润"，贷记"本年利润"；结转后"本年利润"账户无余额。

【例10-19】　江南公司采用表结法结转本年利润，2018年12月末各损益类科目余额如表10-2所示。

表10-2　损益类科目余额表　　　　　　　　　　　　单位：元

科目名称	借方余额	贷方余额
主营业务收入		2 000 000
其他业务收入		50 000
投资收益		6 000
营业外收入		20 000
主营业务成本	1 400 000	
其他业务成本	30 000	
税金及附加	15 000	
销售费用	50 000	

(续表)

科目名称	借方余额	贷方余额
财务费用	3 000	
管理费用	80 000	
资产处置损益	20 000	
营业外支出	5 000	
所得税费用	118 250	
合计	1 721 250	2 076 000

(1) 结转本年收入

借：主营业务收入　　　　　　　　　　　　　　　　　　2 000 000
　　其他业务收入　　　　　　　　　　　　　　　　　　　　50 000
　　投资收益　　　　　　　　　　　　　　　　　　　　　　 6 000
　　营业外收入　　　　　　　　　　　　　　　　　　　　　20 000
　贷：本年利润　　　　　　　　　　　　　　　　　　　2 076 000

(2) 结转本年费用

借：本年利润　　　　　　　　　　　　　　　　　　　　1 721 250
　贷：主营业务成本　　　　　　　　　　　　　　　　　1 400 000
　　　其他业务成本　　　　　　　　　　　　　　　　　　30 000
　　　税金及附加　　　　　　　　　　　　　　　　　　　15 000
　　　销售费用　　　　　　　　　　　　　　　　　　　　50 000
　　　财务费用　　　　　　　　　　　　　　　　　　　　 3 000
　　　管理费用　　　　　　　　　　　　　　　　　　　　80 000
　　　资产处置损益　　　　　　　　　　　　　　　　　　20 000
　　　营业外支出　　　　　　　　　　　　　　　　　　　 5 000
　　　所得税费用　　　　　　　　　　　　　　　　　　 118 250

(3) 结转本年利润

借：本年利润　　　　　　　　　　　　　　　　　　　　　354 750
　贷：利润分配——未分配利润　　　　　　　　　　　　　354 750

核心概念

收入　　　　　费用　　　　　　　利润　　　　　　　合同资产
合同负债　　　合同取得成本　　　合同履约成本　　　期间费用
营业外收入　　营业外支出　　　　营业利润　　　　　利润总额
净利润

思考题

1. 试述营业收入的概念和确认的条件。
2. 如何确定商品交易价格？
3. 如何区分成本、费用和支出？
4. 什么是期间费用？如何进行会计处理？
5. 什么是营业利润？如何计算利润总额、营业利润和净利润？
6. 什么是综合收益？什么是其他综合收益？各自包括哪些主要内容？

练习题

1. 甲公司以及与甲公司发生交易的各公司均为增值税一般纳税人，销售或进口货物适用的增值税税率为13%，以下事项中的销售价格均不含增值税。甲公司2019年发生如下经济业务：

(1) 6月1日，甲公司与乙公司签订协议，向乙公司销售商品，成本为90万元，增值税专用发票上注明销售价格为110万元、增值税税额为14.3万元。协议规定，甲公司应在当年5月31日将所售商品购回，回购价格为120万元，另需支付增值税税额15.6万元。假定商品已发出且货款已实际支付。

(2) 6月2日，甲公司与丙公司签订分期收款销售合同，向丙公司销售产品50件，单位成本0.072万元，单位售价0.1万元。根据合同的规定：丙公司可享受20%的商业折扣；丙公司应在甲公司交付产品时，首期支付价款和增值税税额之和的20%，其余款项分2个月(包括购货当月)于每月月末等额支付。甲公司发出产品并按规定开具增值税专用发票一张，丙公司如约支付首期货款和以后各期货款。假设不考虑甲公司发生的其他经济业务及除增值税以外的其他因素，所售商品均未发生减值。

要求：

(1) 判断甲公司向乙公同销售商品是否应确认收入并说明理由，编制甲公司1月份向乙公司销售商品的相关会计分录。

(2) 编制甲公司6月向丙公司销售商品的相关会计分录。

2. 甲公司销售健身器材，为增值税一般纳税人。2019年6月1日，甲公司向乙公司销售5 000件健身器材，单位销售价格为500元，单位成本为400元，开出的增值税专用发票上注明的销售价款为2 500 000元，增值税税额为325 000元，收到款项存入银行。协议约定，乙公司在7月31日之前有权退还健身器材。假定甲公司根据过去的经验估计，健身器材退货率约为20%，在不确定性消除时，80%已确认的累计收入金额(2 000 000元)极可能不会发生重大转回；健身器材发出时纳税义务已经发生；实际发生销售退回时取得税务机关开具的红字增值税专用发票。6月30日，甲公司估计该批健身器材退货率约为15%。7月31日发生销售退回,实际退货量为400件,同时支付款项。不考虑其他因素。

要求:

(1)编制2019年6月1日销售商品的会计分录。

(2)编制2019年6月30日调整退货率的会计分录。

(3)编制2019年7月31日发生退货的会计分录。

参考文献

1. IAS 18 Revenue,http://www.ifrs.org/issued-standards/list-of-standards/2018-10-27.

2. IFRS 15 Revenue from Contracts with Customers,http://www.ifrs.org/issued-standards/list-of-standards/2018-10-27.

3. 财政部,《企业会计准则——基本准则》,http://www.mof.gov.cn/mofhome/tfs/zhengwuxinxi/caizhengbuling/201407/t20140729_1119494.html。

4. 财政部,《企业会计准则第14号——收入》,http://www.mof.gov.cn/2018-10-27。

5. 财政部会计司编写组,《企业会计准则第14号——收入》应用指南2018,北京:中国财政经济出版社,2018年。

第十一章 财务报告

【学习内容】

本章介绍财务报表的概念及构成、财务报表的分类、财务报表的编制要求、资产负债表及其编制方法、利润表及其编制方法、现金流量表及其编制方法、所有者权益变动表及其编制方法、财务报表附注。

【学习要点】

本章的重点是财务报表的性质、作用及其编制方法;本章的难点是现金流量表的编制。

【学习目标】

通过本章的学习,要求做到:
▶ 理解财务报表的含义和意义、财务报表附注的重要性及附注披露的主要内容
▶ 掌握资产负债表、利润表、现金流量表和所有者权益变动表的编制

《企业会计准则第 30 号——财务报表列报》
《企业会计准则第 31 号——现金流量表》
扫码参阅

引导案例

华为亮眼的财务业绩

华为投资控股有限公司(以下简称"华为")创立于1987年,致力于把数字世界带入每个人、每个家庭、每个组织,构建万物互联的智能世界,已成为全球领先的ICT(信息与通信技术)解决方案供应商,为运营商客户、企业客户、消费者提供有竞争力的ICT解决方案、产品和服务。目前,公司业务遍及全球170多个国家和地区,服务全世界1/3以上的人口。华为员工约18万人、涉及超过160个国籍,海外员工本地化比例约为70%。

从表11-1可以看出,华为每年的销售收入、净利润、总资产、所有者权益几乎等都实现稳步增长,资产负债率基本稳定,经营活动现金流2017年同比增长95.7%。此外,过去5年,华为的研发投入高达2 972亿元,研发投入占销售收入的比例均超过12%。2017年,研发投入达897亿元,同比增长17.4%,排名全球第6、中国第1。据了解,华为将会持续加大研发投入,面向未来探索关键技术,构建企业长足发展的核心竞争力,为企业亮眼的财务业绩打下坚实的基础。

表11-1 华为2013—2017年主要财务指标

项目	2017年	2016年	2015年	2014年	2013年
销售收入(百万元)	603 621	521 574	395 009	288 197	239 025
营业利润(百万元)	56 384	47 515	45 786	34 205	29 128
营业利润率(%)	9.30	9.10	11.60	11.90	12.20
净利润(百万元)	47 455	37 052	36 910	27 866	21 003
经营活动现金流(百万元)	96 336	49 218	52 300	41 755	22 554
现金与短期投资(百万元)	199 943	145 653	125 208	106 036	81 944
总资产(百万元)	505 225	443 634	372 155	309 773	244 091
总借款(百万元)	39 925	44 799	28 986	28 108	23 033
所有者权益(百万元)	175 616	140 133	119 069	99 985	86 266
资产负债率(%)	65.20	68.40	68.00	67.70	64.70
研发投入(百万元)	89 700	76 400	59 600	40 800	30 700
研发投入占销售收入的比例(%)	14.9	14.6	15	14.2	12.8

资料来源:根据华为公司财务年报整理。

▶ 请思考：

那么，对于会计信息使用者而言，如何获得所需的财务信息呢？

财务报表是企业财务信息的综合载体，报表使用者可以从财务报表的分析中获得所需的财务信息。那么，如何正确理解财务报表？如何编制财务报表？

第一节 资产负债表和利润表

财务报告（Financial Report）是指企业对外提供的反映企业某一特定日期的财务状况和某一会计期间的经营成果、现金流量等会计信息的文件。财务报告包括财务报表和其他应当在财务报告中披露的相关信息与资料。财务报表（Financial Statement）是对企业财务状况、经营成果和现金流量的结构性表述。企业的财务报表至少应当包括五个组成部分：(1)资产负债表；(2)利润表；(3)现金流量表；(4)所有者权益变动表；(5)附注。

按照编报期间的不同，财务报表可以分为中期财务报表和年度财务报表。中期财务报表是以短于一个完整会计年度的报告期间为基础编制的财务报表，包括月报、季报和半年报等。按照编报主体的不同，财务报表可以分为个别财务报表和合并财务报表。按照财务报表反映的资金运动形态的不同，财务报表可以分为静态财务报表和动态财务报表。按照财务报表报送对象的不同，财务报表可以分为对内财务报表和对外财务报表。

一、资产负债表

（一）资产负债表的性质

资产负债表（Balance Sheet）是指反映企业在某一特定日期的财务状况的会计报表。由于资产负债表反映了企业在某一特定日期的财务状况，因而又称财务状况表。资产负债表是根据"资产＝负债＋所有者权益"这一会计基本等式编制的，提供的是企业某一定特定日期全部资产、负债及所有者权益的情况。

（二）资产负债表的格式

资产负债表有两种基本格式：报告式和账户式。在我国，资产负债表采用账户式结构。账户式资产负债表是左右结构，左边列示资产各项目，反映全部资产的分布及存在形态；右边列示负债和所有者权益各项目，反映全部负债和所有者权益的内容及其构成情况。资产负债表左右两方的合计数保持平衡，即"资产＝负债＋所有者权益"。另外，资产负债表针对各项目再分为"期初余额"和"期末余额"两栏分别填列。资产负债表的具体格式如表11-2所示。

表 11-2 资产负债表

年　　月　　日

编制单位：　　　　　　　　　　　　　　　　　　　　　　　　　　　　　　　　　　　　　单位：元

资产	期末余额	期初余额	负债和所有者权益	期末余额	期初余额
流动资产：			流动负债：		
货币资金			短期借款		
交易性金融资产			交易性金融负债		
衍生金融资产			衍生金融负债		
应收票据及应收账款			应付票据及应付账款		
预付款项			预收款项		
其他应收款			合同负债		
存货			应付职工薪酬		
合同资产			应交税费		
持有待售资产			其他应付款		
一年内到期的非流动资产			持有待售负债		
其他流动资产			一年内到期的非流动负债		
流动资产合计			其他流动负债		
非流动资产：			流动负债合计		
债权投资			非流动负债：		
其他债权投资			长期借款		
长期应收款			应付债券		
长期股权投资			其中：优先股		
其他权益工具投资			永续债		
其他非流动金融资产			长期应付款		
投资性房地产			预计负债		
固定资产			递延收益		
在建工程			递延所得税负债		
无形资产			其他非流动负债		
开发支出			负债合计		
商誉			所有者权益：		
递延所得税资产			实收资本		
其他非流动资产			其他权益工具		
非流动资产合计			资本公积		
			其他综合收益		
			盈余公积		
			未分配利润		
			所有者权益合计		
资产总计			负债和所有者权益总计		

二、利润表

（一）利润表的性质

利润表（Income Statement）是指反映企业在一定会计期间的经营成果的会计报表。利润表的列报应当充分反映企业经营业绩的主要来源及构成判断净利润的质量及风险,有助于使用者预测净利润的持续性,从而做出正确的决策。通过利润表,可以反映企业一定会计期间的收入实现情况,如实现的营业收入有多少、实现的投资收益有多少、实现的营业外收入有多少等;可以反映一定会计期间的费用消耗情况,如耗费的营业成本有多少,税金及附加有多少,销售费用、管理费用、财务费用各有多少,营业外支出有多少等;可以反映企业生产经营活动的成果—净利润的实现,据以判断资本保值、增值等情况。

（二）利润表的格式

利润表有两种基本格式:单步式和多步式利润表。在我国,基本上采用多步式。多步式结构的利润表,将不同性质的收入和费用类别进行对比,可以得出一些中间性的利润数据,进而分步计算当期净损益,便于使用者理解企业经营成果的不同来源。

在多步式利润表上,净利润是分若干个步骤计算出来的,一般步骤如下:

第一步,计算营业利润。

营业利润＝营业收入－营业成本－税金及附加－销售费用－管理费用－研发费用－财务费用－资产减值损失－信用减值损失＋其他收益＋投资收益(－损失)＋净敞口套期收益(－损失)公允价值变动收益(－损失)＋资产处置收益(－损失);

第二步,计算利润总额。

利润总额＝营业利润＋营业外收入－营业外支出

第三步,计算净利润。

净利润＝利润总额－所得税费用

利润表的具体格式如表11-3所示。

表 11-3　利润表

年　　　月

编制单位　　　　　　　　　　　　　　　　　　　　　　　　　　　　单位:元

项目	本期发生额	上期发生额
一、营业收入		
减:营业成本		
税金及附加		
销售费用		
管理费用		
研发费用		

(续表)

项目	本期发生额	上期发生额
财务费用		
其中:利息费用		
利息收入		
资产减值损失		
信用减值损失		
加:其他收益		
投资收益(损失以"－"填列)		
其中:对联营企业和合营企业的投资收益		
净敞口套期收益(损失以"－"填列)		
公允价值变动收益(损失以"－"填列)		
资产处置收益(损失以"－"填列)		
二、营业利润(亏损以"－"填列)		
加:营业外收入		
减:营业外支出		
三、利润总额(亏损以"－"填列)		
减:所得税费用		
四、净利润(亏损以"－"填列)		
（一）持续经营净利润(亏损以"－"填列)		
（二）终止经营净利润(亏损以"－"填列)		
五、其他综合收益的税后净额		
六、综合收益总额		
七、每股收益		

第二节 现金流量表和所有者权益变动表

一、现金流量表的性质

现金流量表(Statement of Cash Flow)是指反映企业一定会计期间现金和现金等价物流入与流出的报表。利润表按照权责发生制原则编制，主要反映企业一定会计期间净利润的形成过程；而现金流量表按照收付实现制编制，反映企业净利润的质量。

现金流量表的作用主要体现在以下三个方面：有助于评价企业支付能力、偿债能力和周转能力；有助于预测企业未来的现金流量；有助于分析企业收益质量及影响现金净流量的因素。

二、现金和现金流量

现金流量表所指的现金是广义的现金概念,包括库存现金、可以随时用于支付的存款以及现金等价物。具体内容如下:

1. 库存现金

库存现金是指企业持有的、可随时用于支付的纸币与硬币,与"库存现金"科目的核算内容一致。

2. 银行存款

银行存款是指企业存放在银行及其他金融企业中随时可以用于支付的存款,与"银行存款"科目的核算内容基本一致,但不包括不能随时用于支付的存款(例如定期存款)。提前通知便可支取的定期存款,也应包括在现金流量表中的现金范围内。

3. 其他货币资金

其他货币资金是指企业存放在金融企业有特定用途的资金,如外埠存款、银行汇票存款、银行本票存款、信用证保证金存款、信用卡存款等。与"其他货币资金"科目的核算内容一致。

4. 现金等价物

现金等价物是指企业持有的期限短、流动性强、易于转换为已知金额的现金、价值变动风险很小的投资。现金等价物虽然不是严格意义上的现金,但其支付能力与现金的差别不大,可视为现金。在认定现金等价物时,期限短通常是指从购买日起3个月内到期。

三、现金流量的分类

企业在一定时期内的现金流入、流出是由企业发生的各种业务活动产生的,例如购买商品支付款项、销售商品或提供服务收到款项、支付职工薪酬、支付税金等。在编制现金流量表时,企业需要对业务活动进行合理的分类,据此对现金流量进行适当分类。我国《企业会计准则第31号——现金流量表》将企业的业务活动按性质分为经营活动、投资活动和筹资活动。相应地,企业一定期间内产生的现金流量可以分为以下三类:

1. 经营活动产生的现金流量

经营活动是指企业发生的投资活动与筹资活动以外的所有交易和事项,包括销售商品或提供服务、经营性租赁、购买货物、接受服务、制造产品、广告宣传、推销产品、缴纳税费等。

2. 投资活动产生的现金流量

投资活动是指企业长期资产的购建和不包括在现金等价物范围内的投资及其处置活动。

3. 筹资活动产生的现金流量

筹资活动是指导致企业资本及债务规模和构成发生变化的活动,包括吸收投资、发行股票、向投资者分配利润、向银行借款、发行债券及偿还债务等。

对于企业日常活动之外的、不经常发生的特殊项目(如自然灾害损失、保险赔款、捐赠等),应当归并到现金流量表的相关类别中并单独反映。如果特殊项目的现金流量金额不大,则可以列入现金流量类别下的"其他"类,不单列项目。

四、现金流量表的格式

现金流量表的格式如表 11-4 所示。

表 11-4 现金流量表
年　　月

编制单位：　　　　　　　　　　　　　　　　　　　　　　　　　单位:元

项目	本期发生额	上期发生额
一、经营活动产生的现金流量		
销售商品、提供劳务收到的现金		
收到的税费返还		
收到其他与经营活动有关的现金		
经营活动现金流入小计		
购买商品、接受劳务支付的现金		
支付给职工以及为职工支付的现金		
支付的各项税费		
支付其他与经营活动有关的现金		
经营活动现金流出小计		
经营活动产生的现金流量净额		
二、投资活动产生的现金流量		
收回投资收到的现金		
取得投资收益收到的现金		
处置固定资产、无形资产和其他长期资产收回的现金净额		
处置子公司及其他营业单位收到的现金净额		
收到其他与投资活动有关的现金		
投资活动现金流入小计		
购建固定资产、无形资产和其他长期资产支付的现金		
投资支付的现金		
取得子公司及其他营业单位支付的现金净额		
支付其他与投资活动有关的现金		

(续表)

项目	本期发生额	上期发生额
投资活动现金流出小计		
投资活动产生的现金流量净额		
三、筹资活动产生的现金流量		
吸收投资收到的现金		
取得借款收到的现金		
收到其他与筹资活动有关的现金		
筹资活动现金流入小计		
偿还债务支付的现金		
分配股利、利润或偿付利息支付的现金		
支付其他与筹资活动有关的现金		
筹资活动现金流出小计		
筹资活动产生的现金流量净额		
四、汇率变动对现金及现金等价物的影响		
五、现金及现金等价物净增加额		
加：期初现金及现金等价物余额		
六、期末现金及现金等价物余额		

(一)经营活动产生的现金流量的编制方法

不同行业的企业，其经营活动的内容存在一定的差异。工商企业的经营活动主要包括销售商品、提供劳务、购买商品、接受劳务、支付职工薪酬、支付税费等。商业银行的经营活动主要包括吸收存款、发放贷款、同业存放、同业拆借等。

(1)"销售商品、提供劳务收到的现金"项目，反映企业销售商品、提供劳务实际收到的现金，主要包括本期销售商品、提供劳务收到的现金，前期销售商品、提供劳务本期收到的现金，本期预收的账款，扣减本期销售本期退回的商品和前期销售本期退回的商品支付的现金，售材料和代购代销业务收到的现金。

本项目的金额通常可以以利润表上的"营业收入"项目为基础进行调整。一般而言，其计算公式为：

销售商品、提供劳务收到的现金＝营业收入＋销项税额－(经营性应收款项期末余额－经营性应收款项期初余额)＋(预收账款期末余额－预收账款期初余额)－本期计提的坏账准备－应收票据贴息－视同销售的销项税额

【例11-1】 江南公司本期销售一批商品，开出的增值税专用发票上注明的销售价款为5 000 000元，增值税销项税额为800 000元，以银行存款收讫；应收票据期初余额为400 000元，期末余额为3 000 000元；应收账款期初余额为4 000 000元，期末余额为1 000 000元；年度内核销的坏账损失为100 000元。另外，本期因商品质量问题发生退货,支付退货款 80 000 元,已通过银行转账支付。

本期销售商品、提供劳务收到的现金计算如下:

本期销售商品收到的现金	5 800 000
加:本期收到前期的应收票据(400 000－300 000)	100 000
本期收到前期的应收账款	2 900 000
(4 000 000－1 000 000－100 000)	
减:本期因销售退回支付的现金	80 000
本期销售商品、提供劳务收到的现金	8 720 000

(2)"收到的税费返还"项目,反映企业收到的返还的各种税费,如收到的增值税、营业税、所得税、消费税、关税和教育费附加返还款等。为了确定该项目的金额,企业应分析"应交税费"科目所属明细科目的贷方发生额。

(3)"收到的其他与经营活动有关的现金"项目,反映企业除上述各项目外,收到的其他与经营活动有关的现金,如罚款收入、流动资产损失中由个人赔偿的现金收入、除税费返还外的其他政府补助收入等。其他与经营活动有关的现金,如果价值较大的,则应单列项目反映。该项目可以根据"库存现金""银行存款"等科目的借方发生额确定,没有固定的科目对应关系,分析起来有一定难度。不过,一般来说,企业涉及此类现金流入的经济业务较少。

(4)"购买商品、接受劳务支付的现金"项目,反映企业购买材料和商品、接受劳务实际支付的现金,包括支付的货款以及与货款一并支付的增值税进项税额。例如,本期购买商品、接受劳务支付的现金,本期支付前期购买商品、接受劳务的未付款项,以及本期预付款项。本期发生的购货退回收到的现金应该从本项目中扣减。一般而言,其计算公式为:

购买商品、接受劳务支付的现金＝营业成本＋进项税额－(存货期初余额－存货期末余额)＋本期计提的存货跌价准备＋(经营性应付款项期初余额－经营性应付款项期末余额)＋(预收账款增加数－预收账款减少数)＋(存货盘亏－存货盘盈)＋(用于投资的存货成本－接受投资增加的存货)－计入本期生产成本的非材料费用

【例 11-2】 江南公司本期购买原材料,收到的增值税专用发票上注明的材料价款为 300 000 元,增值税进项税额为 48 000 元,款项已通过银行转账支付;本期支付应付票据为 200 000 元;购买工程用物资的贷款为 150 000 元,已通过银行转账支付。

本期购买商品、接受劳务支付的现金计算如下:

本期购买原材料支付的价款	300 000
加:本期购买原材料支付的增值税进项税额	48 000
本期支付的应付票据	200 000
本期购买商品、接受劳务支付的现金	548 000

(5)"支付给职工以及为职工支付的现金"项目,反映企业实际支付给职工的现金以及为职工支付的现金,包括企业本期实际支付给职工的工资、奖金、各种津贴和补贴等

以及为职工支付的其他费用,不包括支付给在建工程的人员工资。支付的在建工程的人员工资,在"购建固定资产、无形资产和其他长期资产所支付的现金"项目中反映。企业为职工支付的医疗、养老、失业、工伤、生育等社会保险基金,补充养老保险,住房公积金,支付给职工的住房困难补助,为职工交纳的商业保险金,因解除与职工劳动关系而给予的补偿,现金结算的股份支付,以及支付给职工或为职工支付的其他福利费用等,应根据职工的工作性质和服务对象,分别在"购建固定资产、无形资产和其他长期资产所支付的现金"和"支付给职工以及为职工支付的现金"项目中反映。

(6)"支付的各项税费"项目,反映企业当期向税务部门实际缴纳的各项税金及支付的教育费附加。为了确定该项目的金额,需要分析"应交税费"科目所属明细科目的借方发生额。

(7)"支付的其他与经营活动有关的现金"项目,反映企业除上述各项目外,支付的其他与经营活动有关的现金,如罚款支出、支付的差旅费、支付的业务招待费、支付的保险费等。其他与经营活动有关的现金,如果金额较大的,则应单列项目反映。为了确定本项目的金额,可以分析"销售费用""管理费用"科目的借方发生额,扣除折旧、摊销、折耗等无相应现金流出的项目。

(二)投资活动产生的现金流量的编制方法

现金流量表中的投资活动包括不属于现金等价物的短期投资和长期投资的购买与处置、固定资产的购建与处置、无形资产的购建与处置等。

(1)"收回投资收到的现金"项目,反映企业出售、转让或到期收回除现金等价物以外的交易性金融资产、长期股权投资等,以及收回长期债权投资本金而收到的现金,不包括长期债权投资收回的利息、收回的非现金资产。

(2)"取得投资收益收到的现金"项目,反映企业因各种投资而分得的现金股利、利润和利息。

(3)"处置固定资产、无形资产和其他长期资产收回的现金净额"项目,反映企业处置固定资产、无形资产和其他长期资产所取得的现金,扣除为处置这些资产而支付的有关费用后的净额。因自然灾害等造成的固定资产等长期资产报废、毁损而收到的保险赔偿收入,在本项目中反映。

(4)"处置子公司及其他营业单位收到的现金净额"项目,反映企业处置子公司及其他营业单位所取得的现金,减去子公司或其他营业单位持有的现金和现金等价物及相关处置费用后的净额。

(5)"收到其他与投资活动有关的现金"项目,反映企业除上述各项目外,收到的其他与投资活动有关的现金。其他与投资活动有关的现金的价值较大的,应单列项目反映。

(6)"购建固定资产、无形资产和其他长期资产支付的现金"项目,反映企业购买和建造固定资产、取得无形资产和其他长期资产支付的现金,不包括为购建固定资产、无形资产和其他长期资产而发生的借款利息资本化部分,以及融资租入固定资产所支付的租赁费。为购建固定资产、无形资产和其他长期资产而发生的借款利息资本化部分,在"分配股利、利润或偿付利息支付的现金"项目中反映;融资租入固定资产所支付的租赁费,在"支付的其他与筹资活动有关的现金"项目中反映。本项目可以根据"固定资产""在建工程""工程物资""无形资产""现金""银行存款"等科目的记录分析填列。

(7)"投资支付的现金"项目,反映企业进行权益性投资和债权性投资所支付的现金,包括企业为取得除现金等价物以外的交易性金融资产、长期股权投资、长期债权投资而支付的现金,以及佣金、手续费等交易费用。本项目金额可以根据"长期股权投资""长期债权投资""交易性金融资产""库存现金""银行存款"等科目的记录分析填列。

(8)"取得子公司及其他营业单位支付的现金净额"项目,反映企业取得子公司及其他营业单位的购买出价中以现金支付的部分,减去子公司或其他营业单位持有的现金和现金等价物后的净额。本项目可以根据有关科目的记录分析填列。

(9)"支付其他与投资活动有关的现金"项目,反映企业除上述各项外,支付的其他与投资活动有关的现金。其他与投资活动有关的现金的价值较大的,应单列项目反映。本项目可以根据有关科目的记录分析填列。

(三)筹资活动产生的现金流量的编制方法

现金流量表应单独反映筹资活动产生的现金流量。

(1)"吸收投资收到的现金"项目,反映企业收到的投资者投入的现金,包括企业以发行股票、债券等方式筹集资金实际收到的款项净额。以发行股票等方式筹集资金而由企业直接支付的审计、咨询等费用,不在本项目中反映,而在"支付其他与筹资活动有关的现金"项目中反映;由金融企业直接支付的手续费、宣传费、咨询费、印刷费等,从发行股票、债券取得的现金收入中扣除,以净额列示。

(2)"取得借款收到的现金"项目,反映企业举借各种短期、长期款项而收到的现金。本项目可以根据"短期借款""长期借款""库存现金""银行存款"等科目的记录分析填列。

(3)"收到其他与筹资活动有关的现金"项目,反映企业除上述各项外,收到的其他与筹资活动有关的现金。其他与筹资活动有关的现金的价值较大的,应单列项目反映。本项目可以根据有关科目的记录分析填列。

(4)"偿还债务支付的现金"项目,反映企业以现金偿还债务的本金,包括归还金融企业的借款本金、偿付企业到期的债券本金等。企业偿还的借款利息、债券利息,在"分配股利、利润或偿付利息支付的现金"项目中反映,不在本项目中反映。

(5)"分配股利、利润或偿付利息支付的现金"项目,反映企业实际支付的现金股利、利润、借款利息和债券利息等。

(6)"支付其他与筹资活动有关的现金"项目,反映企业除上述各项外,支付的其他与筹资活动有关的现金,如现金捐赠支出等。其他与筹资活动有关的现金的价值较大的,应单列项目反映。本项目可以根据有关科目的记录分析填列。

(四)现金流量表补充资料

除了现金流量表反映的信息,企业还应在附注中披露将净利润调节为经营活动现金流量、不涉及现金收支的重大投资和筹资活动、现金及现金等价物净变动情况等信息,具体格式如表 11-5 所示。

表 11-5 现金流量表补充资料

补充资料	本期发生额	上期发生额
1. 将净利润调节为经营活动现金流量:		
净利润		
加:资产减值准备		
固定资产折旧、油气资产折耗、生产性生物资产折旧		
无形资产摊销		
长期待摊费用摊销		
处置固定资产、无形资产和其他长期资产的损失(收益以"-"号填列)		
固定资产报废损失(收益以"-"号填列)		
公允价值变动损失(收益以"-"号填列)		
财务费用(收益以"-"号填列)		
投资损失(收益以"-"号填列)		
递延所得税资产减少(增加以"-"号填列)		
递延所得税负债增加(减少以"-"号填列)		
存货的减少(增加以"-"号填列)		
经营性应收项目的减少(增加以"-"号填列)		
经营性应付项目的增加(减少以"-"号填列)		
其他		
经营活动产生的现金流量净额		
2. 不涉及现金收支的重大投资和筹资活动:		
债务转为资本		
一年内到期的可转换公司债券		
融资租入固定资产		
3. 现金及现金等价物净变动情况:		
现金的期末余额		

(续表)

补充资料	本期发生额	上期发生额
减:现金的期初余额		
加:现金等价物的期末余额		
减:现金等价物的期初余额		
现金及现金等价物净增加额		

1. 将净利润调节为经营活动现金流量

现金流量表以直接法反映经营活动产生的现金流量。现金流量表补充资料以间接法反映经营活动产生的现金流量。现金流量表补充资料中反映的经营活动产生的现金流量是对用直接法反映的经营活动产生的现金流量的核对和补充说明。

在采用间接法列报经营活动产生的现金流量时,应当对以下四大类项目进行调整:

(1) 实际没有支付现金的费用。

(2) 实际没有收到现金的收益。

(3) 不属于经营活动的损益。

(4) 经营性应收、应付项目的增减变动。

2. 不涉及现金收支的重大投资和筹资活动

不涉及现金收支的重大投资和筹资活动,反映企业一定期间内影响资产或负债但不形成现金收支的所有投资和筹资活动的信息。这些投资和筹资活动虽然不涉及现金收支,但对以后各期的现金流量具有重大影响。例如,企业在融资租入设备时,记入"长期应付款"账户,当期并不涉及设备款和租金的现金流出,但以后各期必须为此支付现金,从而在一定期间内形成一项固定的现金支出。这一信息对报表使用者来说是很重要的。

企业应当在附注中披露不涉及当期现金收支但影响企业财务状况或在未来可能影响企业现金流量的重大投资和筹资活动,主要包括:

(1) "债务转为资本"项目,反映企业本期转为资本的债务金额。

(2) "一年内到期的可转换公司债券"项目,反映企业一年内到期的可转换公司债券的本息。

(3) "融资租入固定资产"项目,反映企业本期融资租入的固定资产。

五、所有者权益变动表

所有者权益变动表(Statement of Changes in Equity)反映企业在某一会计期间所有者权益各组成部分的增减变动情况。所有者权益变动表应当全面反映企业在某一会计期间所有者权益变动的情况,不仅包括所有者权益总量的变动,还包括所有者权益变动的具体项目,特别是要反映直接计入所有者权益的利得和损失,让报表使用者准确理解所有者权益增减变动的根本原因。企业所有者权益变动表的格式如表11-6所示。

表11-6 所有者权益变动表
年度

编制单位： 单位:元

项目	本期金额								上年金额
	实收资本	其他权益工具	资本公积	减：库存股	其他综合收益	盈余公积	未分配利润	所有者权益合计	(略)
一、上年期末余额									
加：会计政策变更									
前期差错更正									
二、本年期初余额									
三、本期增减变动金额（减少以"－"号填列）									
（一）综合收益总额									
（二）所有者投入和减少资本									
1.所有者投入的普通股									
2.其他权益工具持有者投入资本									
3.股份支付计入所有者权益的金额									
4.其他									
（三）利润分配									
1.提取盈余公积									
2.对所有者(或股东)的分配									
3.其他									
（四）所有者权益内部结转									
1.资本公积转增资本									
2.盈余公积转增资本									
3.盈余公积弥补亏损									
4.其他									
四、本年期末余额									

第三节 财务报表附注

一、财务报表附注的性质和内容

财务报表附注(FootNotes to Financial Statement)是财务报表的重要组成部分,是对在资产负债表、利润表、现金流量表和所有者权益变动表等报表中列示项目的文字描述或明细资料,以及对未能在这些报表中列示项目的说明等。

企业应当按规定披露财务报表附注信息,至少包括以下内容:

(1) 企业的基本情况。

(2) 财务报表编制基础。

(3) 遵循企业会计准则的声明。企业应当说明编制的财务报表符合企业会计准则的要求,真实、完整地反映了企业的财务状况、经营成果和现金流量等有关信息。

(4) 重要会计政策和会计估计。企业应当披露重要的会计政策和会计估计,不重要的会计政策和会计估计可以不披露。判断会计政策和会计估计是否重要,应当考虑与会计政策和会计估计相关项目的性质与金额。

企业应当披露会计政策的确定依据。例如,对于拥有的持股不足50%的企业,企业将其纳入合并范围的判断依据是什么,等等。

企业应当披露会计估计中所采用的关键假设和不确定因素的确定依据。例如,固定资产可收回金额的计算应当根据公允价值减去处置费用后的净额与预计未来现金流量的现值两者之间的较高者确定,在计算资产预计未来现金流量的现值时,需要预测未来现金流量并选择适当的折现率,应当在附注中披露未来现金流量预测所采用的假设及其依据、所选择的折现率的合理性等。

(5) 会计政策、会计估计变更和差错更正的说明。企业应当按照《企业会计准则第28号——会计政策、会计估计变更和差错更正》的规定,披露会计政策、会计估计变更和差错更正的有关情况。

(6) 重要报表项目的说明。企业应当按照资产负债表、利润表、现金流量表、所有者权益变动表及其项目列示的顺序,对报表重要项目的说明以文字和数字描述相结合的方式进行披露。重要项目的明细金额合计数,应当与报表项目的数额相衔接。

(7) 其他需要说明的重要事项。这主要包括或有和承诺事项、资产负债表日后非调整事项、关联方关系及其交易、其他综合收益各项目信息、资产负债表日后宣告发放股利等。

二、分部报告(Segment Report)

(一) 经营分部的确定

企业应当根据其组织结构、管理要求、内部报告制度确定经营分部。经营分部是指企业内同时满足下列条件的组成部分:

第一，该组成部分能够在日常活动中产生收入、发生费用；

第二，企业管理层能够定期评价该组成部分的经营成果，以决定向其配置资源、评价其业绩；

第三，企业能够取得该组成部分的财务状况、经营成果和现金流量等有关会计信息。

如果企业存在的相似经济特征的两个或多个经营分部同时满足以下相关规定，可以合并为一个经营分部：

（1）各单项产品或劳务的性质相同或相似，包括产品或劳务的规格、型号、最终用途等。通常情况下，产品或劳务的性质相同，其风险、报酬率及成长率通常可能较为接近，一般可划分到同一经营分部中。而对于性质完全不同的产品或劳务，则不能划分到同一经营分部中。

（2）生产过程的性质相同或相似，包括采用劳动密集或资本密集方式组织生产、使用相同或相似设备和原材料、采用委托生产或加工方式等。对于生产过程相同或相似的，可以将其划分为一个经营分部，如按资本密集型和劳动密集型划分业务部门。对于资本密集型部门来说，其占用的设备较为先进，占用的固定资产较多，相应所负担的折旧费也较多，经营成本受资产折旧费用的影响较大，受技术进步因素的影响也较大；而对于劳动密集型部门来说，其使用的劳动力较多，相对而言劳动力成本（人工费用）的影响较大，经营成果受人工成本的影响很大。

（3）产品或劳务的客户类型相同或相似，包括大宗客户、零散客户等。对于购买产品或接受劳务的客户为同一类型的，如果销售条件基本相同，例如相同或相似的销售价格、销售折扣、售后服务，那么他们就具有相同或相似的风险和报酬。而不同客户的销售条件不尽相同，由此可能导致其具有不同的风险和报酬。

（4）销售产品或提供劳务的方式相同或相似，包括批发、零售、自产自销、委托销售、承包等。企业销售产品或提供劳务的方式不同，其承受的风险和获得的报酬也不相同。例如，在赊销方式下，企业可以扩大销售规模，但发生的收账费用较大，并且发生应收账款坏账的风险也很大；而在现销方式下，企业不存在应收账款的坏账问题，不会发生收账费用，但销售规模的扩大受限。

（5）生产产品或提供劳务受法律、行政法规的影响相同或相似，包括经营范围或交易定价限制等。企业生产产品或提供劳务总是在一定的经济法律环境之下，其所处的环境必然对经营活动产生影响。对在不同法律环境下生产的产品或提供的劳务进行分类，进而向会计信息使用者提供不同法律环境下产品生产或劳务供给的信息，有利于他们对企业未来的发展走向做出判断和预测。对在相同或相似法律环境下生产的产品或提供的劳务进行归类，以提供其经营活动所生成的信息，同样有利于明晰地反映该类产品生产和劳务供给的信息。比如，商业银行、保险公司等金融企业易遭受特别的、严格的监管政策的影响，金融企业在确定分部产品和劳务是否相关时，应当考虑所受监管政策的影响。

(二)报告分部的确定

1. 重要性标准的判断

企业应当以经营分部为基础确定报告分部。经营分部满足下列重要性标准之一的,企业应当将其确定为报告分部:

(1) 该分部的分部收入占所有分部收入合计的10%或以上。

(2) 该分部的分部利润(亏损)的绝对额,占所有盈利分部利润合计额或者所有亏损分部亏损合计额的绝对额两者中较大的10%或以上。

(3) 该分部的分部资产占所有分部资产合计额的10%或以上。

2. 低于10%重要性标准的选择

经营分部未满足以上三个重要性判断标准的,可以按照下列规定处理:

(1) 不考虑该分部的规模,企业管理层认为披露该经营分部信息对会计信息使用者有用的,可以直接将其指定为报告分部。在这种情况下,无论该分部是否满足10%的重要性标准,企业可以根据需要直接将其指定为报告分部。

(2) 不将该分部直接指定为报告分部的,可将该分部与一个或一个以上类似的、未满足规定条件的其他分部合并为一个报告分部。对于经营分部的10%的重要性测试,可能会导致企业存在大量未满足10%数量临界线的经营分部,在这种情况下,如果企业没有直接将这些分部指定为报告分部的,则可以将一个或一个以上类似的、未满足重要性标准的经营分部合并为一个报告分部。

(3) 不将该经营分部指定为报告分部且不与其他分部合并的,企业在披露分部信息时,应当将该经营分部的信息与其他组成分部的信息合并,作为其他项目单独披露。

3. 报告分部75%的标准

企业的经营分部在达到规定的10%重要性标准并确定为报告分部后,被确定为报告分部的经营分部的对外交易收入合计额占合并总收入或企业总收入的比重应当达到75%。如果未达到75%的标准,企业必须增加报告分部的数量,将其他未作为报告分部的经营分部纳入报告分部的范围,直至该比重达到75%。此时,其他未作为报告分部的经营分部很可能不满足前述规定的三个10%的重要性标准,但为了使报告分部的对外交易收入合计额占合并总收入或企业总收入的比重能够达到75%的标准,也应当将其确定为报告分部。

4. 报告分部的数量

根据前述的确定报告分部的原则,企业确定的报告分部数量可能超过10个。此时,企业提供的分部信息可能变得非常烦琐,不利于会计信息使用者理解和使用。因此,报告分部的数量通常不应当超过10个。如果报告分部的数量超过10个,企业就应当考虑将具有相似经济特征、满足经营分部合并条件的报告分部合并,使得合并后的报告分部数量不超过10个。

5. 为提供可比信息而确定报告分部

企业在确定报告分部时,除应当遵循相应的标准以外,还应当考虑不同会计期间分部信息的可比性和一贯性。对于某一经营分部而言,在上期可能满足报告分部的确定条件而被确定为报告分部,但在本期可能并不满足报告分部的确定条件。此时,如果企业认为该经营分部仍然重要,单独披露该经营分部的信息更有助于报表使用者了解企业的整体情况,就不必考虑该经营分部的规模,仍应当将该经营分部确定为本期的报告分部。

对于某一经营分部,在本期可能满足报告分部的确定条件而被确定为报告分部,但在上期可能并不满足报告分部的确定条件而未被确定为报告分部。此时,出于比较目的,应当对以前会计期间的分部信息重述,将该经营分部反映为一个报告分部,即使其不满足报告分部的确定条件。如果无法获得重述所需的信息,或者不符合成本—效益原则,则不必重述以前会计期间的分部信息。不论是否对以前期间相应的报告分部信息进行重述,企业均应当在报表附注中予以披露。

(三)分部信息的披露

企业在确定报告分部后,应当披露下列信息:

1. 确定报告分部所考虑的因素、报告分部的产品和劳务的类型

确定报告分部所考虑的因素通常包括企业管理层是否按照产品和服务、地理区域、监管环境差异或综合各种因素进行组织管理。

2. 每一报告分部利润(亏损)总额的相关信息

该信息包括利润(亏损)总额组成项目及计量的相关会计政策等。企业管理层在计量报告分部的利润(亏损)时运用下列数据或者未运用下列数据但定期提供给企业管理层的,应当在附注中披露每一报告分部的相关信息:

(1) 对外交易收入和分部间交易收入。
(2) 利息收入和利息费用,但报告分部的日常活动是金融性质的除外。
(3) 折旧费用和摊销费用,以及其他重大的非现金项目。
(4) 采用权益法核算的长期股权投资确认的投资收益。
(5) 所得税费用或所得税收益。
(6) 其他重大的收益或费用项目。

企业应当在附注中披露计量每一报告分部利润(亏损)的下列会计政策:

(1) 分部间转移价格的确定基础。
(2) 相关收入和费用分配给报告分部的基础。
(3) 确定报告分部利润(亏损)所采使用的计量方法发生变化的性质,以及这些变化产生的影响。

3. 每一报告分部资产总额、负债总额的相关信息

该信息包括资产总额组成项目,以及有关资产、负债计量的相关会计政策等。企业管理层在计量报告分部的资产时运用了下列数据,或者未运用下列数据但定期提供给企业管理层的,应当在附注中披露每一报告分部的相关信息:

(1) 分部资产的披露金额应当按照扣除相关累计折旧或摊销额以及累计减值准备后的金额确定。

(2) 在披露分部资产总额时,当期发生的在建工程成本总额、购置的固定资产和无形资产的成本总额,应当单独披露。

三、关联方披露

(一) 关联方关系的认定

关联方(Related Party)关系的存在是以控制、共同控制或重大影响为前提条件的。在判断是否存在关联方关系时,应当遵循实质重于形式原则。一个企业存在关联方关系的各方包括:

(1) 企业的母公司,不仅包括直接或间接地控制该企业的其他企业,也包括能够对该企业实施直接或间接控制的部门、单位等。

某一个企业直接控制一个或多个企业。例如,母公司控制一个或若干个子公司,则母公司与子公司存在关联方关系。

某一个企业通过一个或若干个中间企业间接控制一个或多个企业。例如,母公司通过子公司间接控制子公司的子公司,表明母公司与子公司的子公司存在关联方关系。

一个企业直接和通过一个或若干个中间企业间接地控制一个或多个企业。例如,母公司对某一企业的投资虽然没有达到控股的程度,但由于其子公司也拥有该企业的股份或权益,如果母公司与子公司对该企业的股权之和达到拥有该企业一半以上表决权资本的控制权,则母公司直接和间接地控制该企业,表明母公司与该企业存在关联方关系。

(2) 企业的子公司,既包括直接或间接地被该企业控制的其他企业,也包括直接或间接地被该企业控制的单位、信托基金等。

(3) 与企业受同一母公司控制的其他企业。例如,A 公司和 B 公司同受 C 公司控制,从而 A 公司和 B 公司构成关联方关系。

(4) 对该企业实施共同控制的投资方。这里的共同控制包括直接的共同控制和间接的共同控制。对企业实施直接或间接共同控制的投资方与该企业存在关联方关系,但这些投资方之间并不能仅仅因为共同控制同一个企业而视为存在关联方关系。例如,A、B、C 三个企业共同控制 D 企业,从而 A 和 D、B 和 D、C 和 D 分别构成关联方关系;此时如果不存在其他关联方关系,那么 A 和 B、A 和 C、B 和 C 相互之间不构成关联方关系。

(5) 对企业施加重大影响的投资方。这里的重大影响包括直接的重大影响和间接的重大影响。对企业实施重大影响的投资方与该企业构成关联方关系,但这些投资方之间并不能仅仅因为对同一个企业具有重大影响而视为存在关联方关系。

(6) 企业的合营企业。合营企业是以共同控制为前提的,当两方或多方共同控制某一企业时,该企业则为投资方的合营企业。例如,A、B、C、D 四个企业各占 F 企业有表决权资本的 25%,按照合同的规定,投资各方按照出资比例控制 F 企业,由于出资比例相同,F 企业由 A、B、C、D 共同控制,在这种情况下,A 和 F、B 和 F、C 和 F、D 和 F 之间分别构成关联方关系。

(7) 企业的联营企业。联营企业和重大影响是相联系的,如果投资者能对被投资企业施加重大影响,则该被投资企业视为投资者的联营企业。

(8) 企业的主要投资者个人及与其关系密切的家庭成员。主要投资者个人,是指能够控制、共同控制一个企业或者对一个企业施加重大影响的个人投资者。

某一企业与主要投资者个人之间的关系。例如,张三是 A 企业的主要投资者,则 A 企业与张三构成关联方关系。

某一企业与主要投资者个人关系密切的家庭成员之间的关系。例如,A 企业的主要投资者张三的儿子与 A 企业构成关联方关系。

(9) 企业或母公司的关键管理人员及与其关系密切的家庭成员。关键管理人员,是指拥有权力并负责计划、指挥和控制企业活动的人员。通常情况下,企业关键管理人员负责管理企业的日常经营活动,并且负责拟定经营计划和战略目标、指挥调度生产经营活动等,主要包括董事长、董事、董事会秘书、总经理、总会计师、财务总监、主管各项事务的副总经理,以及行使类似职能的人员等。与主要投资者个人或关键管理人员关系密切的家庭成员,是指在处理与企业的交易时可能影响该个人或受该个人影响的家庭成员,如父母、配偶、兄弟、姐妹和子女等。

某一企业与关键管理人员之间的关系。例如,A 企业总经理与 A 企业构成关联方关系。

某一企业与关键管理人员关系密切的家庭成员之间的关系。例如,A 企业总经理张三的儿子张小三与 A 企业构成关联方关系。

(10) 企业主要投资者个人、关键管理人员或与其关系密切的家庭成员控制、共同控制或施加重大影响的其他企业。对于这类关联方,应当根据主要投资者个人、关键管理人员或与其关系密切的家庭成员对两家企业的实际影响力具体分析判断。

某一企业与受该企业主要投资者个人直接控制的其他企业之间的关系。例如,A 企业的主要投资者 H 拥有 B 企业 60% 的表决权资本,则 A 企业和 B 企业存在关联方关系。

某一企业与受该企业主要投资者个人关系密切的家庭成员直接控制的其他企业之间的关系。例如,A 企业的主要投资者 Y 的妻子拥有 B 企业 60% 的表决权资本,则 A 企业和 B 企业存在关联方关系。

某一企业与受该企业关键管理人员直接控制的其他企业之间的关系。例如,A 企业的关键管理人员 H 控制 B 企业,则 A 企业和 B 企业存在关联方关系。

某一企业与受该企业关键管理人员关系密切的家庭成员直接控制的其他企业之间的关系。例如,A 企业的财务总监 Y 的妻子是 B 企业的董事长,则 A 企业和 B 企业存在关联方关系。

(二)不构成关联方关系的情况

(1)与企业发生日常往来的资金提供者、公用事业部门、政府部门和机构,以及与该企业发生大量交易而存在经济依存关系的单个客户、供应商、特许商、经销商和代理商之间,不构成关联方关系。

(2)与企业共同控制合营企业的合营者之间,通常不构成关联方关系。

(3)仅仅同受国家控制而不存在控制、共同控制或重大影响关系的企业,不构成关联方关系。

(三)关联方交易的类型

存在关联方关系的情况下,关联方之间发生的交易为关联方交易,关联方交易的类型主要有:

(1)购买或销售商品。购买或销售商品是关联方交易较常见的交易事项。例如,企业集团成员企业之间互相购买或销售商品,形成关联方交易。

(2)购买或销售除商品以外的其他资产。例如,母公司出售给子公司设备或建筑物等。

(3)提供或接受劳务。例如,A 企业是 B 企业的联营企业,A 企业专门从事设备维修服务,B 企业的所有设备均由 A 企业负责维修,B 企业每年支付设备维修费用 300 万元,该维修服务构成 A 企业与 B 企业的关联方交易。

(4)担保。担保包括在借贷、买卖、货物运输、加工承揽等经济活动中,为了保障债权的实现而给予的担保等。当存在关联方关系时,一方往往为另一方提供为取得借款、买卖商品等经济活动中所需的担保。

(5)提供资金(贷款或股权投资)。例如,企业从关联方处取得资金,或者权益性资金在关联方之间的增减变动等。

(6)租赁。租赁通常包括经营租赁和融资租赁等,关联方之间的资产租赁也是主要的交易事项。

(7)代理。代理是指依据合同条款,一方可为另一方代理某些事务,如代理销售货物、代理签订合同等。

(8)研究与开发项目的转移。当存在关联方关系时,有时某一企业研究与开发的项目会由于一方的要求而放弃或转移给其他企业。例如,B 企业是 A 企业的子公司,A 企业要求 B 企业停止对某一新产品的研究和试制,并将 B 企业的现有研究成果转给 A 企业最近购买的、研究与开发能力超过 B 企业的 C 企业继续研制,这种转移形成关联方交易。

(9) 许可协议。当存在关联方关系时,关联方之间可能达成某项协议,允许一方使用另一方的商标等,从而形成关联方之间的交易。

(10) 代表企业或由企业代表另一方进行债务结算。

(11) 关键管理人员薪酬。企业支付给关键管理人员的报酬,也是一项主要的关联方交易。

(四) 关联方的披露

(1) 企业无论是否发生关联方交易,均应当在附注中披露与该企业存在直接控制关系的母公司和子公司有关的信息。母公司不是该企业最终控制方的,还应当披露企业集团内对该企业享有最终控制权的企业(或主体)的名称。母公司和最终控制方均不对外提供财务报表的,还应当披露母公司之上与其最相近的对外提供财务报表的母公司名称。

(2) 企业与关联方发生关联方交易的,应当在附注中披露该关联方关系的性质、交易类型和交易要素。关联方关系的性质,是指关联方与该企业的关系,即关联方是该企业的子公司、合营企业还是联营企业等。交易类型通常包括购买或销售商品、购买或销售商品以外的其他资产、提供或接受劳务、担保、提供资金(贷款或股权投资)、租赁、代理、研究与开发项目的转移、许可协议、代表企业或由企业代表另一方进行债务结算等。交易要素至少应当包括交易的金额,未结算项目的金额、条款和条件,有关提供或取得担保的信息,未结算应收项目坏账准备金额,定价政策等。

(3) 对外提供合并财务报表的,不予披露已经包括在合并范围内各企业之间的交易。合并财务报表,是指将集团作为一个整体来反映与其有关的财务信息。在合并财务报表中,企业集团作为一个整体,企业集团内的交易不属于交易,并且已经在编制合并财务报表时予以抵消。因此,对外提供合并财务报表的,不予披露已经包括在合并范围内并已抵消的各企业之间的交易。

核心概念

财务报告　　　　　财务报表　　　　　资产负债表　　　　利润表
所有者权益变动表　现金流量表　　　　财务报表附注　　　关联方交易

思考题

1. 财务报表的主要使用者有哪些?财务报表对他们的决策有什么作用?
2. 资产负债表能否反映企业的市场价值?为什么?
3. 利润是如何确定的?利润表中的数据能否评价企业和管理层的业绩?为什么?
4. 资产负债表、利润表、现金流量表、所有者权益变动表之间有什么联系?

5. 财务报表附注的作用是什么?应包括哪些基本内容?

6. 净利润和经营活动产生的现金流的关系是什么?

练习题

1. 甲公司为增值税一般纳税人,适用的所得税税率为25%。2019年度,甲公司发生如下交易或事项:

(1) 销售商品一批,售价为500万元(不含增值税),款项尚未收回。该批商品实际成本为300万元,未计提存货跌价准备。

(2) 计提和支付管理人员工资100万元。

(3) 向乙公司出租无形资产,确认收入20万元。

(4) 销售一批原材料,增值税专用发票注明的售价为100万元,款项收到并存入银行。该批材料的实际成本为60万元,未计提存货跌价准备。

(5) 以银行存款分别支付本期确认的管理费用20万元、财务费用10万元(与筹资活动有关)、营业外支出5万元。

(6) 期末因以公允价值计量且其变动计入当期损益的金融资产公允价值变动,确认公允价值变动收益20万元(按税法规定不得计入当期应纳税所得额)。

(7) 收到联营企业分派的现金股利5万元。

(8) 以公允价值计量且其变动计入其他综合收益的金融资产的期末公允价值增加100万元。

要求:

(1) 计算甲公司2019年度营业收入总额。

(2) 计算甲公司2019年度利润总额。

(3) 计算甲公司2019年度净利润。

(4) 计算甲公司2019年度综合收益总额。

2. 乙公司从事国家重点扶持的公共基础设施建设项目,根据税法规定,2018年度免交企业所得税。乙公司2018年度发生的有关交易或事项如下:

(1) 以盈余公积转增资本5 500万元。

(2) 向股东分配股票股利4 500万元。

(3) 接受控股股东的现金捐赠350万元。

(4) 外币报表折算差额本年增加70万元。

(5) 因自然灾害而发生固定资产净损失1 200万元。

(6) 因会计政策变更而调减年初留存收益560万元。

(7) 持有的以公允价值计量且其变动计入当期损益的金融资产的本年公允价值增加60万元。

(8) 因处置联营企业股权而相应结转原计入其他综合收益贷方的金额50万元。

(9) 以摊余成本计量的金融资产转回预期损失准备 180 万元。

要求:请计算上述交易或事项对乙公司 2018 年 12 月 31 日所有者权益总额的影响。

3. 丙公司为制造型企业,2018 年发生的现金流量如下:

(1) 将销售产生的应收账款申请保理,取得现金 1 200 万元,银行对标的债权具有追索权。

(2) 购入作为以公允价值计量且其变动计入当期损益的金融资产核算的股票而支付现金 200 万元。

(3) 收到保险公司对存货损毁的赔偿款 120 万元。

(4) 收到所得税返还款 260 万元。

(5) 向其他方提供劳务收取现金 400 万元。不考虑其他因素。

要求:计算丙公司 2018 年经营活动产生的现金流量净额。

参考文献

1. IAS 10 Events after the Reporting Period,http://www.ifrs.org/issued-standards/list-of-standards/2018-10-27.

2. IAS 27 Separate Financial Statements,http://www.ifrs.org/issued-standards/list-of-standards/2018-10-27.

3. IAS 34 Interim Financial Reporting,http://www.ifrs.org/issued-standards/list-of-standards/2018-10-27.

4. IAS 7 Statement of Cash Flows,http://www.ifrs.org/issued-standards/list-of-standards/2018-10-27.

5. IFRS 8 Operating Segments,http://www.ifrs.org/issued-standards/list-of-standards/2018-10-27.

6. 财政部,《企业会计准则——基本准则》,http://www.mof.gov.cn/mofhome/tfs/2018-10-27。

7. 财政部,《企业会计准则第 30 号——财务报表列报》,http://www.mof.gov.cn/2018-10-27。

8. 财政部,《企业会计准则第 31 号——现金流量表》,http://www.mof.gov.cn/2018-10-27。

9. 财政部会计司编写组,《企业会计准则第 30 号——财务报表列报》应用指南 2018,北京:中国财政经济出版社,2014 年。

10. 财政部会计司编写组,《企业会计准则第 31 号——现金流量表》应用指南 2018,北京:中国财政经济出版社,2014 年。

第十二章 会计政策、会计估计及其变更和差错更正

【学习内容】

本章主要介绍会计政策、会计政策变更的概念,会计政策变更的会计处理;会计估计、会计估计变更的概念,会计估计变更的会计处理;会计差错、前期差错的概念,会计差错及前期差错的更正。

【学习要点】

本章的重点是会计政策变更、会计估计变更和前期差错更正的会计处理;本章的难点是会计政策变更和会计差错更正的处理原则与方法。

【学习目标】

通过本章的学习,要求做到:
- 理解和区分会计政策、会计估计及会计政策变更、会计估计变更
- 掌握会计政策变更和会计估计变更的会计处理方法
- 掌握前期差错更正的会计处理方法

《企业会计准则第 28 号——会计政策、会计估计变更和差错更正》
扫码参阅

> **引导案例**

北京金龙腾的会计处理变更是否违规

北京金龙腾装饰股份有限公司(以下简称"金龙腾")成立于1996年9月13日,注册资本约1.42亿元,是一家以室内装饰为主体,集装饰工程、装饰设计、软装配饰、园林景观、智能家居等为一体的科技创新型装饰公司,在住宅精装修的施工及设计领域拥有行业领先优势,业务覆盖北京、天津、上海、华北、华中、东北、山东七大区域30多个省市。2017年4月27日,公司在全国中小企业股份转让系统(以下简称"全国股转")披露了2016年度财务报告,同时发布"会计政策变更及前期会计差错更正并追溯调整的公告",对2015年度财务数据进行追溯调整。更正完毕后,金龙腾2015年净利润直接调减2 910万元,营业收入调低5 452万元,资产总额和所有者权益也分别调减5 920万元、6 759万元。公司表示,变更前后的会计政策及会计差错更正均符合财政部、中国证券监督管理委员会、全国中小企业股份转让系统的相关规定,新的会计政策则更为谨慎,并比对了同行业A股上市公司。但就是这份追溯调整财务数据的公告,让金龙腾近日收到了全国股转公司下发的监管罚单。全国股转公司称,经审查,金龙腾此次会计处理变更不属于会计政策变更,不应对前期数据进行追溯调整,违反了相关规定,构成了信息披露违规,要求金龙腾在收到决定书之日起10个转让日内提交书面改正方案,并按期改正完毕。金龙腾董事长兼总经理孙顺喜、财务总监耿文华两人也收到了全国股转公司的警示函。

▶ **请思考:**

什么是会计政策变更?

什么是会计前期差错更正?

北京金龙腾会计处理的变更是否违规?

资料来源:根据"金龙腾信息披露违规被责令改正"等整理,东方财富网,http://stock.eastmoney.com/news/1885,20180307840528912.html/2018-10-27。

第一节 会计政策及其变更

一、会计政策

会计政策是指企业在会计确认、计量和报告中所采用的原则、基础与会计处理方法。原则是指会计确认的原则,是按照企业会计准则规定的、适用于企业会计确认的具体会计原则。基础是指为了将会计原则应用于交易或者事项而采用的计量基础,包括历史成本、重置成本、可变现净值、现值和公允价值等。会计处理方法是指企业在会计核算中按照法律、行政法规或者国家统一的会计制度等规定采用或者选择的、适用于本企业的具体会计处理方法。

企业应当在会计准则允许采用的会计政策中选择适当的会计政策,并正确地对发生的交易或事项进行会计确认、计量和报告。例如,《企业会计准则第1号——存货》对发出存货的计价允许选择先进先出法、加权平均法、个别计价法,企业可以根据实际情况选择合适的计价方法。

二、会计政策变更

(一)会计政策变更的含义

会计政策变更是指企业对相同的交易或者事项由原来采用的会计政策改用另一种会计政策的行为。企业应当按照会计准则、会计制度规定的原则与方法进行会计确认、计量和报告。企业会计信息质量要求会计信息前后各期可比,意味着各期采用的会计政策应当保持一致,不得随意变更。如果确实需要改变会计政策的,那么企业应当将变更的情况、变更的原因及变更对企业财务状况和经营成果的影响在财务报表附注中说明。

(二)会计政策变更的条件

在我国,按照现行会计准则的规定,在以下两种情形下,企业可以变更会计政策:

(1)政府法律、行政法规或者会计制度等要求变更。按照法律、行政法规及会计制度的要求,企业必须采用新的会计政策。要求企业改变原会计政策,按照新的会计政策执行。例如,《企业会计准则第1号——存货》对发出存货的计价取消了后进先出法,这就要求执行企业会计准则体系的企业按照新规定将原来的后进先出法修改为其他适用的方法。

(2)变更会计政策能够提供更可靠、更相关的会计信息。由于经济环境、客观情况的改变,企业原来采用的会计政策所提供的会计信息已不能恰当地反映企业的财务状况、经营成果和现金流量等情况,企业应当改变原有会计政策,按变更后新的会计政策进行会计处理,以便对外提供更可靠、更相关的会计信息。例如,企业原来采用平均年限法计提固定资产折旧,由于技术进步,采用加速折旧法更能反映企业的财务状况和经营成果,此时企业可以将原来的平均年限法折旧变更为加速法折旧。

(三)不属于会计政策变更的情形

企业必须明确认定哪些情形属于会计政策变更,哪些情形不属于会计政策变更,以便正确选择会计处理方法。以下两种情形不属于会计政策变更:

(1)本期发生新的交易或者事项而采用新的会计政策。例如,将自用的办公楼改为出租,不属于会计政策变更,而是采用新的会计政策。

(2)对初次发生的或不重要的交易或者事项采用新的会计政策。对初次发生的某类交易或事项采用适当的会计政策,并未改变原有的会计政策。例如,企业原来在生产经营过程中使用少量的低值易耗品且价值较低,在领用低值易耗品时一次计入费用;该企业于近期投产新产品,所需低值易耗品较多且价值较高,企业对领用的低值易耗品的处理方法改为五五摊销法。该企业低值易耗品在企业生产经营中所占的费用比例并不大,改变低值易耗品的处理方法后,对损益的影响不大,属于不重要的事项,会计政策在这种情况下的改变不属于会计政策变更。

三、会计政策变更的会计处理

对于所发生的会计政策变更,企业有追溯调整法和未来适用法两种会计处理方法,分别适用于不同情形。

(一)追溯调整法

追溯调整法是指对某项交易或事项变更会计政策,视同该项交易或事项初次发生时即采用变更后的会计政策,并以此对财务报表相关项目进行调整的方法。

追溯调整法的运用通常由以下四个步骤构成:

第一步,计算会计政策变更的累积影响数;

第二步,编制相关项目的调整分录;

第三步,调整列报前期最早期初财务报表的相关项目及其金额;

第四步,附注说明。

当采用追溯调整法时,对于比较财务报表期间的会计政策变更,企业应当调整各期间净损益各项目和财务报表其他相关项目,视同该政策在比较财务报表期间一直采用。对于比较财务报表可比期间以前的会计政策变更的累积影响数,企业应当调整比较财务报表最早期间的期初留存收益,一并调整财务报表其他相关项目的数字。追溯调整法是将会计政策变更的累积影响数调整列报前期最早期初留存收益,不计入当期损益;但确定会计政策变更对列报前期影响数不切实可行的,应当从可追溯调整的最早期间期初开始应用变更后的会计政策。

会计政策变更累积影响数是指按照变更后的会计政策,对以前各期追溯计算的列报前期最早期初留存收益应有金额与现有金额之间的差额。根据上述定义的表述,会计政策变更的累积影响数可以分解为以下两项金额之间的差额:(1)在变更会计政策当期,按变更后的会计政策对以前各期追溯计算,所得的列报前期最早期初留存收益金额;(2)在变更会计政策当期,列报前期最早期初留存收益金额。上述留存收益金额,包括法定盈余公积、任意盈余公积及未分配利润各项目,不考虑因损益变化而应当补充分配的利润或股利。例如,某企业由于会计政策变化,增加了以前期间可供分配的利润,该企业通常按净利润的20%分派股利,但在计算调整会计政策变更当期期初的留存收益时,不应当考虑因以前期间净利润变化而需要分派的股利。

在财务报表只提供列报项目上一个可比会计期间比较数据的情况下,上述在变更会计政策当期列报前期最早期初留存收益金额(第2项),即上期资产负债表所反映的期初留存收益,可以从上年资产负债表项目中获得;需要计算确定的是第 1 项,即按变更后的会计政策对以前各期追溯计算所得的上期期初留存收益金额。

累积影响数的计算通常由以下五个步骤构成:

第一步,根据新会计政策重新计算受影响的前期交易或事项;

第二步,计算新的两种会计政策下的差异;

第三步,计算差异对所得税的影响金额;

第四步,确定前期中每一期的税后差异;

第五步,计算会计政策变更的累积影响数。

【例 12-1】 江南公司 2016 年、2017 年分别以 4 500 000 元和 1 100 000 元的价格从股票市场购入 A、B 两只以交易为目的的股票,假设不考虑购入股票所发生的交易费用,市场价格一直高于购入成本。江南公司采用成本与市价孰低法对购入股票进行计量。公司从 2018 年起对以交易为目的购入的股票由成本与市价孰低改为按公允价值计量,公司保存的会计资料进行比较齐备,可以通过会计资料追溯计算。假设所得税税率为 25%,公司按净利润的 10% 提取法定盈余公积,按净利润的 5% 提取任意盈余公积。公司发行股票的份额为 4 500 万股。两种方法计量的交易性金融资产的账面价值如表 12-1 所示。

表 12-1 两种方法计量的交易性金融资产的账面价值 单位:元

会计政策股票	成本与市价孰低	2016 年年末公允价值	2017 年年末公允价值
A 股票	4 500 000	5 100 000	5 100 000
B 股票	1 100 000	—	1 300 000

要求:请为江南公司做相应的会计处理。

分析:根据上述资料,江南公司计算改变交易性金融资产计量方法后的累积影响数如表 12-2 所示。

表 12-2 改变交易性金融资产计量方法后的累积影响数 单位:元

时 间	公允价值	成本与市价孰低	税前差异	所得税影响	税后差异
2016 年年末	5 100 000	4 500 000	600 000	150 000	450 000
2017 年年末	1 300 000	1 100 000	200 000	50 000	150 000
合计	6 400 000	5 600 000	800 000	200 000	600 000

江南公司 2018 年 12 月 31 日的比较财务报表列报前期最早期初为 2017 年 1 月 1 日。

江南公司在 2016 年年末按公允价值计量的账面价值为 5 100 000 元,按成本与市价孰低计量的账面价值为 4 500 000 元,两者的所得税影响合计为 150 000 元,两者差异的税后净影响额为 450 000 元,即为江南公司 2006 年期初由成本与市价孰低改为公允价值的累积影响数。

公司在 2017 年年末按公允价值计量的账面价值为 6 400 000 元,按成本与市价孰低计量的账面价值为 5 600 000 元,两者的所得税影响合计为 200 000 元,两者差异的税后净影响额为 600 000 元。其中,450 000 元是调整 2017 年累积影响数,150 000 元是调整 2017 年当期金额。

公司按照公允价值重新计量 2017 年年末 B 股票的账面价值,结果为公允价值变动收益少计了 200 000 元,所得税费用少计了 50 000 元,净利润少计了 150 000 元。

江南公司编制有关项目的调整分录如下:
(1) 对 2016 年有关事项的调整
① 调整交易性金融资产
借:交易性金融资产——公允价值变动　　　　　　　　　　　　600 000
　　贷:利润分配——未分配利润　　　　　　　　　　　　　　　　450 000
　　　　递延所得税负债　　　　　　　　　　　　　　　　　　　　150 000
② 调整利润分配
按照净利润的 10% 提取法定盈余公积,按照净利润的 5% 提取任意盈余公积,共计提取盈余公积 67 500 元(450 000×15%)。
借:利润分配——未分配利润　　　　　　　　　　　　　　　　　67 500
　　贷:盈余公积　　　　　　　　　　　　　　　　　　　　　　　　67 500

(2) 对 2017 年有关事项的调整
① 调整交易性金融资产
借:交易性金融资产——公允价值变动　　　　　　　　　　　　200 000
　　贷:利润分配——未分配利润　　　　　　　　　　　　　　　　150 000
　　　　递延所得税负债　　　　　　　　　　　　　　　　　　　　 50 000
② 调整利润分配
按照净利润的 10% 提取法定盈余公积,按照净利润的 5% 提取任意盈余公积,共计提取盈余公积 22 500 元(150 000×15%)。
借:利润分配——未分配利润　　　　　　　　　　　　　　　　　22 500
　　贷:盈余公积　　　　　　　　　　　　　　　　　　　　　　　　22 500

(3) 进行财务报表调整和重述(财务报表此处略)。江南公司在列报 2018 年财务报表时,应调整 2018 年资产负债表有关项目的年初余额、利润表有关项目的上年金额,以及所有者权益变动表有关项目的上年金额和本年金额。

① 资产负债表项目的调整。调增交易性金融资产年初余额 800 000 元,调增递延所得税负债年初余额 200 000 元,调增盈余公积年初余额 90 000 元,调增未分配利润年初余额 510 000 元。

② 利润表项目的调整。调增公允价值变动收益上年金额 200 000 元,调增所得税费用上年金额 50 000 元,调增净利润上年金额 150 000 元,调增基本每股收益上年金额 0.0033 元。

③ 所有者权益变动表项目的调整。调增会计政策变更项目中盈余公积上年金额67 500元,未分配利润上年金额382 500元,所有者权益合计上年金额450 000元;调增会计政策变更项目中盈余公积本年金额22 500元,未分配利润本年金额127 500元,所有者权益合计本年金额150 000元。

追溯调整法可以较好地保证变更前后会计信息的可比性,但操作较为复杂;而且在某种情况下,若企业无法合理确定会计变更的累积影响数,则无法采用这种方法。也就是说,追溯调整法的运用受到客观条件的限制。

(二) 未来适用法

未来适用法是指对某项交易或事项变更会计政策时不进行追溯调整,只需将新的会计政策用于变更当期及未来期间发生的交易或事项。也就是说,不需要计算会计政策变更产生的累积影响数,也不需要重编以前年度的财务报表;但根据会计信息披露准则的要求,企业应当计算会计政策变更对当期净利润的影响数并披露。

【例12-2】 江南公司原来对发出存货采用后进先出法,根据新的会计准则,存货计价不能采用后进先出法,公司从2018年1月1日起改用先进先出法。2018年1月1日存货的价值为2 500 000元,公司2018年购入存货的实际成本为18 000 000元,2018年12月31日按先进先出法计算确定的存货价值为4 500 000元,当年销售额为26 000 000元。假设该年度其他费用为1 200 000元,所得税税率为25%。2018年12月31日按后进先出法计算的存货价值为2 200 000元。江南公司相应的账务处理如下:

分析: 江南公司因会计准则的变化而改变会计政策,采用未来适用法进行会计处理,即从2018年1月1日起对存货采用先进先出法计量,不需要计算2018年1月1日以前按先进先出法计算的存货应有余额,以及对留存收益的影响金额。

计算确定会计政策变更对当期净利润的影响数(见表12-3)。

表12-3 当期净利润的影响数计算表 单位:元

项目	先进先出法	后进先出法
营业收入	26 000 000	26 000 000
减:销售成本	16 000 000	18 300 000
其他费用	1 200 000	1 200 000
利润总额	7 800 000	5 500 000
减:所得税	1 950 000	1 375 000
净利润	5 850 000	4 125 000
差额	2 725 000	

由于会计政策变更,江南公司2018年净利润增加了2 725 000元。其中,

采用先进先出法销售成本 = 期初存货 + 购入存货实际成本 − 期末存货

= 2 500 000 + 18 000 000 − 4 500 000 = 16 000 000(元)

采用后进先出法销售成本＝期初存货＋购入存货实际成本－期末存货
＝2 500 000＋18 000 000－2 200 000＝18 300 000(元)

未来适用法的操作比较简单,但会减弱会计政策变更前后会计信息的可比性。

(三) 会计政策变更会计处理方法的选择

根据《企业会计准则第 28 号——会计政策、会计估计变更和差错更正》的规定,企业在发生会计政策变更时,应当根据具体情况,分别采用不同的会计处理方法:

(1) 企业依据法律或会计准则等行政法规、规章的要求变更会计政策的,如果国家发布了相关的会计处理办法,则按照国家的相关规定进行会计处理;如果国家没有发布相关的会计处理办法,则采用追溯调整法进行会计处理。

(2) 由于经济环境发生变化,如果会计政策变更能提供更可靠、更相关的会计信息,企业就应当采用追溯调整法进行会计处理。

(3) 如果会计政策变更的累积影响数不能合理确定,则无论出于何种原因变更会计政策,企业均应当采用未来适用法进行会计处理。

四、会计政策及其变更的披露

企业应当在附注中披露与会计政策变更有关的下列信息:

(1) 会计政策变更的性质、内容和原因。这包括对会计政策变更的简要阐述、变更的日期、变更前采用的会计政策和变更后采用的新会计政策以及会计政策变更的原因。

(2) 当期和各个列报前期财务报表中受影响的项目名称和调整金额。这包括:采用追溯调整法计算出的会计政策变更的累积影响数;当期和各个列报前期财务报表中需要调整的净损益及其影响金额,以及其他需要调整的项目名称和调整金额。

(3) 无法进行追溯调整的,说明事实和原因,以及开始采用变更后会计政策的时点、具体应用情况。这包括:无法进行追溯调整的事实;确定会计政策变更对列报前期影响数不切实可行的原因;在当期期初确定会计政策变更对以前各期累积影响数不切实可行的原因;开始采用新会计政策的时点和具体应用情况。

第二节　会计估计及其变更

一、会计估计

在会计实务中,企业常常要用到会计判断和会计估计。比如,应收款项能收回多少? 该项固定资产尚可使用多少年? 预期残值会有多少? 对本企业产品进行质量担保将会产生多少成本? 这些都要求企业对那些尚不确定的交易或事项估计入账。

会计估计是指企业对于结果不确定的交易或者事项,以最近可利用的信息为基础所做的判断。会计估计具有以下特点:

(1) 由经济活动中内在的不确定性因素所产生。

(2) 建立在最近可利用的信息或资料的基础上。

(3) 不会削弱会计确认和计量的可靠性。

二、会计估计变更

会计估计是以最近可利用的信息或资料为基础进行的;但是,随着时间的推移和环境的变化,原来的基础可能会发生变化,企业会发现原有的估计不符合实际情况,因而需要变更原来的会计估计。

会计估计变更是指由于赖以进行会计估计的基础发生了变化,或者由于获得了新的信息、积累了更多的经验以及情势的发展变化,而对原来的会计估计做出修正。应当说明的是,会计估计变更并不意味着原来的会计估计是错误的,不属于会计差错。

三、会计估计变更的会计处理

对于会计估计变更,企业一般采用未来适用法进行会计处理。也就是说,企业在会计估计变更当期及以后期间采用新的会计估计,不改变以前期间的会计估计,也不调整以前期间的报告结果。会计估计变更的会计处理原则如下:

(1) 会计估计变更仅影响变更当期的,其影响数应当在变更当期予以确认。

(2) 会计估计变更既影响变更当期又影响未来期间的,其影响数应当在变更当期和未来期间予以确认。

【例12-3】 江南公司2014年1月开始计提折旧的一台管理用设备的原价为205 000元,估计使用10年,净残值为5 000元,采用年限平均法计提折旧。到2018年年初,由于技术进步等因素的影响,估计该设备的使用年限仅为8年,净残值为3 000元。假定税法允许按变更后的折旧额在税前扣除。江南公司相应的账务处理如下:

分析:采用未来适用法进行会计处理,从2018年起按变更后的会计估计确定各年的应提折旧额,不调整以前各年的折旧,也不计算会计估计变更的累积影响数。

2014—2017年,每年的折旧额为20 000元[(205 000−5 000)÷10],已计提4年,累计已提折旧为80 000元,2017年年底,设备净值为125 000元(205 000−80 000)。

(1) 2014—2017年,计提该项设备的折旧

借:管理费用   20 000
  贷:累计折旧   20 000

2018年年初,该设备尚可使用的年限为4年(8−4),应计提折旧总额为122 000元(125 000−3 000),从年初开始采用变更后的使用年限和净残值计提折旧,每年的折旧额为30 500元(122 000÷4)。

(2) 2018年起,每年计提折旧

借:管理费用   30 500
  贷:累计折旧   30 500

企业应当正确划分会计政策变更和会计估计变更,并按不同的方法进行会计处理。企业通过判断会计政策变更和会计估计变更的划分基础仍然难以对某项变更进行区分的,应当将其作为会计估计变更处理。

四、会计估计变更的披露

企业应当在附注中披露与会计估计变更有关的下列信息:

(1) 会计估计变更的内容和原因。这包括:变更的内容、变更日期,以及会计估计变更的原因。

(2) 会计估计变更对当期和未来期间的影响数。这包括:会计估计变更对当期和未来期间损益的影响金额,以及对其他各项目的影响金额。

(3) 会计估计变更的影响数不能确定的,企业应当披露这一事实和原因。

第三节　前期差错更正

一、前期差错的概念及分类

为了保证会计资料的真实、合法、完整,企业应当建立健全的内部稽核制度。但是,在企业的日常会计核算过程中,仍然会出于各种原因造成会计差错。会计差错是指在会计确认、计量、记录等方面出现的错误,如抄写差错、对事实的疏忽和误解,以及会计政策误用等。

本期发现的与本期相关的会计差错,企业应当调整本期相关项目。本期发现的前期会计差错,称为前期差错。前期差错是由于没有运用或错误运用下列两种信息,导致省略或错报前期财务报表:

(1) 编报前期财务报表时预期能取得并加以考虑的可靠信息。

(2) 前期财务报告批准报出时能取得的可靠信息。

前期差错通常包括计算错误、应用会计政策错误、疏忽或曲解事实以及舞弊产生的影响等。

没有运用或错误运用上述两种信息而形成前期差错的情形主要有:

(1) 计算及账户分类错误。

(2) 采用法律、行政法规或者国家统一的会计制度等所不允许的会计政策。

(3) 对事实的疏忽或曲解及舞弊。

需要注意的是,就会计估计的性质来说,它是个近似值;随着更多信息表明可能需要修正估计数,但是会计估计变更不属于前期差错更正。

前期差错可以分为两类:重要的前期差错和不重要的前期差错。前期差错的重要程度,企业应根据差错的性质和金额加以判断。重要的前期差错,是指足以影响财务表使用者对企业财务状况、经营成果和现金流量做出正确判断的会计差错。不重要的前期差错,是指不足以影响财务报表使用者对企业财务状况、经营成果和现金流量做出正确判断的会计差错。

二、前期差错更正的会计处理

重要性不同的前期差错,会计处理方法不同,但确定前期差错累积影响数不可行的除外。

（一）不重要的前期差错的会计处理

对于不重要的前期差错,企业可以采用未来适用法。在采用未来适用法时,企业不必调整财务报表相关项目的期初数,但应调整发现当期与前期相同的相关项目；影响损益的,直接计入本期与上期相同的净损益项目,不影响损益的,应调整本期与前期相同的相关项目。

【例12-4】 江南公司在2018年12月31日发现,一台价值9 600元、应计入固定资产并于2017年2月1日开始计提折旧的管理用设备,其折旧额在2017年计入了当期费用。江南公司固定资产采用平均年限法计提折旧,该资产估计使用年限为4年,假设不考虑净残值。江南公司在2018年12月31日更正此差错的会计分录为：

借:固定资产　　　　　　　　　　　　　　　　9 600
　　贷:管理费用　　　　　　　　　　　　　　　　5 000
　　　　累计折旧　　　　　　　　　　　　　　　　4 600

（二）重要的前期差错的会计处理

对于重要的前期差错,企业可以采用追溯重述法予以更正,但确定前期差错累积影响数不可行的除外。追溯重述法是指在发现前期差错时,视同该项前期差错从未发生过而对财务报表相关项目进行更正的方法。如果确定前期差错累积影响数不可行的,则企业可以从可追溯重述的最早期间开始调整留存收益的期初余额,同时一并调整财务报表其他相关项目的期初余额。当企业确定前期差错对列报的一个或者多个前期比较信息的特定期间的累积影响数不切实可行时,应当追溯重述切实可行的最早期间的资产、负债和所有者权益相关项目的期初余额；当企业在当期期初确定前期差错对所有前期的累积影响数不切实可行时,应当从确定前期差错影响数切实可行的最早日期开始采用未来适用法追溯重述比较信息；当企业确定所有前期差错累积影响数不切实可行时,应当从确定前期差错影响数切实可行的最早日期开始采用未来适用法追溯重述比较信息。为此,在该日期之前的资产、负债和所有者权益相关项目的累积重述部分可以忽略不计。

对于年度资产负债表日至财务报告批准报出日之间发现的报告年度的会计差错及上一报告年度不重要的前期差错,企业应当按照资产负债表日后事项会计准则的规定进行处理。

【例 12-5】 江南公司在 2018 年 6 月发现,公司 2017 年年初赊购一项全新的管理用设备没有入账,当年也未提折旧。该固定资产的市价为 300 000 元,预计使用年限为 10 年,预计无残值,按平均年限法计提折旧。公司所得税税率为 25%,假设不考虑增值税。江南公司相应的账务处理如下:

(1) 分析前期差错的影响数如下:

固定资产原值少计	300 000 元
应付账款少计	300 000 元
2017 年折旧费用少计	30 000 元
累计折旧少计	30 000 元
所得税费用多计(30 000×25%)	7 500 元
净利润多计	22 500 元
应交所得税多计	7 500 元
盈余公积多提	2 250 元

(2) 编制有关项目的调整分录。

① 固定资产入账

借:固定资产　　　　　　　　　　　　　　　300 000
　　贷:应付账款　　　　　　　　　　　　　　　　300 000

② 补提折旧

借:以前年度损益调整　　　　　　　　　　　30 000
　　贷:累计折旧　　　　　　　　　　　　　　　　30 000

③ 调整所得税

借:应交税费——应交企业所得税　　　　　7 500
　　贷:以前年度损益调整　　　　　　　　　　　7 500

④ 将"以前年度损益调整"科目的余额转入利润分配

借:利润分配——未分配利润　　　　　　　　22 500
　　贷:以前年度损益调整　　　　　　　　　　　22 500

⑤ 调整利润分配

借:盈余公积　　　　　　　　　　　　　　　2 250
　　贷:利润分配——未分配利润　　　　　　　　2 250

(3) 财务报表调整和重述(财务报表此处略)。江南公司在列报 2018 年度财务报表时,应调整 2018 年度资产负债表有关项目的年初余额、利润表的有关项目,以及所有者权益变动表的上年金额。

① 资产负债表项目的调整。调增固定资产 300 000 元、应付账款 300 000 元、累计折旧 30 000 元,调减所得税负债 7 500 元,盈余公积 2 250 元、未分配利润 20 250 元。

② 利润表项目的调整。调增营业成本上年金额 30 000 元,调减所得税费用 7 500 元,调增净利润上年金额 22 500 元。

③ 所有者权益变动表项目的调整。调减盈余公积上年余额 2 250 元、未分配利润上年金额 20 250 元、所有者权益合计上年金额 22 500 元。

（4）报表附注。江南公司 2018 年度发现 2017 年漏记一项赊购的管理用固定资产，在编制 2017 年、2018 年可比的财务报表时，已对该项差错进行了更正。由于此项差错的影响，公司 2017 年少计固定资产原价与应付账款各 300 000 元，少计累计折旧 30 000 元，虚增 2017 年净利润 22 500 元及留存收益 22 500 元。

三、前期差错更正的披露

企业应当在报表附注中披露与前期差错更正有关的下列信息：
（1）前期差错的性质。
（2）各个列报前期财务报表中受影响的项目名称和更正金额。
（3）无法进行追溯重述的，说明该事实和原因，以及对前期差错开始进行更正的时点、具体更正情况。

在以后期间的财务报表中，企业不需要重复披露在以前期间的报表附注中已披露的前期差错更正的信息。

□ 核心概念

会计政策　　　会计估计　　　会计差错　　　前期差错
追溯调整法　　未来适用法

□ 思考题

1. 什么是会计政策变更？什么是会计估计变更？两者的主要区别是什么？区分两者有何意义？
2. 追溯调整法和未来适用法的区别是什么？怎样选择？两者对财务报表的影响有何不同？
3. 为什么会引起前期差错？对前期差错怎样进行会计处理？

□ 练习题

1. 甲公司发出存货采用先进先出法计价，期末存货按成本与可变现净值孰低法计量。2018 年 1 月 1 日，公司将发出存货由先进先出法改为月末一次加权平均法。2018 年年初存货账面余额等于账面价值 40 000 元，数量为 50 千克，2018 年 1 月、2 月分别购入材料 600 千克和 350 千克，单价分别为 850 元和 900 元，3 月 5 日领用 400 千克，用未来适用法处理该项会计政策变更。

要求：计算 2018 年第一季度末该存货的账面余额。

2. 乙公司按净利润的 10% 提取法定盈余公积,不提取任意盈余公积。2017 年度的财务报告已批准报出。2018 年,乙公司内部审计人员对 2018 年以前的会计资料进行复核,发现以下两个问题:

(1) 乙公司以 1 200 万元的价格于 2018 年 7 月 1 日购入一套计算机软件,在购入当日作为管理费用处理。按照乙公司的会计政策,该计算机软件应作为无形资产确认入账,预计使用年限为 5 年,采用直线法摊销,无残值。

(2) 2017 年 12 月 31 日"其他应收款"账户余额中的 200 万元未按期结转为费用,其中应确认为 2017 年销售费用的金额为 150 万元,应确认为 2016 年销售费用的金额为 50 万元。

假设上述差错均具有重要性,不考虑所得税的影响。

要求:对相关的会计差错进行更正并编制相关的会计分录。

参考文献

1. IAS 8 Accounting Policies, Changes in Accounting Estimates and Errors, http://www.ifrs.org/issued-standards/list-of-standards/2018-10-27.

2. 财政部,《企业会计准则——基本准则》,http://www.mof.gov.cn/mofhome/tfs/zhengwuxinxi/caizhengbuling/201407/t20140729_1119494.html/2018-10-27。

3. 财政部,《企业会计准则第 28 号——会计政策、会计估计变更和差错更正》,http://www.mof.gov.cn/2018-10-27。

4. 财政部会计司编写组,《企业会计准则第 28 号——会计政策、会计估计变更和差错更正应用指南》,北京:中国财政经济出版社,2014 年。

5. 财政部会计司编写组,《企业会计准则——会计政策、会计估计变更和差错更正》应用指南 2018,北京:中国财政经济出版社,2018 年。

教辅申请说明

　　北京大学出版社本着"教材优先、学术为本"的出版宗旨,竭诚为广大高等院校师生服务。为更有针对性地提供服务,请您按照以下步骤在微信后台提交教辅申请,我们会在1～2个工作日内将配套教辅资料,发送到您的邮箱。

◎ 手机扫描下方二维码,或直接微信搜索公众号"北京大学经管书苑",进行关注;

◎ 点击菜单栏"在线申请"—"教辅申请",出现如右下界面:

◎ 将表格上的信息填写准确、完整后,点击提交;

◎ 信息核对无误后,教辅资源会及时发送给您;如果填写有问题,工作人员会同您联系。

温馨提示:如果您不使用微信,您可以通过下方的联系方式(任选其一),将您的姓名、院校、邮箱及教材使用信息反馈给我们,工作人员会同您进一步联系。

我们的联系方式:
通信地址:北京大学出版社经济与管理图书事业部
　　　　　北京市海淀区成府路205号,100871
联 系 人:周莹
电　　话:010-62767312 / 62757146
电子邮件:em@pup.cn
Q　　Q:5520 63295(推荐使用)
微　　信:北京大学经管书苑(pupembook)
网　　址:www.pup.cn